培养独立的阅读者

小学阅读策略教学设计

下册

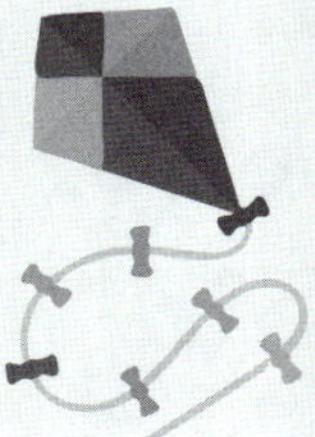

周步新　王国均◎主编

浙江工商大學出版社
ZHEJIANG GONGSHANG UNIVERSITY PRESS
·杭州·

图书在版编目(CIP)数据

培养独立的阅读者 ：小学阅读策略教学设计 ：上、下册 / 周步新，王国均主编. — 杭州 ：浙江工商大学出版社，2020.10（2021.7重印）
ISBN 978-7-5178-4122-7

Ⅰ. ①培… Ⅱ. ①周… ②王… Ⅲ. ①阅读课－教学设计－教学研究－小学 Ⅳ. ①G623.233

中国版本图书馆CIP数据核字(2020)第180573号

目录

四年级上册

第四单元

第六单元

第七单元

第八单元

四年级下册

第二单元

第三单元

五年级上册

第二单元

第三单元

第四单元

第五单元

第六单元

五年级下册

六年级上册

六年级下册

四年级上册

第一单元：联想策略

单元教学说明

一、人文主题与语文要素

本单元的语文要素为“边读边想象画面，感受自然之美”“向同学推荐一个好地方，写清楚推荐理由”。

本单元教材共安排了4篇课文，有《观潮》《走月亮》《现代诗二首》和《繁星》。除此之外，还有习作《推荐一个好地方》以及《语文园地》。

二、阅读策略说明

本单元的语文要素是“边读边想象画画，感受自然之美”。这一阅读策略，学生在二、三年级的单元课文中已经学习过，如“一边读，一边想象画面，体会优美生动的语句”。这种想象从某种角度也可以说是联想，因为丰富的联想能将阅读者带入一个更加广阔的天地，使学生克服自身知识水平和经验阅历的局限，在阅读过程中获得更多的情感体验。因此培养学生的联想能力，是提升阅读素养的有效途径。第二学段可侧重尝试接近联想、类似联想等简单的联想策略，并进一步了解和学习对比联想、移植联想。

三、策略教学内容与教学建议

本单元安排的“边读边想象画画，感受自然之美”阅读策略非常有连贯性。《观潮》一课是本单元的第一篇文章，课后习题要求“说说课文是按照什么顺序描写钱塘江大潮的，你的脑海中浮现怎样的画面，选择印象深刻的和同学交流”。教学中让学生根据生活经验展开联想，理解词语的意思，通过接近联想策略说清“潮来前、潮来时、潮来后”的情景。《走月亮》的课后也呈现这样的问题：“你的头脑中浮现出怎样的画面，课文中还有哪些画面给你留下深刻的印象，和同学交流”。在第一课精读的基础上，继续用接近联想阅读，让学生进一步巩固加强，同时课后的小练笔作业可以让学生尝试用类似联想写一写记忆中月下的情景。《现代诗二首》和《繁星》均为略读课文，要求“说说诗中描绘的景物构成了怎样的画面”“根据课文的描述想象繁星满天的画面”。教学中，在接近联想阅读策略的基础上，运用抓关键词、对感兴趣的画面进行类似联想阅读课文，感受自然之美。在单元教学中，要指导学生充分阅读文本，在熟读的基础上，发现印象深刻、描写优美的语句，结合生活实际，运用联想策略，交流脑海中出现的画面，积累语句，感受自然之美。

本单元所学的阅读策略，在《语文园地》的“交流平台”中进行了总结，并且在“词句段运用”中做了进一步的拓展和延伸。其中“交流平台”呼应了本单元的阅读策略，对“边读边想象画面”进行了总结。教师可复习单元课文或提供课外材料，让学生在阅读实践中运用学过的联想策略，与同伴交流，总结方法。

“词句段运用”有三个内容：一是读句子，想象画面；二是选择一个事物，用加点的词语描述画面，并把想象的内容写下来；三是正确抄写课文中优美的句子，做好语言的积累。从策略的习得到运用，通过这样有层次的练习，学生对本单元的语文要素有了清晰的认识，也将提升学生的阅读能力。

四、教学时间安排

内容	第 1 课	第 2 课	第 3 课	第 4 课	口语交际	习作	语文园地
课时（h）	2	2	1	1	1	2	2

（宁波市鄞州区第二实验小学　张玲初）

1 观潮

文本解读

《观潮》是四年级上册第一单元第一篇课文。这是一篇文质兼美的写景文章，作者通过自己的所见所闻所感，以生动的语言展现钱塘江大潮的雄伟壮观。课文先总体介绍钱塘江大潮是“天下奇观”，然后按照“潮来前”“潮来时”“潮退后”的时间顺序，描写听到、看到和感到的壮观景象。作者在重点部分“潮来时”又按从远到近的顺序，抓住潮声、潮形写出了潮来时的惊心动魄。写声音“闷雷滚动”“山崩地裂”震得“大地颤动”；写潮形从“一条白线”到“万马奔腾、浩浩荡荡、飞奔而来”，势不可当。作者这些有声有色的描写，给人身临其境的感觉。

本单元的语文要素是“边读边想象画面，感受自然之美”，教学中可以让学生围绕课后习题，在充分阅读的基础上，通过联想策略说清“潮来前”“潮来时”“潮来后”的情景；以任务驱动和小组合作方式激发学生思维参与；通过语言欣赏，想象画面，感受钱塘江大潮的气势磅礴。

策略提点

一、学生已有阅读经验分析

这是第一单元的第一篇精读课文，在二、三年级学习的基础上，学生已初步习得“读句子，想象画面，体会优美生动的语句”“能仿照例句展开想象，把自己喜欢的景物写下来”“能根据课文内容展开想象”等阅读策略。

二、阅读策略教学建议

基于文本特点，结合课后习题，着重选用联想策略中的接近联想等方法，从学生已有经验出发，可着力引导：① 说清钱塘江大潮的描写顺序；② 和同学交流印象深刻的画面；③ 拓展阅读，在诗中找到与课文描写内容相关的句子。

教学活动设计

一、教学目标

1. 会读“盐”“屹”“昂”“顿”等 12 个生字和“薄雾”“闷雷滚动”“风号浪吼”3 个多音字组成的词语，运用联系上下文、生活实际等多种方法理解“昂首东望”“人山人海”“人声鼎沸”“浩浩荡荡”“霎时”等词语的意思。

2. 以任务驱动和小组合作方式比较资料袋内容和课文内容的异同，运用接近联想的策略阅读课文，说清钱塘江大潮的描写顺序，和同学交流印象深刻的画面。

3. 拓展阅读钱江潮古诗，积累古诗、佳句，感受自然之美。

二、课前准备

课件，作业本，课前预习单。

三、教学过程

第一课时

本节课着重落实教学目标一、二。

板块一：检查课前预习，交流课后资料袋内容

1. 揭示课题，齐读课题。

2. 课前同学们已经预习了课文，我们一起来看预习单。这些预习的内容，你们都解决了哪些？给自己打几颗星？学生交流预习情况。

3. 检查预习作业，交流反馈。

（1）同桌互听互读互评各自预习单内容。互相抽读课文，注意听，互相评：字音是否读准，课文是否读流利。

预设学生摘录的词语：大堤　笼罩　薄雾　屹立　恢复　沸腾　奔腾　颤动

描写观潮人物的四字词语：人山人海　昂首东望　人声鼎沸

描写潮声的四字词语：闷雷滚动　山崩地裂　风号浪吼

描写潮的形态的四字词语：风平浪静　横贯江面　白浪翻滚　齐头并进　浩浩荡荡　漫天卷地

指名朗读词语，指导读好“薄雾”“闷雷滚动”“风号浪吼”多音字组成的词语，引导学生运用已学的多种方法理解词语“昂首东望”“浩浩荡荡”“屹立”等。同时小结，要善于运用联想识记这些词语。

（2）同桌汇报交流喜欢的词语和句子，认为比较难读的词语和句子。

4. 钱塘江大潮形成的原因是什么？结合课后资料袋内容，谁来给大家讲讲。学生交流反馈，把原因说清楚。教师引导学生参与评价。

板块二：比较课文内容和资料袋内容

1. 出示任务单，明确学习要求。

同学们，课文《观潮》和课后资料袋的内容有什么不同呢？我们以小组合作的方式一起来完成任务单的内容。

内容	不同点
《观潮》	
资料袋	

2. 小组合作完成，填写表格。教师巡视，随机指导学生。

3. 小组选派代表，交流获得的信息，同时引导其他学生参与点评和补充。

预设学生比较后的发现，随机呈现学生任务单：

（1）《观潮》课文内容具体生动；资料袋的内容仅仅介绍了钱塘江大潮形成的原因，没有写观潮的过程。

（2）《观潮》一课，描写生动具体，写出了大潮的声音、样子，给我留下深刻的印象；资料袋的内容很简单，只是向我们介绍了大潮形成的原因。

（3）《观潮》一课运用了很多种修辞方法，把潮水描写得生动具体；资料袋的内容只向我们介绍了大潮的成因。

教师充分肯定学生在比较阅读中的发现，并引领学生发现两个文本在内容和表达上的不同。

板块三：理清课文描写顺序

1. 出示语段。读一读，把这段话重新排序。

2. 学生尝试排序。

预设：

（1）抓住具有时间特征的词语，如“午后一点左右”“过了一会儿”“过了好久”等，理清描写顺序。

（2）抓住“从远处”“再近些”“越来越近”等词语体会由远及近的描写顺序。

根据这些重点词语，重新为语段排序，理清文章的描写顺序，连起来读读课文。

3. 通过重新排序的语段，我们就非常清晰地读出了作者按潮水来前、潮水来时、潮水去后的顺序写观潮的过程，脉络清晰、生动具体。

4. 完成作业本有关练习，指导学生书写本课生字“昂”“滚”“屹”，进一步积累、欣赏文本的语言。

第二课时

本节课着重落实教学目标二、三。

板块一：运用接近联想，边读边想象画面，感受钱塘江大潮的“奇”

1. 钱塘江大潮为什么自古以来被称为“天下奇观”呢？它到底“奇”在哪儿呢？请同学们再次默读课文。

课件出示自学要求：

（1）画出让你感受到奇特、优美的语句，读一读，你联想到什么？

（2）在画线的句子旁边写一写自己的感受。

（3）同桌互相读读自己画出的语句，并交流心得体会。

2. 小组合作完成任务，教师巡视，随机指导。

3. 交流反馈。

预设：

（1）潮声奇特。

出示：午后一点左右，从远处传来隆隆的响声，好像闷雷滚动。

那声音如同山崩地裂，好像大地都被震得颤动起来。

① 读一读，哪个词让你感触最深？学生自由谈感受。

② 你想怎么读这两句话？指导：第一句读得沉稳些，第二句读得气势雄伟。

③ 两句中都有“好像”，你联想到了什么？

板书：闷雷滚动　山崩地裂

④ 联系生活情景，同学们有的联想到夏天打雷的情景，有的联想到海边观潮的情景，有的联想到仲夏夜文化广场灯光秀的场景。善于借助联想阅读

文章，可以很好帮助读者读懂文本。

（2）潮形奇特。

出示句子：

那条白线很快地向我们移来，逐渐拉长，变粗，横贯江面。再近些，只见白浪翻滚，形成一堵两丈多高的水墙。浪潮越来越近，犹如千万匹白色战马齐头并进，浩浩荡荡地飞奔而来。

你觉得这几句话好在哪里？

预设：原因①：用词准确，如：逐渐、横贯江面、两丈多高、千万匹白色、浩浩荡荡；原因②：比喻恰当，把浪潮比作水墙和白色战马，体现了浪潮的高和气势磅礴；原因③：作者是按照由远到近的顺序写的，层次清晰，把浪潮每个阶段的样子写得惟妙惟肖。

读着这段话，你们仿佛又看到了什么？学生交流，指导学生从多角度想象画面，运用接近联想和同学交流印象深刻的画面。

有感情地朗读句子，并尝试背诵。

4. 播放钱塘江大潮录像。学生边看边背诵句子。

板书：一条白线——横贯江面——浩浩荡荡

交流：霎时，潮头奔腾西去，可是余波还在漫天卷地般涌来，江面上依旧风号浪吼。

（1）指名读，学生评价，指导学生读出余波未了的气势。

（2）创设情境说话：此时，你若是在场的观潮的人，大潮已经开始退了，你愿意立刻就离开吗？你联想到什么？

（3）观潮人与众不同。

我们从作者对大潮的描写中感受到了钱塘江大潮的奇特景观，但文章还有一些描写虽没有直接写大潮，但我们读了也会感受到钱塘江大潮是“天下奇观”。你找到了吗？

交流：江潮还没有来，海塘大堤上早已人山人海。大家昂首东望，等着，盼着。

“顿时人声鼎沸”“人群又沸腾起来”，边读边想象画面，你联想到了什么？（引导学生联系生活实际想象画面：观潮人之多，人们观潮之前迫切的心情……）

5. 小结：钱塘江大潮的壮丽奇特，给我们留下深刻的印象。一边读一边想象画面，这个阅读方法很有用，有的同学联系自己的生活实际联想到自己看海的情景，有的同学联系自己阅读过的文章联想到大潮的气势雄伟。

板块二：拓展阅读，交流策略运用

1. 作者由远及近，随着时间的推移描写了潮水的变化，读起来使人身临其境，如闻其声，如见其景。诗人刘禹锡写的《浪淘沙》，描写的也是钱塘江大潮的壮观场面，让我们一起来有感情地朗读。

2. 出示《浪淘沙》一诗，引导学生从课文中找出与诗的内容相关的句子。

①诗歌前两句写潮来时的壮观情景，后两句写潮退去时的情景，抓住关键词“吼地来、触山回、须臾”等词语，联想古人眼中钱塘潮的壮观奇特。

②根据关键词，引导学生找到文中相关的句子，古今对照，想象画面，感受钱塘潮的壮观。

3. 有感情地朗读第三到第四自然段和古诗《浪淘沙》。

四、作业布置

同学们，这节课我们运用联想策略阅读了课文，明白了作者的描写顺序，感受到了钱塘潮的壮观，作业如下：

1. 背诵课文第三到第四自然段，选择印象深刻的画面和同学交流。

2. 摘抄文中好词佳句。

（宁波市鄞州区第二实验小学　张玲初）

2 走月亮

文本解读

这是儿童散文，也是精读课文。课文编排在统编教材四年级上册第一单元。单元主题是“自然之美”——调动多种感官，边读边想象画面，感受自然之美。

课文介绍了一种中秋风俗——走月亮。讲的是“我”和阿妈在中秋月圆之夜，一起走月亮。“我”和阿妈在明月的一路相伴下，走过溪岸，走过石拱桥，走过果园，走过庄稼地和菜地……走出一路月夜风景，走出一份浓浓亲情。明月、溪水、山草、野花、水塘、秋虫、鱼儿、水果和稻谷……一路的景物是那么具体、那么美好，披着月色，带着妈妈的味道。情到浓处，水到渠成，自然流露，和谐相融，有感而发。文章移步换景，依托景物，描绘充满诗情画意的意境。诗意的语言充满想象的张力，有必要指导学生抓住具体景物，在想象中品语言、悟情感，让语言和情感也如月色和景物那般水乳交融、不露痕迹。

课文既有具体的景物描写，也有多处留白，充满想象力的文字给读者也留下了想象的空间。“我和阿妈走月亮”一咏三叹，在文中反复出现四次，是串联全文的线索，也是情感得以升华的依托。立足文本特色，本文教学力求以读悟情，以读促悟。同时，充分调动学生各种感官，展开联想，主要采用接近联想这一阅读策略，感受文字之美，感悟亲情之真。

策略提点

一、学生已有阅读经验分析

这是四年级上册第一单元感受自然之美的第二篇课文，是一篇儿童散文。本文融叙事和写景于一体，在三年级及本单元前一篇课文学习的基础上，学生已经知道此类文章的一般特点，语言优美，运用比喻、拟人等修辞方式，以及联想等写作手法，具体写出景物特点，融情于景。学习此类文章的一般要求：学习作者用什么写作方法将景物写具体，感悟景物描写中所寄托的情感。

二、阅读策略教学建议

基于文本特点，结合课后习题，着重选用联想策略，从学生已有经验出发，可着力引导：（1）借助行文线索（“走月亮”所走过的地方），读好课文，梳理课文；（2）借助课后习题的要求，带着画面感读课文，展开联想，主要采用接近联想，丰富体验；（3）调动多种感官参与，体会行文中的亲情。

教学活动设计

一、教学目标

1. 正确流利地朗读课文。正确认读 5 个生字，正确书写 11 个生字。关注字音“洱”“剌”“载”，积累“沟水汩汩”“月光闪闪”“月影团团”这一组四字词语。

2. 有感情地朗读课文，把握课文的主要内容。读出画面感，根据文字展开跟文本内容相关的联想，初步体会语言之优美，积累语言。

3. 调动多种感官参与，运用接近联想这一阅读策略，结合有感情的朗读，体会文章的意境美。

4. 学习课文反复的写法，再次运用接近联想，补习段落，感受“我”和阿妈之间美好的亲情。

二、课前准备

PPT 课件，作业本，一本散文集《走月亮》。

三、教学过程

第一课时

本节课着重落实教学目标一、二。

板块一：检查预习，读通课文

1. 揭示课题，畅想激趣。

第一次读到课题时，你有什么想法？

预设：

如果有学生解释了“走月亮”这一风俗，则追问：你是怎么知道的？（肯定学生查阅资料的学习方法。）

PPT 出示“走月亮”风俗介绍。

2. 检查预习情况。

（1）同桌互听互读互评：互相抽读课文，注意听，互相评，字音是否读准，课文是否读流利。

（2）汇报交流。

预设（PPT 相机呈现）：

秋天的夜晚，月亮升起来了，从洱海那边升起来了。

秋虫唱着，夜鸟拍打着翅膀，鱼儿跃出水面，泼剌声里银光一闪……

哦，阿妈，白天你在溪里洗衣裳，而我，用树叶做小船，运载许多新鲜的花瓣……

随机指导学生读准生字、词语的读音：

洱海（关注形声字“洱”，PPT 随机呈现“洱海”介绍资料。）

泼刺（正确认读，引导学生联系句子理解词义。）

运载（“载”是多音字，引导学生根据词义确定读音。）

板块二：梳理文脉，概括内容

1. 圈出“走月亮”所走过的地点。

学生默读，教师巡视，请学生将找到的词语写在词卡上，然后贴到黑板上。

2. 练习根据板贴词语和文章首尾概括主要内容。

板块三：读出画面，积累词句

1. 个性化朗读，反馈有画面感的内容。

边读边想象，在印象特别深刻的内容旁做好记号。

（1）学生朗读并做记号，教师巡视，个别化倾听交流。

（2）指名反馈朗读。

要求：学习能力一般的学生可以只读相关内容；学习能力较强的学生，在朗读相应内容后，说说自己所联想到的画面。（随机板书：联想。）

2. 积累一组词语，体会其妙处。

在同学们的朗读中，我们仿佛看到了一个个月色笼罩的画面。有些词语的运用，会让画面感更强，我们来读读这两组句子。

沟水汩汩，很满意地响着。是啊，它旁边，是它浇灌过的稻田。

走过月光闪闪的溪岸，走过石拱桥；走过月影团团的果园，走过庄稼地和菜地……

（1）读句子，发现构词规律：ABCC。

（2）联系上下文，并据词展开联想，说词意，体会表达效果。

先让学生充分发言，再 PPT 出示词语意思。

（3）总结：这些词语让充满画面感的文字更富情趣，更容易让读者产生与词语意思相关的联想。

3. 指导学生练习课文生字新词书写，着重指导“卵”“稻”的笔顺，比较“淘”“葡”“萄”的字形。

4. 完成作业本有关练习，抄写积累课后习题中的两句话，还可以再从文中摘抄几句自己喜欢的句子。

第二课时

本节课着重落实教学目标三、四。

板块一：展开联想，欣赏语言

1. 共读共学，习得方法——根据关键词展开联想。

（1）比较：第四、第六自然段和第八自然段在内容具体这一方面的区别。

预设：第四、六自然段写得更具体，第八自然段写得比较概括。

我们一起来看看作者是怎样写具体的。

（2）默读第四自然段，用“____”画出你认为写得特别好的句子，想一想：好在哪里？

（3）学生反馈交流自己认为写得特别好的句子，教师适时点拨。

重点交流以下两句：

细细的溪水，流着山草和野花的香味，流着月光。（抓住“流着”体会：香味和月光怎么会流动呢？）

哟，卵石间有多少可爱的小水塘啊，每个小水塘，都抱着一个月亮！（抓住“抱着”体会：你从“抱着”体会到什么？就像是谁抱着谁？）

（4）引导学生多感官参与，展开联想品味语言——结合朗读，调动感官参与，展开接近联想。

教师配乐朗读语段，学生闭目聆听，想想仿佛看到了什么，听到了什么，闻到了什么？

在交流过程中，教师适时提问：

月夜，和阿妈走在溪边，那一刻，“我”联想到了什么情景？（白天的事）——正因为这条小溪记载着“我”和阿妈美好的事，所以，走月亮时才会有特别的感受，特别想去看一看。

用树叶做的小船将会漂向哪里？除了花瓣，还运载了什么？（引导学生体会小溪承载童年美好的回忆。）

（5）选择语段中最喜欢的语句练读，指名有感情地朗读。

（6）全体配乐朗读，边读边想象画面。

（7）小结方法：抓关键词。

2. 自学自品，实践方法——自主运用接近联想这一阅读策略。

请大家运用我们一起总结出的三个方法，自主学习其他语段，用“____”画出写得特别好的句子，默读，并说说自己的感受。

预设：教师重点从接近联想（感官：看到、听到、闻到）和类似联想（修辞）这两个角度启发学生进一步品析语言。

（1）第二自然段：抓住“照亮了”一组排比句体会。（你觉得还照亮了什么？）

（2）第六自然段：

关于“果园”的语句——你仿佛闻到了什么，品尝到了什么？

关于“稻田”的语句：稻穗低垂着头，稻田像一块月光镀亮的银毯。（拟人、比喻。为什么可以这样比喻？）

关于“菜地”的语句：我把蒲公英吹得飞啊，飞……（你仿佛看到蒲公英带着什么飞向哪里？）

（3）第八自然段：月亮牵着小星星，好像也在天上走着。这就像正在走月亮的——“我”和阿妈。

在自主反馈、欣赏语言的过程中，教师适时指导学生有感情地朗读，结合联想到的画面进行朗读，并在朗读中进一步展开联想。

板块二：情境引读，体会“反复”

1. 引读课文。

月亮升起来了，阿妈牵着“我”，走在洒满月光的小路上，“我”在心里默念——啊，我和阿妈走月亮！

在这月光如水的秋夜，再次漫步溪边，那份欢欣，那份幸福，都汇成一句浸润其中的喃语——啊，我和阿妈走月亮！

走过月影团团的果园，走过蒲公英飞啊飞的庄稼地，走过被月光镀亮的稻田，一份欣喜从心底流出——啊，我和阿妈走月亮！

阿妈牵着“我”，一路月光相伴，仰望夜空，发现月亮正牵着星星漫步，不禁幸福地感叹——多么奇妙的夜晚啊，我和阿妈走月亮！

2. 体会亲情。

读着这些句子，你发现了什么奥秘？

预设：反复出现，起到强调作用，更能突出“我”和阿妈走月亮时的愉悦心情，更能突出“我”和阿妈的感情深。

3. 总结写法。

请同学们把这四处反复出现的句子用“____”画出来，并依次标上序号（板书：反复）。这样反复出现的句子既可以成为串联全文的线索，又可以增强情感表达。

板块三：拓展“联想”，补写“反复”

1. 课堂练笔——在练笔中实践接近联想这一阅读策略。

课文讲“我”和阿妈一起在月光下走过了许多地方，有溪岸、石拱桥、果园等，但有些内容并没有具体写出来，比如石拱桥。联系课文内容，展开联想，写一段话，我和妈妈走到了哪里？看到了什么？做了些什么？可能还想到了些什么……既可以写没有具体写的“石拱桥”，又可以写其他合理的地方。

自评标准：

有具体景物 ★

用上比喻、拟人等修辞 ★

联想到跟那个地方相关的内容 ★

2. 选择两个作品投影展示，以三个“自评标准”来评析语段。

3. 总结：如果我们把自己写的话放在课文的第七、八自然段，课文内容就更丰富了，而且，又反复出现了“啊，我和阿妈走月亮……”的句子，一举两得。

四、作业布置

1. 背诵第四自然段。

2. 课外找本文作者吴然的儿童散文集《走月亮》读一读。

3. 有兴趣的同学可以运用联想，调动各种感官体验，写一次亲身经历过的“月下情景”。

第 1 项为必选项，第 2、3 两项可选择一项完成。

（宁波市鄞州区第二实验小学　石建光）

3 现代诗两首

文本解读

这是统编教材四年级上册第一单元第三篇课文。第一首《秋晚的江上》是现代诗人刘大白 1923 年的作品，收录在开明书店 1926 年版《邮吻》诗集中。这是一首描写秋天的新诗，归鸟低飞，残阳斜照，浅滩芦苇，微风戏水，一派秋晚的江上景色。

第二首《花牛歌》是诗人徐志摩的作品，这首诗歌以花牛的活动为中心，精心选取了四个场景：花牛在草地里坐、眠、走、做梦，描写了花牛不同的行动、姿态，使我们体会到了童年时的乐趣。诗歌优美的意境和丰富的想象，让我们在诗的世界里享受着生活的乐趣。

这个单元的语文要素是“边读边想象画面，感受自然之美”，“想象”是本单元的核心要素。本课是两首现代诗，诗歌是最富灵气的文本样式，其灵气在于语言的清新、隽永，在于“字短情长”，字里行间总是留着启人联想、开人悟性的“空白”。《秋晚的江上》语言简洁，句式活泼，注重了情与景的契合，达到了诗画结合、情景交融的境界。读它，我们眼球被会那些关键“短”字——“驮”“翻”“妆”所吸引，不断展开丰富的想象，走进情景交融的绮丽画卷。《花牛歌》语言生动、活泼，读这首想象丰富、情趣盎然的诗，我们可以借助插图先体会花牛那份怡然自得的好心情，再去品读诗句、感悟诗情，由着想象驰骋在花牛的轻松自在的世界里，遇见那个大胆追求自由和幸福的徐志摩。教师可引导学生调动生活情趣，促生想象，受到美的熏陶。

策略提点

一、学生已有阅读经验分析

学生在二、三年级已有所学习现代诗，对诗歌的特点有所了解，对学习诗歌的方法也有一定的积累。不过以往均以儿童诗为主，如三上第 7 课《听听秋的声音》、三下第 18 课《童年的水墨画》，学生能够通过多种形式的读，初步感知诗歌的大体内容，也能从字里行间体会到诗人的情感。但是，如何丰富诗的想象，走进诗的境界需要进行适当地引导与点拨。

本文是略读课文，想象策略在前面两篇精读课文的学习中已经有所学习并开始运用，因此本课教学时应积极调动学生的自主性，让学生多实践多运用，插上想象的翅膀，畅游诗歌的乐园。

二、阅读策略教学建议

基于文本特点，着重选用联想策略，从学生已有经验出发，可着力引导：（1）借助学习单，了解两首诗的大意；（2）通过抓关键词、借助课文插图等方法展开想象，感受这些景物构成的画面；（3）在理解诗歌内容的基础上，体会诗歌表达的情感。

教学活动设计

一、教学目标

1. 会读“归巢”“芦苇”“剪秋萝”等 5 个词语，能通过借助图片、联系上下文等多种方法理解“驮”“一穗”等词语的意思。

2. 通过自由读、指名读等多种形式的朗读，小组交流，抓关键词，借助插图等方法想象诗歌描绘的意境，体会诗歌蕴含的情感。

二、课前准备

PPT 课件，学习单，中国经典童诗《蝴蝶·豌豆花》。

三、教学过程

板块一：借助学习单，圈圈画画，初步理清诗歌大意

1. 交流第一题，准确认读词语。

2. 四人小组交流第二题，了解芦苇和剪秋萝。投影展示学生的作品。

① 相机出示两组图片进行对比，理解“头白的芦苇”“一瞬的红颜”。

② 出示：（一穗）剪秋萝。

相机出示“穗”的意思：本义是稻、麦等谷物成熟后聚生在茎干顶端的花或果实，引申指与其形状相似的装饰物，又引申为量词。

想一想，这里的“一穗”是指——（差不多一簇）。

3. 同桌交流第三题，自由说说两首诗的主要内容。

① 请同学们先读读《秋晚的江上》，想一想：这首诗，描绘了哪些景物呢？拿起笔用“◯”圈一圈。

PPT 呈现：

归巢的鸟儿，
尽管是倦了，
还驮着斜阳回去。

双翅一翻，
把斜阳掉在江上；
头白的芦苇，
也妆成一瞬的红颜了。

② 是的，这首诗描绘了鸟儿、斜阳、江上、芦苇这些景物（相机板书）。

③ 同学们有什么发现吗？诗人在描写景物的时候，有什么特点？

预设：按照从上到下的顺序。

④ 再请同学们读《花牛歌》，画出描写花牛四个活动场景的语句，并读一读。

PPT 相机呈现：

花牛在草地里坐，
压扁了一穗剪秋萝。

花牛在草地里眠，
白云霸占了半个天。

花牛在草地里走，
小尾巴甩得滴溜溜。

花牛在草地里做梦，
太阳偷渡了西山的青峰。

随机板书：坐、眠、走、做梦。

⑤ 在此基础上，说清两首诗的大意。

⑥ 小结：同学们真了不起，通过学习不仅自己解决了一些难读难懂的字词，而且了解了这两首诗的主要内容，初步体会了作者的情感。

板块二：抓关键词、借助插图，展开想象，走进诗歌意境

1. 我们已经接触过诗歌了，知道诗歌的语言生动、凝练，一些景物不是简单地列举，而是巧妙地组合在一起，形成了一幅美妙绝伦的画卷。

2. 请大家再读一读这两首小诗，细细品味其中的诗句，静静地观察课文的插图，展开想象的翅膀，走进诗的画卷。

3. 给大家提供几把想象的小钥匙。

方法①：抓关键词。

你可以锁定诗句中的某个字、某个词想开去：你的眼前出现了什么景，什么物，它们是怎么样描绘出一幅生动的画面的。

方法②：借助插图。

课文中的插图总能开启我们想象的大门，先仔细观察，再结合语境，想一想其中的画面。

方法③：联系生活。

当你读到一些有趣的画面，想到了生活中的某个场景，不妨也和大家分享一下。

4. 先自己准备，然后在小组里分享，完成学习单第四题。

5. 小组汇报成果。汇报的时候其他同学认真听，有不同的想法可以在前一个同学结束后再进行补充。

预设 1：《秋晚的江上》。

① 鸟儿：从关键词“归巢”“倦了”“驮着斜阳”“双翅一翻”中，感受到劳累了一天的鸟儿虽然非常疲倦，但是内心仍然充满了对生活的希望。瞧，它是如此富有情趣，把双翅一翻，让斜阳掉进江里。眼前出现了这样的画面：夕阳西下，照红了江面，晚归的鸟儿低飞着，它们一会儿排成了“一”字，一会儿又排成了“八”字。从远处看，它们好像驮着夕阳一样，不一会儿，它们把翅膀一翻，夕阳好像掉了下去。

② 斜阳：从关键词“驮着”“掉在江上”“红颜”中，感受到了傍晚夕阳西下的美丽。作者运用了拟人的手法，把夕阳写得如此调皮，它被鸟儿驮着，它会掉到江里。眼前出现了这样的画面：傍晚时分，红彤彤的夕阳还不肯下山，它懒洋洋地照耀着江面，一点一点往下沉。

③ 江上：从“斜阳掉在江上”这个关键词中，感受到了江面的瑰丽与绚烂。脑海中出现了这样的画面：夕阳的余晖点燃了江面，一时间江面变得无比瑰丽，宛若铺上了色彩绚丽的锦缎。

④ 芦苇：从“头白的”“一瞬的红颜”这些关键词中，感受到了芦苇的动态美。脑海中出现了这样的画面：岸边的芦苇随着微风轻轻摇曳，它们头顶着雪白的芦花，一瞬间，被夕阳染得鲜红一片，仿佛一个个害羞的小姑娘。

预设2：《花牛歌》。

场景1：在草地里坐。

从“压扁了”“一穗剪秋萝”等关键词中，感受到这花牛坐下去时的无所顾忌。它好像突然从繁杂的工作中解脱了，轻轻舒了一口气，就这样毫无顾忌地坐了下去。这一刻，它是多么轻松自在呀！

场景2：在草地里眠。

① “霸占”是什么意思？你在生活中见到过这样的行为吗？

② “霸占”是强行占据的意思，这可是不文明的一种行为喔。你觉得用在这里恰当吗？

预设：恰当。因为这时候的花牛躺在草地上，无忧无虑，它看到漫天的白云，好像霸占了大半个天空一样，可见它当时的心情是自由舒畅的。

场景3：在草地里走。

预设：从关键词“甩得滴溜溜”中，感受到花牛在草地里漫步时，无拘无束，是多么悠闲自在呀。

场景4：在草地里做梦。

① “偷渡”原指违反法规，越过国界。这里是指什么呢？请联系上下文说说意思。

② 太阳悄悄地走过了西山头，说明时间在不知不觉地过去。

预设：花牛躺在草地里，做着香甜的美梦。这时候的它无拘无束，没有人来打扰，一点儿也没有发觉时间的流逝。

点评：同学们在交流的时候既关注了关键词，又发现了作者的写作方法，还能发挥自己的想象，走进诗的意境中，真是了不起。

板块三：配乐诵读，体会诗中情感；对比阅读，发现写作特点

1. 选择喜欢的一首诗，用自己喜欢的方式读一读、背一背。

2. 播放音乐，指名诵读。

3. 这样的物，这样的景，这样的画面，你置身其中，会发出怎么的感叹呢？

预设：

夕阳下的美景真是美不胜收呀！

花牛这样自由自在的生活真是令人向往呀！

4. 同学们，这两首现代诗，我们已经学完了，你能不能借助韦恩图，来比较一下这两首诗的异同呢？

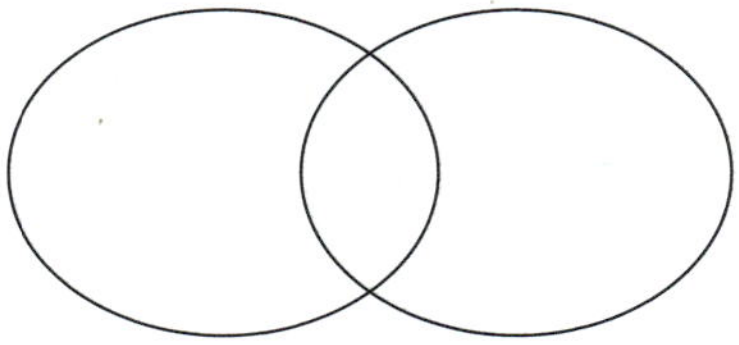

秋晚的江上　花牛歌

预设：

相同点：

① 两首都是现代诗。

② 运用了拟人等修辞手法，用生动的语言描绘了美丽的画面。

③ 学习时需要发挥我们的想象，走进诗的画卷。

……

不同点：

① 描绘的内容不同，前者描绘了一幅晚秋的江景图，后者则写了花牛的四个活动场景。

② 描绘的方法不同，前者按从上到下的顺序描绘了多个景物，后者围绕花牛的活动，回环反复，结构相似。

……

在学生发现的基础上，适当点拨。

5. 课外请大家阅读优秀经典童诗——《蝴蝶·豌豆花》，试着用我们学过的想象的三把小钥匙去读懂诗歌、走进画卷。

附：学习单一份

3 现代诗二首学习单

一、读准下列词语。

guī cháo　　yì shùn　　bà zhàn　　tōu dù
归巢　　一瞬　　霸占　　偷渡

二、查找工具书了解以下两种小植物，并配上简易插图。

芦苇　　　　剪秋萝

三、说说两首诗的主要内容。

1. 刘大白写的《　　》，主要向我们描绘了（　　）。

2.（　　）写的《花牛歌》，围绕着（　　），生动描绘了四个生活场景：（　　　），让我们感受到了花牛的（　　　）。

四、品读诗句，展开想象。

我喜欢读《　　》，其中“__________”一句给我留下了很深的印象。抓住其中的关键词“　　”展开丰富的想象，我的眼前出现了这样的画面：（　　　）

（宁波市鄞州区第二实验小学　施翼玲）

4 繁星

文本解读

这是一篇略读课文，也是一篇散文。本文的作者是巴金，选作课文时有改动。课文按时间顺序，描写了“我”在不同时期、不同地点观看繁星的情景和由此产生的种种感受，给人以丰富的联想和美的感受。

课文先介绍了“我”最爱看繁星，因为“望着星空，我会忘记一切”，回忆从前在家乡的夜晚仰望星空的情景和内心的感受。接着回忆“我”三年前在南京读书时欣赏繁星的情景，觉得很亲切，希望光明无处不在。最后写“我”在海上看星星，那星星“摇摇欲坠”，让“我微笑”，使“我沉睡”。那时“我”在法国求学的路上，对未来有种种设想，又有淡淡的乡愁。文章表达了作者热爱星空、热爱大自然、向往美好生活的情感。

本单元的语文要素是“边读边想象画面，感受自然之美”，教学中可以结合课前导读，运用联想策略类似联想的方法展开教学，由巴金所描述的星空想象繁星满天的画面，从而更好地理解文本，体会作者所表达的情感。

策略提点

一、学生已有阅读经验分析

这是四年级上册第一单元的第四篇课文，在二、三年级及本单元前三篇课文学习的基础上，学生已经知道什么是联想，如何多角度地去联想，因此，本课的教学是引导学生运用已学的方法进行自主学习。

二、阅读策略教学建议

基于文本特点，结合单元目标和课前导读，着重选用联想策略中的接近联想和类似联想，从学生已有经验出发，可着力引导：（1）自主阅读，根据作者的写作顺序了解其在不同时期、不同地点观看繁星的情景和感受，概括课文的主要内容；（2）借助课前提示，结合阅读展开类似联想进行交流，想象繁星满天的画面；（3）在感情朗读的基础上体会作者表达的思想感情。

教学活动设计

一、教学目标

1. 认识“昧”“坠”“怀”3个生字，能运用联系上下文、展开接近联想等多种方法理解“密密麻麻、半明半昧、摇摇欲坠”等词语的意思。

2. 能自主阅读课文，正确、有感情地朗读课文，能根据作者的写作顺序了解其在不同时期、不同地点观看繁星的情景和感受，概括课文的主要内容。

3、学习运用抓关键词、类似联想等不同策略，想象繁星满天的画面，从中感受作者热爱大自然、对美好生活充满向往的思想感情。

二、课前准备

PPT 课件

三、教学过程

第一课时

本节课落实教学目标一、二、三。

板块一：揭示课题，理解繁星，了解作者

1. 揭示课题，齐读课题。

2. 什么样的星才叫“繁星”，你能用课文中的词语来解释一下吗？

① 指导读好这些词语，特别是“昧”的读音。

② 用查字典的方法理解“昧”的意思，接着用接近联想的方法理解“半明半昧”的意思。

③ 小结：像这样天空中有那么多那么密的星星，布满整个天空，我们就叫它繁星。

3. 这篇文章的作者，你了解他吗？（学生回答后教师补充。）

板块二：自主读文，借助表格，理清大意

1. 课前同学们已经预习课文了，请读一读这些句子，并理解加点词语的意思。

① 船在动，星也在动，它们是这样低，真是摇摇欲坠呢！

② 渐渐地我的眼睛模糊了，我好像看见无数萤火虫在我的周围飞舞。

③ 海上的夜是柔和的，是静寂的，是梦幻的。我望着那许多认识的星，我仿佛看见它们在对我眨眼睛，我仿佛听见它们在小声说话。

2. 默读课文，想一想，课文写到了巴金爷爷几次看繁星？分别是在哪里看的？看到的景象又是怎样的？完成学习单。

时间	地点	看到的画面
小时候	家乡庭院	密密麻麻（数量）
三年前	南京菜园	星群密布（数量）
如今	海上游轮	半明半昧（光亮） 摇摇欲坠（姿态）

3. 请结合板书，连起来说一说巴金三次看星星的经过。巴金爷爷每次看星空时的感受一样吗？让我们再次走进课文。

板块三：根据提示，产生联想，体会情感

1. 这是一篇略读课文，大家回忆一下，三年级时我们是怎么学略读课文的？

2.（PPT 出示）读一读课前提示。

① 有感情地朗读课文，根据课文的描述想象繁星满天的画面。

② 你也看过夜晚的繁星吗？说说当时的感受。

3. 运用类似联想策略，边读边想象画面，完成阅读提示中的第一个问题。

（1）请你找到有关描写繁星的语句，用“＿＿＿”画下来，读着这些语句，你的脑海中会浮现出怎样的画面？

> 读到＿＿＿这个词语，我的眼前仿佛出现了这样的画面＿＿＿＿＿＿＿＿
> ＿＿＿＿＿＿＿＿＿＿＿＿＿＿＿＿＿＿＿＿＿＿＿＿＿＿。

（2）集体交流，运用类似联想的策略，引导学生抓住重点语段，边读边想象画面。

（3）指导学生感情朗读。

（4）小结：阅读中借助自己类似的经验进行联想可以帮助我们更好地读懂文章。这样的联想就是类似联想。（板书：类似联想。）

4. 学习精彩语段，体会作者情感，完成阅读提示中的第二个问题。

（1）根据学生的回答，PPT 出示：

读着这些句子，又联想到了什么？

（2）有感情地朗读以上语段，体会作者的情感。

（3）巴金爷爷对星空有着真实的描绘，也有着他丰富的联想。你一定也看过夜晚的繁星吧，请说说你当时的感受：

我望着 ____________，我仿佛看见 ____________________________________，

我仿佛听见 ______________，我觉得 ________________________________。

5. 学习课文第一句：我爱月夜，但我也爱星天。

提问：这句话在文中起到了什么作用？（总起句，直接点明作者爱星空。）

板块四：总结全文，推荐阅读，拓宽视野

跟随着巴金爷爷，我们欣赏到了美妙无比的星空，也感受到了巴金爷爷对星空、对大自然的热爱，对美好生活的向往。冰心奶奶也曾写过《繁星》，大家也可以用接近联想、类似联想的方法读一读。

（宁波市鄞州区第二实验小学教育集团　林银霞）

四年级上册

第二单元：提问策略

5 一个豆荚里的五粒豆

文本解读

《一个豆荚里的五粒豆》是四年级上册第二单元“提问策略单元”的第一篇课文，也是丹麦著名童话作家安徒生的作品。讲述了一个豆荚里的五粒豆各自不同的经历。第一粒豆想飞到广大的世界里去，却落到了屋顶的水槽里，最后在一个鸽子的嗉囊里静静地躺下了；第二粒豆想飞进太阳里去，却落在水沟里，被脏水涨得快要爆裂开来；第三、第四粒豆想着随便到哪里就到哪里睡觉，可是却被鸽子吃掉了；最后一粒豆想着该怎么办就怎么办，于是在钻进一个长满了青苔和霉菌的裂缝里后，克服恶劣的生长环境，努力生长着，最后开出了粉红色的小花儿，同时还给附近的小女孩带来了生的希望与快乐，以自己顽强的生命力帮助小女孩战胜病魔。

文章内容较为浅显易懂，关于这个童话的主旨可以有多元化的解读，同时，这个童话故事比较长，学生可能会有许多问题，因此这篇课文非常适合用提问策略学习。

策略提点

一、学生已有阅读经验分析

本文是统编教材四上第二单元中第一篇课文，该单元是提问策略单元，旨在学习“提出问题”。在此之前，学生对于提问并不陌生，但对于如何进行有效的课堂提问，没有进行系统的学习。因此，这篇课文的教学重点是：感知并学习对课文的内容进行提问。

二、阅读策略教学建议

基于文本的特点，结合“提问策略单元”的内容分布要求，从学生已有的经验出发，可着力引导：（1）指导提问。自读自问，随文旁批问题，激发阅读兴趣。（2）小组讨论分类，发现可以根据课文不同的内容进行提问。（3）解决疑问。针对学生不理解的词句段，采用提问策略帮助理解。

教学活动设计

一、教学目标

1. 学习提问策略。在自读自问中，掌握一个完整的问题要包括疑问词和问号；小组讨论进行整理时，知道可以根据课文不同的内容进行提问。

2. 学习“按照”“捏着”“僵硬”“囚犯”“青苔”“窗框”“水笕”等词语。用“直接提取”和“理解概括”的方法梳理文章内容，想象画面，读好豌豆的语言，感受五粒豌豆的不同性格。

3. 在“提出问题—解决问题”的过程中逐步说清整个童话故事的内容，了解豌豆带给小女孩的心境变化。

二、课前准备

PPT 课件，课堂练习单。

三、学习过程

第一课时

本节课着重落实教学目标一、二。

板块一：学习规范提问

（一）揭题，相机学“豆荚”“豌豆”

1. 这堂课我们学习一个安徒生的童话。

2. 学习本单元的第一课，你有什么好的方法？

（1）关注单元导语。

（2）关注课文导读。

（二）初读课文，梳理内容

读一读：读准字音，读通句子，遇到难读的词语多读几遍。

问一问：边读边问，记录在问题清单中。

1. 学生自读课文。

2. 解决字词。

重点指导：

（1）僵硬的“僵”笔画有点儿多，谁有办法记住它？

“僵”字的左边是“人”，右边的“田”表示田界的意思，田界是不能动的，后来就引申为僵硬，有不灵活、活动不方便的意思。看着图我们就大概知道这个字的意思了。

（2）你能用这种方法猜一猜“囚”的意思吗？

（3）“苔”读第二声。

3. 指导提问的规范性。

（1）句子画下横线并加上问号变成一个问句。

（2）在句子中添加疑问词并加上问号变成一个问句。

（3）写一句问句，要有疑问词和问号。

（4）修改整理，读读问题，看看表述是否正确。

（三）交流问题，规范整理

1. 除了对不懂的词语提出问题，你还提出了什么问题？

2. 反馈：有的对题目提问，有的对一句话提问，有的对一段文字提问，有的对整篇文章提问。

3. 着重指导针对全文内容提问的方法。

板块二：借助关键词，解决问题

（一）聚焦问题

最想解决哪一个呢？为什么？

我们先研究五颗豆子最初的想法，也就是故事的起因。

预设：

（1）读一读课文。

（2）从课文中找一找答案。

（二）借助关键词，解决问题

1. 聚焦课文的第四至第十一自然段。

2. 学生反馈，教师配合。用直接提取答案的方法完成表格“最初的想法”这一列内容。

	最初的想法	最终的结果
第一粒豌豆		
第二粒豌豆		
第三、四粒豌豆		
第五粒豌豆		

3. 学生填写表格，教师巡视，相机指导。

4. 学生汇报表格。

（三）借助想象，读好语言

1. 你最喜欢哪一粒豌豆？想象一下当时的画面，读读它说的话。

2. 多种形式合作读。

小结：安徒生的笔下，豆子也会有奇妙的旅程，这是多么富有想象的故事，多神奇呀！同学们，这就是童话的特点。

板块三：借助方法，了解结局

（一）方法迁移，记录最终结果

1. 聚焦课文的第二十四至第二十六自然段。

让我们也用刚才的直接提取或理解概括的方法，解决这个问题。

2. 学生填写表格。

3. 根据反馈，从直接提取和理解概括两个角度评价。

4. 同学们，今天这堂课，你有什么收获呢？

预设：

（1）从不同角度提问。

（2）解决问题可以用直接提取和理解概括等办法。

（二）延伸学习，不断提问

反馈学生产生的新问题。

单元导读说：为学患无疑，疑则有进。小疑则小进，大疑则大进。豌豆们又经历了什么呢？下节课我们继续提出问题，并学习运用适当的方法解决问题。

第二课时

本节课着重落实教学目标三。

板块一：借助板书，回顾上节课内容

1. 借助板书回顾上节课学习内容，指名回答。

2. 根据提示，复述故事。

用串联起因、经过、结果的方式简单复述这个童话故事。

板块二：继续解决问题，理解文章中心

<table>
<tr><th></th><th>最初的想法</th><th>经历</th><th>最终的结果</th></tr>
<tr><td>第一粒豌豆</td><td></td><td rowspan="4"></td><td></td></tr>
<tr><td>第二粒豌豆</td><td></td><td></td></tr>
<tr><td>第三、四粒豌豆</td><td></td><td></td></tr>
<tr><td>第五粒豌豆</td><td></td><td></td></tr>
</table>

借助表格，说清楚豌豆们经历的事。

继续提问，感受小女孩的心境变化。

预设：

（1）母亲为什么要把一株豌豆苗说成“一个小花园”？

（2）小姑娘看到豌豆开花时的心情是怎样的？

（3）伴随着豌豆苗的成长，为什么小女孩的病慢慢好了？

板块三：童话阅读延伸，拓展运用策略

1. 拓展阅读，迁移运用。

用这两堂课中学习的提问方法，再去读一个安徒生的童话，看看会有哪些不一样的收获。

2. 小组学习，组内交流。

评价一下学习伙伴提出的问题，看看是对文章的部分内容提出的问题，还是对全文提出的问题，或是对题目、词语等提出的问题。

3. 总结学习内容。

四、作业布置

1. 完成语文课堂中的配套作业。

2. 用这堂课中学习的提问方法，选择其他童话读一读。

（宁波市镇海应行久外语实验学校　潘佳艳）

6 蝙蝠和雷达

文本解读

《蝙蝠和雷达》是统编教材四年级上册“提问策略单元”精读文章，课文讲述了科学家通过多次试验，探索出蝙蝠夜间飞行的秘密，以此获得启示，发明雷达，从而保证了飞机夜航安全。

课文语言简洁、逻辑严密、科学性强。这篇课文是本单元的第二篇课文，之前的学习已让学生有了一定的提问意识和提问能力，选编这篇课文，是为了让学生在阅读中抓住要点，把握文章主要内容，学习从不同角度提出问题，激发阅读科普文章的兴趣。

策略提点

一、学生已有提问能力分析

这是本单元第二篇课文，在《一个豆荚里的五粒豆》学习中，学生主要学习了对文章的不同内容提问，对于如何规范提问也已获得了一些经验。

二、提问策略教学建议

基于本单元的阅读策略学习要求，结合课后习题，从学生已有经验出发，可着力引导：（1）抓住关键信息进行提问；（2）尝试从不同角度进行提问；（3）运用多种方法解决问题，从而全面了解课文内容，感受文章写法，激发阅读此类文章的兴趣。

教学活动设计

一、教学目标

1. 正确流利地朗读课文内容，学习“蝙蝠”“敏锐”“铃铛”等新词；能够用查阅资料的方法了解一些专业术语的意思。

2. 以“初步感知—再度尝试”的学习过程，重点学习从“课文写法角度提问”，从中受到启发以解决问题，并初步感知“全文启发式提问”。

3. 感受科学小品文的表达准确特点，激发阅读科普文章的兴趣。

二、课前准备

PPT 课件，作业本，学习单《有趣的种子旅行》。

三、教学过程

第一课时

本节课着重落实教学目标一、二。

板块一：初读课文，扫除阅读障碍

（一）出示学习任务

学习任务 1

（1）读课文，读准字音，读通句子。

（2）边读边想课文主要讲了什么？

（二）词语学习

蝙蝠　试验　飞蛾　清朗

敏锐　捕捉　提升　避开

铃铛　似的　蚊子　苍蝇

（1）注意引导第三排词语读轻声，齐读一遍。

（2）提醒：读词语的时候要注意停顿。

（3）再齐读一遍。

（三）科学术语学习

超声波　荧光屏　障碍物　无线电波

（1）科普文章中常常会出现这样一些科学性术语，谁来读一读？

（2）这几个科学术语的意思你都知道吗，用什么办法？（查阅资料等。）

（3）今天我们的课堂上来了一位学习小助手，你们的想法和他不谋而合呢，听听他怎么说。

PPT 播放小助手录音：嗨，大家好，我是你们的学习小助手，能和大家一起学习真的太开心了，瞧，这是"科普中国网"对"超声波"的词条解释……

我们可以查阅资料来了解它们的意思，课后同学们也可以试一下。

（4）将词语再读一遍。

板块二：构建问题清单，初步感知从"课文写法角度提问"

（一）反馈个人问题清单

预习时，大家边读边问，完成了个人问题清单，谁愿意分享一下自己的问题。（屏幕展示学生问题。）

1. 问题分类。请这几位同学起立，念一念自己的问题。

预设 1：从课文内容角度提出的问题罗列。

（1）蝙蝠和雷达有什么关系？

（2）为什么用《蝙蝠和雷达》作为题目？

（3）为什么科学家要蒙上眼睛？

（4）"没头苍蝇"是什么？

（5）人们从蝙蝠的身上可得到什么启示？

……

小结：同学们，你们已经学习了边读边问，抓住课题，关键词、句、段来提问，我们可以把这样的提问角度叫作（板书）“课文内容问一问”。

请试着概括课文内容。

学习任务 2

科学家通过（　　）揭开了（　　）并从中（　　）发明了（　　）解决了飞机夜航的安全问题。

小结：通过三次试验，科学家们发现了蝙蝠夜间飞行的秘密，发现了超声波，发明了雷达。同学们虽然表述不同，但是都紧紧抓住了文章的要素来概括，你们很会总结。

预设 2：从课文写法角度提出的问题罗列。

课文题目是“蝙蝠与雷达”，为什么一开始却要写飞机？

同学们，发现了吗？这个问题的提问角度和我们刚才的这些问题不大一样，这是从什么角度提问的呢？（板书：写法。）

小结：对文章写法的提问可以让我们关注到写法上的特点。这个提问角度值得我们学习。

（二）构建班级问题清单

1. 出示学习任务。

那么多的问题，哪些最能帮助我们理解课文呢？

学习任务 3

结合课文要点，小组内讨论哪两个问题对理解课文最有帮助。

2. 选出重点解决的两个问题。

（1）蝙蝠和雷达有什么关系？（这一问题的核心指向二者关系。）

（2）蝙蝠夜间飞行的秘密是什么？（这一问题的核心指向“秘密”。）

3. 读一读问题，再看看课文的要点，这两个问题有没有围绕要点提。

评价：你们真厉害，不仅能提出问题，还能根据要点对问题进行筛选。

板块三：解决重要问题

1. 下面就带着这两个问题走进课文。在了解蝙蝠飞行秘密之前，我们先来看看科学家是这么解开他们之间的秘密的。

预设：通过三次实验。

2. 聚焦于课文第四、第五自然段解决问题。

学习任务 4

小声读第四、第五自然段，借助表格，用简洁的语言说一说三次试验的过程。

3. 反馈表格。

试验顺序	所在段落	试验准备	试验方式	试验结果	试验结论
第一次	第四自然段	绳子、铃铛	蒙眼睛	铃铛不响	与眼睛无关
第二次	第五自然段		塞耳朵	铃铛响不停	与耳朵有关
第三次	第五自然段		封嘴巴	铃铛响不停	与嘴巴有关

4. 解决问题。

（1）这三次试验中科学家得到的重要发现是什么？

蝙蝠在夜间飞行和眼睛没有关系，与嘴巴和耳朵有关系。

（2）蝙蝠是如何飞行的？（详见第七自然段。）

5. 朗读第七自然段。

（1）边做动作边和同桌配合读一读这段文字。

（2）师生合作读。

小结：通过筛选出来的问题深入思考并了解了蝙蝠飞行的秘密。

第二课时

本节课着重落实教学目标二、三。

板块一：自主尝试从写法角度提问

1. 观察表格，尝试提问。

同学们，请你们仔细观察表格，再读一读课文的第四、第五自然段，能从课文写法的角度再提一两个问题吗？请写在第四、第五自然段的旁边。

反馈问题。

预设：

（1）为什么写第一次试验用了一段，后两个试验则合并成一段写？

（2）同一种结果写一段，不同结果单独成段。

（3）第一次实验写了试验准备，后面两次为什么没有写？

小结：这就是从课文的写法上提问了，就是刚才所说的“课文写法问一问”。

3. 这些写法就体现了科普性小品文语言简洁、逻辑严密、科学性强等特点。

板块二：全文回顾，探寻提问新角度——全文启发问一问

1. 除了这两个角度，我们还能从什么角度提问呢？请同学们挑战一下学习任务 5（出示 PPT）。

看文章时，我们不仅可以边读边问，读完之后还可以全文启发问一问。看，我们提问的角度又发生变化了。

2. 微课小助手。

让我们再一次邀请出学习小助手，他想给同学们总结一下今天的学习内容呢，让我们掌声有请。

3. 分享学习收获。

板块三：再读科学小品文，拓展运用策略

1. 拓展阅读，迁移运用。

接下来就尝试运用一下“从不同角度”进行提问的方法，自主阅读《有趣的种子旅行》。

2. 小组学习，组内交流。

四人小组开始交流自己的问题。

3. 全班交流，互相评价。

请一组同学交流一下刚才提出的问题，并说说是从什么角度提出这个问题的。

4. 总结：“为学患无疑，疑则有进。”希望同学们继续读书，继续学习提问并解决问题。

四、作业布置

通过这节课的学习，同学们联系已有的知识和经验，学习了从不同角度对文章进行提问的方法。课后完成作业，并尝试从不同角度对你阅读的文章进行提问。

附：学习单

学习单

姓名（　　　　）

有趣的种子旅行

①一株植物少则有几十颗种子，多则有几十万颗种子。如果它们都只停留在原地，挤成一堆，很难想象能怎么生活下去；如果发生自然灾害，如干旱、洪涝、火灾等等，集中在一块儿就更有灭绝的危险。因此，种子必须以各种方式进行迁移。这也是长期自然选择的结果。

②自然界中植物多种多样，种子旅行的方式也各有千秋。

③像大豆、绿豆、油菜、芝麻等植物的种子，有一种“弹射”

的本领，果实成熟后包藏种子的果荚会突然扭曲、炸裂，将种子弹射到几十厘米甚至几米之外。根据现在掌握的资料，植物界中的弹射“冠军”，可能是一种生长在美洲的木犀草，射程可达14米之远。

④在非洲北部和欧洲南部，有一种有趣的植物叫喷瓜。它的果实成熟时，那些包藏种子的浆汁，就像气球中的空气那样，对果皮产生强大的压力，只要轻轻一碰，果实的黏液和种子就一起喷发出来，可射6米之远，所以当地人称它为“铁炮瓜”。

⑤但是这些种子的旅行路程，在整个自然界中只是低水平的。很多植物的种子，能以各种特有的办法，旅行到几千米、几十千米之远，有的甚至还能进行“环球漫游”呢！

阅读要求：请你默读全文，然后从文本内容、文章写法、全文启发等方面进行思考，并提出自己的问题。

我的问题清单	
1.	
2.	
3.	
4.	
5.	

（宁波市镇海区应行久外语实验学校　潘佳艳）

7 呼风唤雨的世纪

文本解读

《呼风唤雨的世纪》是中国科学院路甬祥院士的作品，选入课文时有改动。这是一篇科普性说明文，介绍了20世纪的科学技术发展历程，展示了科学技术的飞速发展给人类生活带来的巨大变化和灿烂前景，从而引发学生热爱科学、学习科学和探索科学的浓厚兴趣。

文章语言高度概括，具有一般说明文逻辑严密、用词准确等特点。同时，遣词用语兼具科学性和形象性，既有大量的科技名词和专业名词，又引用我们熟悉的“千里眼”“顺风耳”等词句，增添文章的形象性、趣味性。

对学生而言，这篇文章能激发他们对科技的兴趣，但又存在内容理解上的难度。文中有许多难以理解的词句，如科技名词“天体”“原子核”“程控电话”“因特网”等，又如“哲学家”“王公贵族”“物质文化”“忽如一夜春风来，千树万树梨花开”等词句。同时，高度概括的语言需要联系生活实际才能理解。所以，从文本内容和语言的特点看，这篇文章很适合学生练习提问。不过，本文的学习重点是在初步学习从不同角度提问的基础上，学习整理、筛选问题，这对学生来说是一大难点，特别是区分“帮助理解”和“引发深入思考”的问题上，两者没有清晰的分类标准，因此，在第一次学习时，不强求学生人人能够区分这两类问题，言之有理即可。

策略提点

一、学生已有阅读经验分析

《呼风唤雨的世纪》是四上第二单元第三篇课文。该单元是提问策略单元，语文要素是“阅读时尝试从不同角度去思考，提出自己的问题”。通过前两课的学习，学生知道了提出问题的角度，可以从课文局部、全文角度提问，也可以从内容、写法、联系生活实际角度提问。

二、阅读策略教学建议

基于以上分析，可着力引导学生：（1）自主阅读，从不同角度提出问题；（2）整理问题，分类、筛选出值得思考的问题；（3）通过联系策略和查找资料解决问题，了解科学技术给人类带来的巨大变化，激发对科学的热爱之情。

教学活动设计

一、教学目标

1. 读准“依赖”“潜入”“船舶”等词语，区分“发明”和“发现”的意思，读通课文，了解课文大意。

2. 学习筛选问题，按照“不影响理解”“帮助理解内容”“引发深入思考”进行整理分类，聚焦能帮助理解课文的问题。

3. 通过查找资料和联系策略解决问题，了解20世纪科学技术给人类带来的巨大变化，激发对科学的热爱之情。

二、课前准备

PPT课件，作业本。

课前预习：读课文，读准字音，读通句子，圈、画出难读的词语和句子，思考课文主要写了什么。

三、教学过程

第一课时

本节课着重落实教学目标一、二。

板块一：预习反馈，回顾方法

1. 反馈词句，读准读通。根据学生预习情况确定学习内容。

预设 1：

1923 年，英国数学家、哲学家伯特兰·罗素说："归根到底，是科学使得我们这个时代不同于以往的任何时代。"

指导：将外国人名读得正确连贯；"使得"中的"得"读轻声。

预设 2：

20 世纪，人类登上月球，潜入深海，洞察百亿光年外的天体，探索原子核世界的奥秘；20 世纪，电视、程控电话、因特网以及民航飞机、高速火车、远洋船舶等，日益把人类居住的星球变成联系紧密的"地球村"。

指导："潜"读第二声。

预设 3：

正是这些发现和发明，使人类的生活大大改观，其改变的程度超过了人类历史上百万年的总和。

人类在上百万年的历史中一直很依赖自然，生活在一个慢吞吞、静悄悄、一到夜里就黑暗无光的世界。

指导：读对长句子的停顿；两个"上百万年"都是连在一起读的。

2. 整体感知，了解大意。课文主要写了什么？

预设 1：能抓住课文第一句"20 世纪是一个呼风唤雨的世纪"。相机指导理解"呼风唤雨""世纪"。

预设 2：能自己概括大意，如“20 世纪前科技不发达，20 世纪后科技越来越发达了”等，初步感知即可。

3. 展示问题，回顾方法。

课件展示学生预习时提出的问题，并小结问题标注方法及提问角度，提议这么多问题应一步步来解决。

板块二：合作交流，筛选问题

1. 独立思考，筛选问题。

2. 小组交流，合作筛选。

（1）交流讨论感兴趣的问题，尝试解决。已解决的问题打上钩。

（2）挑选一个小组成员都感兴趣或都想解决的问题，写在学习单上。完成后贴在黑板上。

3. 汇总问题，尝试分类。

（1）指名读问题，评价是否问清楚、写规范。

（2）对问题尝试分类。

4. 学习范例，再次分类。

（1）观看由课后习题制作成的微课，看是否得到启发。

（2）谈观后启发。

预设：问题可以分成三类，第一类是不影响阅读的，第二类是帮助理解课文内容的，第三类是引发深入思考的。

（3）再次分类。

讨论本组提出的问题属于哪一类，并说说理由。确定后把本组的问题移到相应的类别下面。

（4）评价分类。是否同意这样的分类？请学生互相阐述理由。

预设：学生会对第二、第三类问题产生不同意见。只要是有关课文内容的问题，即属于第二类。

5. 小结方法，盘点收获。

可以按照“不影响理解”“帮助理解内容”“引发深入思考”进行整理分类，

筛选出帮助理解课文的问题。

板块三：书写指导，完成作业

交流书写难点，完成作业本中的生字书写，并评价改进。

第二课时

本节课着重落实教学目标三。

板块一：解决问题，小结方法

1. 聚焦问题，共同解决。

因问题众多，先选择重复提出的问题或主要问题，运用联系上下文、查找资料等方法来解决问题。

预设：为什么用“忽如一夜春风来，千树万树梨花开”来形容 20 世纪的成就?

解决方法一：联系上下文。

（1）找到此问题所在的第三自然段，自读寻找答案。

预设：一般会找到“在最近的 100 年中，他们的那么多幻想纷纷变成了现实”这一句。这句中，抓住两个关键处：“100 年”在上百万年的历史长河中极短；“那么多幻想变成现实”指科学技术成就大。所以，这诗句写出了 20 世纪的科学成就大、发展快。

补充：此诗句出自唐朝诗人岑参《白雪歌送武判官归京》。

（2）自读其他段落，寻找也表达这一意思的句子。

预设 1：20 世纪，人类登上月球，潜（qián）入深海，洞察百亿光年外的天体，探索原子核世界的奥秘；20 世纪，电视、程控电话、因特网以及民航飞机、高速火车、远洋船舶（bó）等，日益把人类居住的星球变成联系紧密的“地球村”。

分清楚第一类成就属于“发现”，第二类成就属于“发明”，作者是分类来写的。在此基础上，区分“发明”和“发现”的意思，并能举例说明。

预设2：在20世纪一百年的时间里，人类利用现代科学技术获得那么多奇迹般的、出乎意料的发现和发明。

（3）小结方法：刚才我们联系上下文理解了这句诗的意思以及为什么用这诗句来形容的原因。

解决方法二：查找资料。

（1）屏幕阅读20世纪重大发明发现。如果要继续了解20世纪的科学成就，可以用什么方法？（屏幕出示：查找资料。）

（2）屏幕阅读中国近40年的科学技术成就。如袁隆平发明“杂交水稻”，屠呦呦发现“青蒿素”等。

（3）看着这一项项成就，同学们想说什么？

综合以上理解，回顾问题，指名回答。

2. 小结方法，迁移运用。

（1）各小组选择一两个问题，运用联系上下文、查找资料等方法解决问题。查找资料时可借助工具书、教室电脑和教师手机。

（2）全班交流。

为什么说“现代科学技术必将继续创造一个个奇迹，不断改善我们的生活”？

可联系课文内容，理解“必将”的原因。

可联系生活实际，如5G技术、人工智能的应用让生活智能化、便捷化等来理解；

可以畅想未来还会出现怎样的发明、发现来改变我们的生活。

板块二：聚焦表达，发现特点

1. 再读课文，品味语言。

（1）文章只有500多个字，却把100年的科学技术发展都说清楚讲明白了，并让我们深深感受到了科技的巨大力量，你能发现他表达的秘密吗？可朗读、默读，仔细找一找、想一想。

（2）全班交流。

预设 1：设问。举“是谁来呼风唤雨呢？当然是人类。”作用在于引起读者的兴趣。

预设 2：对比。把人类上百万年的农耕社会和 20 世纪进行对比，突出了 20 世纪的科学成就之大。

预设 3：引用。引用诗句“忽如一夜春风来，千树万树梨花开”，生动形象地写出了成就之大、发展之快。

预设 4：分类举例。例如第四自然段，先写“发现”，再写“发明”，分别举例说明。

2. 学生小结。

板块三：盘点收获，完成作业

1. 盘点收获。从学习内容和学习策略两方面进行小结。

2. 完成作业本中的作业。

（慈溪市教育局教研室　孙红波）

8 蝴蝶的家

文本解读

这是四年级上册“提问策略单元”的第四篇课文，可激发学生对自然世界奇妙现象的探索欲望。世界中很多奇妙的事儿，我们若没去想过、问过，真正被问也是不知其然，更不知其所以然。同样，我们都见过美丽的蝴蝶，却真不知蝴蝶的家在哪里。课文的结尾引人深思，更推动学生去探索自然的奥秘。

课文中作者反复提问“蝴蝶的家在哪里”，以此层层推进内容。因为处在提问策略单元，本课教学更应关注阅读策略的学习，将前三篇课文所学到的提问策略加以综合运用。本文贴近学生生活，符合学生的认知心理，也有“立人”的意义。

策略提点

一、学生已有阅读经验分析

这是四年级上册“提问策略单元”的第四篇课文，在本单元前三篇课文学习的基础上，学生已知晓提问策略，也了解了提问策略的具体运用方法。

本课主要对提问策略加以巩固、运用。

二、阅读策略教学建议

从学生已有经验出发，可着力引导：（1）综合运用本单元学到的提问策略，从提出问题、筛选问题、解决有价值的问题角度学习；（2）借助课文导语学习课文；（3）进一步掌握提问策略，增加阅读收获。

教学活动设计

一、教学目标

1. 会读“避”“撼”“喧”“素”“污”“雀”“炊”“檐”8个生字，会读并能运用联系上下文、生活实际等多种方法理解“玷污”“湿漉漉”“屋檐”等词语。

2. 综合运用多种提问策略，并借助关键问题理解课文内容，体会作者对弱小动物的关爱之情。

二、课前准备

PPT 课件。

三、教学过程

第一课时

板块一：借助预习单，扫清阅读障碍

1. 揭示课题，齐读课题。

2. 课前同学们已经预习了课文，我们交流一下。

3. 检查预习情况。

（1）词语

关注“雀”的读音、“湿漉漉”的写法。同时，引导运用已学的多种方法理解词语“屋檐”“玷污”“炊烟”。

（2）课文朗读。

同桌互听互读互评。互相抽读课文，注意听，互相评：字音是否读准，课文是否读流利。

指名读，引导学生参与评价。

板块二：回顾提问方式，进行阅读提问

（一）自主批注问题提问

1. 请大家回顾一下在本单元中我们学到的提问方式。

（1）对课文的内容进行提问。

（2）对文章的写法进行提问。

（3）从课文中延伸出来的问题。

2. 自主批注问题。

（二）合并、筛选问题形成班级问题清单

1. 课文中直接出现的问题。

预设：

青鸟、麻雀这些鸟要躲避起来，蝴蝶怎么办呢？

这样的天气它们能躲在哪里呢？

蝴蝶的家到底在哪里？

2. 受到文章内容启发产生的问题。

蝴蝶的家到底在哪里？

为什么我们找不到蝴蝶的家？

3. 小组讨论。

请同学们小组讨论，选择你们觉得最值得思考的问题。

预设：

（1）在课文中直接能够找到答案的问题。

蝴蝶会不会躲在桥下面？

（2）需要联系课外知识才能够解决的问题。

蝴蝶的家到底在哪里？

板块三：尝试解决问题，自主提出问题

（一）再读课文尝试解决

1. 在你的问题清单中，能够通过再读课文解决的是哪些？请用横线画出问题的答案。

2. 从你找到的答案当中你能够感受到什么？

（二）聚焦关键问题

1. 一次次猜想，又一次次否定，作者一次次为蝴蝶找家，希望的是什么？

“蝴蝶的家到底在哪里？”这是这篇课文最值得我们探究的一个问题了。

2. 同学们，你们认为蝴蝶有家吗？这个美丽而香甜的家会在哪里呢？张开你想象的翅膀，说一说。

3. 要知道蝴蝶的家到底在哪里，我们还可以用什么方法？（查阅资料、上网等。）

相信通过刚才讨论的方法，大家一定能够找到蝴蝶的家。你们又有什么新的问题？也可以用学到的方法自己解决新问题。

（三）小结

（宁波市镇海区应行久外语实验学校　潘佳艳）

交流平台

文本解读

围绕本组“提问策略”的专题，《语文园地》中安排了提问策略的“交流平台”。本单元在学习《一个豆荚里的五粒豆》《蝙蝠与雷达》和《呼风唤雨的世纪》这三篇课文时，学生积累了多种提问策略的运用方法，逐渐养成了多角度提问的好习惯。同时，这一阶段的学生爱思考、爱提问，对文本的解读也有很多自己的想法。在这样的背景下，学生在此“交流平台”中可以畅所欲言，将本单元所学与其他同学分享，同时通过交流的形式也可以巩固学过的知识，并继续进行练习。

教学要点

一、教学重难点

引导学生多角度提问，在讲述过程中对之前学到的提问策略进行概括、总结，教学中及时关注讲述者和倾听者双方状态，能够适时介入，力求使讲述者和倾听者双方都有提升。

二、课前准备

阅读资料，让学生在阅读实践中运用学过的这些提问策略，读后与同伴交流，总结方法。

教学活动设计

板块一：揭示话题，回顾单元策略要点

导语：同学们，通过这一单元的学习，我们学习了不少提问策略的方法（板书：提问策略），还记得吗？

预设：

1. 在《一个豆荚里的五粒豆》的学习中，我们知道了可以根据不理解的词语和全文内容进行提问。

2. 提问时加入疑问词和问号可以让我们的提问完整清楚。

3. 在《蝙蝠与雷达》的学习中，我们知道了可以从不同的角度来进行提问，从而让自己的思考更加全面深入。

3. 在《呼风唤雨的世纪》的学习中，我们知道了针对提出的问题还要进行筛选，选出最值得思考的问题。

总结：是啊，多角度提问可以使我们增加阅读收获。那么大家说得这么好，不知道都学会了没有，我们通过实践来检验。

板块二：阅读延伸，借助任务单运用策略

1. 出示《卖小火柴的女孩》及提问单。

2. 学生阅读文本，把问题写在提问单上。

3. 讨论交流任务。

要求：

（1）讲述者声音响亮，口齿清楚，提出有价值、不重复的问题。（板书：声音响亮、口齿清楚、不重复。）

（2）倾听者学会倾听，做好记录，给予补充或解决简单的问题。（板书：学会倾听、补充意见、解决问题。）

在认真听完同学的提问之后，每个小组把组内最有价值的问题贴在黑板上。

4. 学生交流提出的问题，教师小结：刚才这三组同学，能够从文本的内容、写法以及由文本引发的思考，多角度地提出问题。

板块三：总结提问策略

通过练习，我们已经基本掌握了提问策略，知道了学会提问可以更好地读懂文章。想提出一个好问题，可以从文章的内容角度进行提问，可以从文章的写法角度进行提问，还可以提出由文本引发的思考与大家一起讨论。提出问题之后，再通过各种方法解决它们。爱因斯坦曾经说过："提出一个问题往往要比解决一个问题更重要。"希望大家养成提问的好习惯，在今后的学习中，做会提问的学生。

附：学习单

学习单

姓名（　　　　）

卖火柴的小女孩

①天又黑又冷，下着雪。大年夜，一个光头赤脚的小女孩在街上走着，她的脚冻得又红又青。她又冷又饿，在一个墙角里坐下来，缩成一团，她家和街上一样冷。她的手几乎冻僵了。她抽出一根火柴，在墙上擦燃。小女孩像坐在一个暖烘烘的大火炉前面。

②她刚把脚伸出去，火柴灭了。她手里只有一根烧过的火柴梗。她又擦燃一根火柴，一只烤鹅从盘子里跳出来，背上插着刀和叉，向她走来。火柴又灭了，她面前只有一堵又厚又冷的墙。她又擦了一根火柴。这次，她坐在美丽的圣诞树下，小女孩刚向画片伸出手去，火柴又灭了。

③她又擦了一根火柴。这次，在火光中出现疼爱她的奶奶，奶奶那样温和、慈爱。她赶紧擦着整把火柴。奶奶把她搂在怀里，她俩在光明快乐中飞走了，越飞越高，飞到那没有寒冷、饥饿、痛苦的地方去了。第二天，太阳升起来了，照在她小小的尸体上。

阅读要求：请你默读全文，运用已学过的阅读策略进行思考，并提出自己的问题。

我的问题清单	
1.	
2.	
3.	
4.	
5.	

（宁波市镇海区应行久外国语实验学校　黄璐）

四年级上册

第三单元：推敲策略

单元教学说明

一、人文主题与语文要素

本单元的语文要素为“体会文章准确生动的表达，感受作者连续细致的观察”“进行连续观察，学写观察日记”。

本单元安排课文《古诗三首》《爬山虎的脚》和《蟋蟀的住宅》，习作《写观察日记》以及《语文园地》，旨在让学生学习推敲“连续细致的观察”，从而习得观察的方法。

二、阅读策略说明

关于“观察”这一语文要素，在三年级上册第五单元的习作部分就有提及，具体表述为“体会作者是怎样留心观察周围事物的”。本单元是继三年级上册又一次对观察要素进行落实，着重练习“体会文章准确生动的表达，感受作者连续细致的观察”。同时在阅读的过程中，运用“推敲”这一阅读策略，反复感受文中的新词、难句，并联系相关的知识，完成从习得到感悟，再到运用的过程。

三、策略教学内容与教学建议

本单元对“体会文章准确生动的表达，感受作者连续细致的观察”做了有层次的安排，《古诗三首》重在学习“想象诗句的景象，感受作者的观察”；《爬山虎的脚》引导学生说说“从哪些地方可以看出作者观察得特别仔细”；《蟋蟀的住宅》引导学生默读课文，说说“课文围绕蟋蟀的住宅讲了哪两方面的内容，作者是怎样观察的”。在《语文园地》的“交流平台”中，还通过对话提示学生“只有进行细致的观察，才能写得准确”，并引导学生要学会“连续的观察”，明白“观察不仅要用眼睛看，还要用耳朵听，用心想”。

本单元的几篇课文都要求学生能感受文中作者的观察，并了解作者是怎样观察的，从中习得观察的方法。教学中，教师要帮助学生，了解学生观察中可能碰到的问题及困难，并及时指导。同时，可以设计一些相关的学习单，运用“推敲”这一阅读策略，让学生推敲词语的运用、句子的理解，做到表达准确、生动。

四、教学时间安排

内容	第 9 课	第 10 课	第 11 课	习作	语文园地
课时（h）	2	2	2	3	2

（嵊州市剡山小学教育集团元培校区　徐萍）

9 古诗三首

文本解读

三首古诗在体裁上都为近体七绝，且都是以描写自然景物为主。《暮江吟》是唐朝诗人白居易在离京赴杭州任刺史途中所作，当时朝廷党争严酷，白居易自请外任就是为了离开政治旋涡，得以清适；《题西林壁》是北宋诗人苏轼与友人同游庐山时的诗作，这首诗语言朴实无华，耐人寻味，它不单单写了庐山的奇伟景观，也蕴含着“要通过全方位观察才能了解事物本质”的道理；《雪梅》是南宋诗人卢钺创作的组诗，原诗有两首，课文选取了一首。在学习了《题西林壁》之后，学生对“寓理于景”这种诗歌表达方法不再陌生，很容易就能读出《雪梅》所要阐述的“寸长尺短”的道理。

三首古诗语言浅显，四年级学生在已有较多诗词积累的基础上，应该比较容易理解本课诗句的大意，因此可以试着将关注点放在古诗字词的推敲上，引导学生在反复吟味之余，体会古诗字词中丰富的情感表达，以及语言的凝练性和准确性，学会“抓字词”理解古诗的方法。

策略提点

一、学生已有学习经验分析

学生在经过了三年小学的古诗词积累之后，对古诗这种体裁已经不再陌生，他们已经能熟练把握古诗的音韵、节奏，也学会了根据注释大致理解古诗的意思。

二、阅读策略教学建议

根据古诗特点，着重推敲作者的观察方式以及对观察产生的独特联想。引导学生在阅读中关注表达观察中产生的个性化联想的关键性字词，利用反复替换、增减等方法感受古诗字词的优美和传达情感的准确性，并能适当运用。

教学活动设计

一、教学目标

1. 有感情地朗读，体会诗人的视角，在背诵中将诗人眼中的景象映现在自己脑海中。

2. 了解诗人的观察顺序，推敲作者表达观察时具有个人和时代特质的独特造诣、思维。

3. 代入诗人情境，体会作者在观察中如何渗透个人情感，揣摩作者特殊的语言艺术。

二、课前准备

PPT 课件，学习单。

三、教学过程

第一课时

本节课着重落实教学目标一、三。

板块一：创设情境，练习观察表达

1.PPT 出示照片，学生仔细观察照片，选择最喜欢的一张，挑最具代表性的景物说一说，要求说清楚特点。

（教师相机抓住优美的词句进行点评。）

2. 学习“暮江”。

（1）寻图：学生从中选择题为《暮江》的照片，并说说理由。（太阳被山挡住了一半，叫“残阳”。）

（2）释因：学生根据对“暮江”一词的理解解释词语，其他学生评判有没有说对。

（3）识字：学习暮江的“暮”，组词。

（4）示题：在“暮江”后面补上“吟”，提问：“吟”在这里是什么意思？“暮江吟”让你想到了怎样的画面？

小结：是的，“吟”不仅是一个动作，还是一种诗歌的体裁。今天这位站在傍晚江边吟诗的人，就是我们熟悉的大诗人白居易。

板块二：自学生字，读出诗歌韵味

1. 了解诗人，初识风格。

学生根据自己的积累朝代、作品、写作风格介绍白居易。（PPT 出示白居易的信息，请学生读一读）解释“妇孺皆知”的意思。

2. 初读古诗，学习生字词。

（1）有没有发现这首诗里，有特别难懂的字词？

（2）完整地再读一次古诗，感受“妇孺皆知”。

3. 体会古诗音韵、节奏的美感。

（1）指名几位学生读古诗，其他学生评价，谁读得更好听，为什么。

（2）教师范读，让学生说说是怎么停顿的。

（3）学生有节奏地齐读。

板块三：推敲字词，品味诗歌内涵

1. 试着背诵《暮江吟》，回忆诗中景物，填写表格。

作者观察的时间	作者观察到了哪些景物？	摘录诗句中表现景物特点的字词	作者是从哪个方面来观察景物的？	品读表现景物特点的字词，体会作者心境，向同桌说一说
黄昏	残阳	铺	颜色	
	水面	瑟瑟、红		
晚上	露	似真珠	形状	
	月	似弓		

2. 借助表格，梳理景物及观察法。

鼓励学生说出景物多方面的特征。

（1）根据文本填。

（2）颜色、形状互换填。

（3）除眼睛外，还能通过哪些感官观察？

3. 替换法品读“铺”。

找一找体现作者独具匠心的字。

挑战一下白居易：试着将“铺”换成其他字。

预设：可用“照”“映”“落”“射”等词语。

全班评比，和“铺”字做比较，少了什么味道？从“铺”这个字我们可以体会到白居易的内心，此时他眼中的残阳是温馨的。

4. 品读“半江瑟瑟半江红”。

我们以前也学过白居易的一首小令，里面正好也有和这句诗相似的句子。

（PPT 出示：“日出江花红胜火，春来江水绿如蓝”。学生齐读）

说说《忆江南》的这句诗和“半江瑟瑟半江红”在描写对象和表达情感上有什么异同，并有感情地读一读。

5. 用“抓字词”的方法，自行品读古诗后两句。

质疑：诗人是否喜欢“九月初三”的夜晚呢？圈出能体现诗人情感的字词。

预设 1：从“可怜”这个词中可以体现。（指导学习“可怜”，告诉学生这是古今异义词。）

预设 2：从把“露”和“月”比喻成美好的事物可以看出。

猜一猜：作者写这首诗的时候，心情如何？他可能遇到怎样的喜事？

（PPT 出示白居易创作《暮江吟》的背景。）

小结：白居易在写这首诗的时候，心情愉悦，所以他看到的景物都是美好、可爱的，正所谓“一切景语皆情语”。带着这种感情，配合音乐再齐读一遍《暮江吟》。

第二课时

本节课着重落实教学目标二、三。

板块一：检查预习，掌握课文生字词

1.PPT 出示《题西林壁》《雪梅》，指名读喜欢的一首，全班学生做评委。

2. 抢答“缘”“降”“逊”等生字的读音和解释。

3. 齐读两首古诗。

板块二：学习《题西林壁》，揣摩古诗哲理

1. 理解古诗前两句。

（1）快速浏览《题西林壁》，作者观察的景物是庐山，他试着通过哪些方位来观察？找到表示观察方位的词语并圈出来。

（2）“岭”和“峰”有什么区别？（PPT 出示照片）横看和侧看为什么就不一样了？那么从“远”“近”“高”“低”不同角度观察，观察到的山还可能会发生什么变化？观察其他事物的过程中也会遇到这种情况吗？

（3）还有没有其他的观察方位？（指名板书。）

（4）推敲“各不同”：思考“各不同”指的是什么？

横、侧—观察方位 → 庐山—观察对象 → 岭、峰—观察结果

（不同）　　　　（相同）　　　　（不同）

2. 理解古诗后两句。

（1）作者悟出了“不识庐山真面目”的原因吗？

（2）如何才能把庐山看清楚？联系前两句古诗说说方法。

3. 读懂诗中哲理。

（1）苏轼用这首诗不但教会了我们观察的方法，同时还让我们明白了一个道理，能说说是什么吗？

苏轼教会我们的道理，只是为了让我们看庐山吗？学习小组讨论一下，这个道理能用在我们的生活和学习当中吗？（小组讨论后派代表反馈。）

4. 巩固对诗歌的记忆，集体背诵。

板块三：学习《雪梅》，运用字词推敲

1. 观察的方位不同，所看到的景象也会不同。关于这个“不同”，南宋的卢钺还碰到了一些小小的烦恼呢，让我们一起去看看吧。

2. 学习前两句诗句，通过“推敲字词”体味写作情感。

（1）借助古诗注释，说说这两句话的意思。

（2）练习“抓字词”：

① 找出描写梅雪的动词，说一说这样写好不好？（学生品读拟人句。）

② 梅雪争春，这个裁判作者愿意当吗？从哪个词当中可以体会到？（搁笔）当这个裁判容易吗？从哪里看出来？（从“费”中可以看出来不易。）

③ 从这些字词当中，你能体会到作者怎样的情感？（体会到喜爱之情。）

3. 学习后两句诗句，试着自己提炼字词。请同学们一起来当当评委，也当当小诗人。

（1）回忆作者对梅和雪的观察，填写表格。

观察景物	雪	梅		
主要特征				
对比结论	梅须逊雪三分白， 雪却输梅一段香。		（ ）须逊（ ）三（ ）（ ）， （ ）却输（ ）一（ ）（ ）。	

（2）回忆同一季节的两种景物，并进行对比填表，注意对特征关键字的提炼，注意量词的使用。

4. 小组讨论，读懂诗理。

（1）梅雪争春能争出结果吗？这告诉我们什么道理？

（2）延伸学诗。其实卢钺写的《雪梅》有两首，我们再来看看第二首。

PPT 出示：

雪梅其二

宋 · 卢钺

有梅无雪不精神，
有雪无诗俗了人。
日暮诗成天又雪，
与梅并作十分春。

质疑：卢钺认为，“十分春”是哪几样事物“并成”的？你明白了什么道理？

四、作业布置

1. 检验对古诗的理解：选择一首古诗，改编成一个动人的小故事。

2. 检验对古诗的积累巩固：背诵并默写三首古诗。

（嵊州市剡山实验小学　王佶）

10 爬山虎的脚

文本解读

《爬山虎的脚》是统编教材小学四年级语文上册一篇观察描写植物的精读课文。作者是中国现代著名作家、教育家叶圣陶。叶圣陶在本篇课文中用细致简洁的文笔，分别介绍了爬山虎叶子和脚的形状特点，以及它是怎样用“脚”爬墙的，以此来引导学生在平时的学习生活中注意留心细致地观察身边的事物。本篇课文被安排在本册的第三单元中，其目的是在读懂和理解字、词、句、段的基础上了解课文的叙述顺序，继续学习和进一步巩固怎样抓住课文的主要内容和知识点，学习作者观察事物的方法，培养观察事物的能力，养成留心身边事物的习惯。

选编本篇课文的主要意图，一是引导学生学习仔细观察植物的方法，使学生能够将学到的观察方法运用到观察实践，提高把事物写具体的能力；二是配合本单元的训练重点，让学生在理解课文内容的同时，感受植物的无穷魅力，增加热爱大自然的情趣。其中，发现作者的表达顺序是第一层阅读策略引导，而发现作者的联想特征，是深度思辨的阅读策略，进一步思考表达特征，有助于提升学生的阅读能力。

策略提点

学生思维活跃，对新鲜事物充满好奇心，但学生生活阅历有限，理解爬山虎的脚的特点时会有一定的困难，需要借助学生的想象力和创造力，用画一画、看一看等动画演示的方式进一步理解，在发现作者的观察顺序、联想特征中体会其观察的细致。

教学活动设计

一、教学目标

1. 认识5个生字，会写11个生字。正确读写“引人注意”“均匀”“重叠”“空隙”“叶柄”“触角”“痕迹”“逐渐”“休想”等词语。

2. 熟读课文第三至第五自然段，发现并推敲能表达作者观察特别仔细的语句，从样子、巴墙、体会中感受作者细致的观察。

3. 理解作者的观察顺序、角度变化，感受作者独特的联想方式，推敲语言文字表达艺术。

二、课前准备

多媒体课件，学习单。

三、教学过程

第一课时

本节课重点落实教学目标一、二。

板块一：兴趣导入，整体感知课文

1. 今天，我们就来认识一种有脚的植物——爬山虎。（板书课题）这是著名教育家叶圣陶先生写的文章（补充课题），来，一起读课题。

2. 请同学们打开课本翻到第 36 页，大声读课文，读准字音，读通句子。

板块二：检查识字情况

1. 读生字

（1）指名学生读。注意及时纠正学生的错误，强调“重”“空”两个多音字在这篇课文中的读音。

（2）学生领读。

（3）男女生比赛读。

2. 学生字。

（1）重点指导“叠”“虎”“隙”的写法。

（2）学生练写生字。

板块三：自主探究，理解第一、第二自然段

1. 读第一自然段，你觉得爬山虎长得怎么样？你是从哪些词语中体会到的？读了这个句子，你的脑海中出现了怎样的画面？

2. 我们一起来欣赏——出示爬山虎爬到岩石、屋顶、墙上的图片。

3. 自由朗读第二自然段，并且四人一组讨论两个问题：

① 爬山虎的叶子发生了什么变化？

② 爬山虎的叶子有什么特点？用“______”画出叶子静态的特点，用“～～～～”画出叶子动态的特点。

4. 想象一下，“一场雨过后”，爬山虎又会发生什么变化呢？

5. 老师也有个疑问：爬山虎叶子的叶尖为什么“一顺儿朝下”？为什么“在墙上铺得那么均匀，没有重叠起来的”？（学生各抒己见。）

6. 下节课，我们将继续走进爬山虎的脚，去更多地了解这种有趣的植物。

7. 接下来，请同学们打开生字抄写本，把剩下的生字写一写。

第二课时

本节课重点落实教学目标二、三。

板块一：走近爬山虎，观察它的位置、形状和颜色

1. 默读第三自然段，用“______”画出描写爬山虎脚的句子。

2. 指名说，学生齐读。

3. 这几句话分别讲了爬山虎的什么？（板书：位置、形状和颜色）

4. 对照课文的描写，请一位同学来黑板上画一画。（学生在已画好的爬山虎上画脚，教师以课文为依据，对照学生在黑板上画的爬山虎的脚，组织学生评议。若画错，再读文字，再画，然后出示真实的图片对照文字。）

5. 为什么我们看到的图片跟作者描述的一模一样呢？（板书：仔细观察）课文哪个词语突出了这一点？（注意）

用课文的语言讲述爬山虎的脚生长的位置、形状和颜色。

小结：同学们，作者通过仔细观察，抓住位置、形状和颜色三个方面来描写爬山虎的脚，写得准确、清楚，让我们认真、准确地齐读这段话。

板块二：了解爬山虎是如何生长的，推敲词语

1. 默读第四自然段，用横线画出描写爬山虎怎样往墙上爬的句子。

2. 指名读找到的句子，圈出这句话里的动词。提问哪些动词用得特别好？

指导学生理解动词“触”“变”“巴”“拉”“贴”。（根据学生回答点击 PPT 变红。）

3. 把桌面当墙，手指当爬山虎的脚，手臂当嫩茎，自己试着做做这个动作。

4. 这几个动词是这段话的关键。根据这几个动词，一边说一边做爬山虎向上爬的动作？（学生先练习，教师再指名说。）

5. 为什么作者说它是“一脚一脚”往上爬，而不是一步一步呢？同桌讨论。

汇报：看动画演示，再观察回答。

叶老先生用“一脚一脚”是多么准确啊！我们一起来读读这段话，体会作者用词的准确性。

板块三：多方面了解爬山虎，并小结

1. 学生自由读最后一段，说说这一段有哪些信息？

原来作者观察到了爬山虎的脚爬上墙后，它们的变化是不一样的。触着墙的……没触着墙的……（师生接读。）

3. 小结：作者能把隐藏在叶子间的脚写得这么准确、具体、详细，这是因为他观察细致、耐心。今后，我们也要做个有心人，仔细观察周围的事物，并用准确、清楚的语言写下来。

四、作业布置

1. 背诵第三至第五自然段。

2. 观察一种动物或者植物，写观察日记。

（嵊州市剡山实验小学　黄蓓）

11 蟋蟀的住宅

文本解读

“处处留心皆学问”很难凭空理解，但借助阅读策略，了解作者的观察内容，推敲表达观察的语言形式，《蟋蟀的住宅》一课给了学生最好的实践支架。

处处留心，不仅要留心生活，更要做到阅读中的留心。《蟋蟀的住宅》一文，不仅要求学生在阅读中发现法布尔的观察顺序、方式，更需要学生留心如何生动有趣地表达观察。课文中，我们可以看到很多“心眼”，如“住宅”是由动物到人的联想，是观察情感的升温；又如第一自然段与蝉的类似联想、第二自然段与其他昆虫的对比联想，使观察的表达显得更生动有趣；第三自然段以自问自答的方式进行“深度观察”的引领，为科学性说明文增加了可读性；而“儿童时代——现在”的回忆对比策略，使得儿童阅读这样的科学性文本时，能在感同身受中愿意接近作者接下去的观察，这样观察的“结构”“条理”“语言”就成为小学生反复推敲的内容。本文的语文要素在于对观察的生动表达，而不是作者观察到了什么。策略性阅读需要让学生知道，阅读不仅仅是从作者这样的观察中读懂了什么，而是要推敲作者表达观察时所采用的方式方法，即不仅能够读懂作者怎样观察，还要读懂作者是怎样表达自己的观察的，以及在表达自己的观察时，让读者愿意读的语言文字形式是怎样的，这是真正意义上的处处留心，学问也因此而来。

我们从第四至第五自然段可以看到，法布尔的非连续性观察从“我”开始聚焦，那么在“住址、住宅特点、如何挖掘、挖掘的时间、整修”中怎样发现作者的非连续性观察，从而实现对课题“住宅”内在含义的理解？文中所隐藏的“观察时间线”“观察顺序线”“观察联想线”三线串联起来的非连续性观察和生动有趣的表达观察，是学生真正需要探究的言语实质。

法布尔的观察细致，表达观察的语言生动有趣。推敲作者表达观察的言语形式是此类科普性文章最值得探究的地方，即以语言的生动有趣为推敲点，深入探究观察中的“联想”，实现从教课文到教阅读、教语文。

策略提点

一、与学生的生活经历相联系

“观察”这一语文要素，在三年级上册第五单元的习作部分就有学习，要求为“体会作者是怎样留心观察周围事物的”，四年级的学生已具备的一定生活经验，思维逐渐抽象化，对于观察的深度落实有一定的帮助。其中“联想、回忆”等方法已经融于学生的经验之中，在阅读文本时，以此类的阅读策略唤醒学生生活经验下的内在联系，指向细致地观察、准确地表达，在降低阅读难度的同时实现阅读深度。

二、与阅读策略相结合的推敲

阅读文本，不仅要感受文本所表达的内容，更要推敲文本的表达形式。对于法布尔对蟋蟀住宅的观察，不仅仅要对他如何观察做了解，更要对其表达观察的方式做推敲，推敲如何运用联想去生动表达、推敲隐藏的文字线索去发现作者的非连续观察。正是文本支架，给予了学生阅读实践走向深度的可能，以阅读策略结合对文本语言表达形式的推敲，实现真阅读。

教学活动设计

一、教学目标

1. 认识“蟋蟀”“宅”等12个生字，随文书写“宅”“临”等14个生字。

2. 探究文本，发现“联想”“回忆”策略在叙述观察过程中的表达特点，推敲揣摩怎样准确生动地表达观察。

3. 发现作者的“非连续”细致观察的特点，内化观察语言。

二、课前准备

教学课件，视频微课2个，“家”的阅读材料。

三、教学过程

第一课时

本节课着重落实教学目标一、二。

板块一：联系生活，关注课题“住宅”

1. 出示短视频微课，欣赏建筑艺术。

2. 理解“住宅”，讨论与思考课题。

3. 默读课文，合作解决生字词，标注不理解的句子、段落。

4. 情境写字“宅”“穴”“厅”“卧”，反馈书写情况。

板块二：推敲联想，聚焦细致观察（第一、第二自然段）

1. 初级推敲：类似联想，让表达生动有趣。

出示：

A：居住在草地上的蟋蟀，差不多和蝉一样有名。它的出名不光由于它的唱歌，还由于它的住宅。

B：居住在草地上的蟋蟀，非常有名。它的出名除了它的唱歌，还有它的住宅。

预设：用蝉做类比联想，相较于蟋蟀，蝉更多被人所见、所知。

2. 中级推敲：对比联想，让语言生动有趣。

出示：别的昆虫大多在临时的隐蔽所藏身。它们的隐蔽所得来不费工夫，弃去毫不可惜。蟋蟀和它们不同，不肯随遇而安。它常常慎重地选择住址，一定要排水优良，并且有温和的阳光。它不利用现成的洞穴。它的舒服的住宅是自己一点一点挖掘的，从大厅一直到卧室。

预设：临时、不费工夫、毫不可惜、不肯随遇而安、慎重、一点一点挖掘、从大厅一直到卧室。

3. 用对比联想，作者想要说明什么？请你猜测一下法布尔的想法。

4. 深度推敲：洞穴和住宅，为什么作者选择了住宅？从蟋蟀“选择住址”和“自己一点一点挖掘”上，我们体会到了蟋蟀怎样的品性？

小结：阅读这样的文字，关注生动有趣的语言，推敲作者的表达，可以让我们学会作者的本事。这种本事还有很多，继续看。

板块三：自问自答，推敲兴趣引起

1. 继续推敲，深度理解语言的生动有趣。（课件出示第三自然段。）

（1）感知自问自答，发现“兴趣引起”。

读了这句话，你有没有想要知道的冲动？这种冲动源自哪里？

（2）指向关键词语，发现“准确生动”。

课件给出近义词：专家——行家、大家；柔弱——软弱、纤弱；惊奇——好奇、神奇……

这里有很多其他意思相近的词语，你们可以一一代入，试着读读，体会不同。

2. 形成经验，了解表达的需要和阅读需求的关系。在简短的第三自然段中，我们获取了什么样的感受？

想想作者安排这个自然段的目的。

小结：作者的联想具有明显的特征，正是作者的这种联想让蟋蟀的形象跃然纸上；而作者表达对一只蟋蟀的观察，语言准确且生动有趣，这让枯燥的科学有了趣味性，也增加了文章的可读性。法布尔是怎么观察的呢，又观察了多久？下节课我们继续学习。

第二课时

本节课着重落实教学目标二、三。

板块一：联系生活，建筑与建筑工具

1. 出示视频微课：《建筑与建筑工具》。

建筑的艺术离不开工具，所谓“工欲善其事必先利其器”，而法布尔观察的蟋蟀却——（出示第三自然段，学生齐读。）

2. 蟋蟀建筑住宅，工具却是那样柔弱，说说你读了这一段后感到的惊奇之处。

3. 学生读第三自然段，了解法布尔不仅具备观察技巧，还具备一定的语言表达技巧。

板块二：推敲表达，精读非连续性观察

出示：在儿童时代，我到草地上去捉蟋蟀，把它们养在笼子里，用菜叶喂它们。现在为了研究蟋蟀，我又搜索起它们的巢穴来。

（一）借助“研究”，预测观察

1. 儿童时代（喂养）——现在（研究）。

从“研究”这个词语来预测，法布尔的观察会是怎样的？

2. 默读第五至第九自然段，圈出每一自然段法布尔“观察”的关键词语。

段落	5	6	7	8	9
	选择 ——	内部 ——	修盖 ——	时间 ——	修整
	朝阳	光滑	秋天	很快	加深加阔
	倾斜	简朴	前足	疲劳	两寸深
非连续性地观察	弯弯曲曲	清洁	钳子	休息	够宽敞
	半掩	干燥	后足	触须	即使
	⇩	卫生	排锯	继续	只要
	平台	简单	倾斜	两个钟头	还
生动有趣地表达	弹琴	伟大	铺开	不耐烦	不断

（二）精读、研读非连续性观察

在第五至第九自然段中，法布尔的观察是一次，还是长时间不间断？这些自然段可以随意调换顺序吗？为什么？

1. 读懂非连续观察——观察的非连续性，以时间为主要连接线。

拿我们观察过的蚂蚁为例，从搬运食物到食物进入蚂蚁巢穴，就是一次连续观察，那从法布尔对蟋蟀的观察记录单（PPT 出示）中，我们发现了什么规律？

法布尔观察记录单

段落	建设的时间观察	建设的顺序观察	建设产生的联想
5	青草丛（至少夏天）	隧道 出口 平台	住宅 像一座门 弹琴
6	有的是时间（时间长）	屋子的内部没什么布置，但是墙壁很光滑	工具简单、工程伟大（对比 1）
7	十月，秋天初寒（由夏及秋）	前足 后足 两排锯	扒、搬 踏 推、铺
8	工作做得很快（对比“我”两小时的观察）	钻到土底下	休息一会儿继续工作 “我”不耐烦（对比 2）
9	冬天 （秋去冬来）	加深加阔 长时间的整修	今天做一点，明天做一点 即使、只要、还可以
	长时间（非连续）	从外而内（耐心精细）	对观察的表达联想丰富

小结：我们阅读这类文章时，看到的不仅是作者的观察，还有作者对观察的描述，从而让我们学会表达。

2. 推敲语言的生动有趣。

预设：

（1）作者观察了蟋蟀住宅门口的平台，联想到蟋蟀在平台“弹琴”，你对法布尔观察中的这种联想有什么看法？

（2）从“工具简单但工程伟大，以及我两个小时都不耐烦”这种对比中，我们可以发现，观察是一种怎样的感受？为什么工具简单却工程伟大？为什么“我”观察了两个小时很累了却还在观察？

3. 你喜欢读法布尔的这篇文章吗？为什么？

（三）读写转换——生动有趣地表达观察

请回忆曾经对蚂蚁的观察，对每一个部分、环节进行有趣的联想，丰富蚂蚁搬运食物的过程。

板块三：总结全文，准确生动的表达与连续细致的观察实现

1. 围绕作者的观察特点，复述蟋蟀的住宅。

2. 围绕作者的语言特点，说说观察的经验谈。

小结：观察极为枯燥，记录观察却生动有趣，我们手握“联想、回忆”等法宝，推敲记录中的联想，用生动而有趣的语言来记录，就能够像法布尔那样，艺术性地记录观察、表达观察。

四、作业布置

1. 收集建筑艺术图片，阅读与建筑相关的文章。

2. 以“回忆”的方式，记录自己曾经的观察过程。

（嵊州市剡山小学教育集团　卞明明）

语文园地三

文本解读

《语文园地》设置了“交流平台”和“词句段运用”板块，前者通过对话泡泡提示学生“只有进行细致的观察，才能写得准确”，并引导学生要学会“连续观察”“观察不仅要用眼睛看，还要用耳朵听，用心想”；后者通过对动物的巢穴名称进行连线和对比句子的不同，让学生体会语言表达的准确性。

策略提点

一、学生已有阅读经验分析

本单元的课文都与观察相关，在课文学习的基础上，“交流平台”将观察的方法再次列出和强调。

二、阅读策略教学建议

基于《语文园地》的小结与复习巩固的特点，结合前面的课文学习，从学生已有经验出发，可着力引导：（1）感受文中作者的观察，体会文章准确生动的表达；（2）了解作者是怎样观察的，从中习得观察的方法；（3）运用“推敲”这一阅读策略，推敲词句的运用，做到表达生动、细致、准确。

教学活动设计

一、教学目标

1. 学习“交流平台”，借助“交流平台”的批注，推敲作者的表达，理解关于观察的几个不同方面。

2. 继续学习借助批注，推敲词句段的运用，深度体会语言准确、生动的表达有什么具体的区别。

3. 积累气象谚语，推敲谚语的功能。

二、教学准备

PPT 课件。

三、教学过程：

（一）学习“交流平台”

这个单元的课文告诉我们要学会观察，通过文章准确生动的表达，感受作者连续细致的观察。现在让我们细细推敲。

1.《蟋蟀的住宅》这篇课文中，作者对蟋蟀建造住宅的过程写得十分细致。让我们再仔细推敲一下——

（1）学生找到相应的句子。

（2）读一读句子。

（3）说一说：蟋蟀分别用它的什么工具做了哪些工作？

（4）蟋蟀的建筑工作分工如此明确，我们是怎么知道的呢？

2. 我们对事物的观察，除了要细致，还要有连续性，因为世间的万物都是在变化的。在学习《爬山虎的脚》这篇课文时，作者连续观察了一段时间，才发现了其中的奥秘。

（1）学生找到相应的句子。

（2）读一读句子，哪几个词让我们感觉到它在变化？

观察要连续、细致，那么是不是只凭眼睛的观察就可以了呢？

（3）学生找到相应的句子。

（4）读一读句子，作者除了用眼睛看，还运用了什么感官？（用耳朵听，用心想。）

小结：在观察事物时，我们要学会连续细致地观察，结合多种感官来观察，这样才能把事物描写得细致、准确、生动。

（二）学习“词句段运用”

1. 动物们都有自己的家，你能帮它们找一找吗？

我们发现“鸟窝”也可以叫“鸟巢”，“窝”除了鸟可以当家，还有谁也可以呢？（狗窝。）

2. 还知道哪些动物的家？（龙潭、鸡舍、蚕室、蜂巢、兔窟、羊圈……）动物的家根据它们生活的环境或者特点都有特定的称呼，平时我们要把它们说准确。

3. 读下面两组句子，注意加点的词语，体会每组句子意思的不同。

小结：从“逐渐”“最多”这些词中，我们可以体会到作者描写的细致和运用语言的准确性。

（三）学习“日积月累”

1.PPT 出示《语文园地》中的气象谚语，读一读，背一背。说一说，你还知道哪些气象谚语？

2. 补充：

南风吹暖北风寒，东风多湿西风干。一场春雨一场暖。

黄梅天里无星光，不久来日雨更狂。霜后南风连夜雨。

（嵊州市剡山实验小学　金瑜）

四年级上册

第四单元：联想策略

单元教学说明

一、人文主题与语文要素

本单元的语文要素为阅读神话故事，了解故事的起因、经过、结果，感受神话中的人物形象，展开想象写一个故事。

本单元安排了四篇课文：《盘古开天地》《精卫填海》《普罗米修斯》和《女娲补天》，引导学生运用联想策略进行神话故事的阅读学习。除此之外，还有习作《我和______过一天》《语文园地》以及《快乐读书吧》。

二、阅读策略说明

本单元通过文本阅读，展开联想，再进行思维碰撞，感受神话故事神奇的特点。在三下第五单元《小真的长头发》和《我变成了一棵树》两篇文章的学习中，学生已初步感受“相似想象”；习作《奇妙的想象》要求学生尝试运用相似想象、相关想象、逆向想象，创造有意思的故事。通过本单元的学习，增强学生运用阅读策略的意识，掌握灵活运用联想策略的方法，促进联想思维能力发展。

三、策略教学内容与教学建议

本单元对这四篇神话故事的安排，策略上各有侧重。《盘古开天地》重在学习类似联想，阅读交流神奇所在，借助插图和课文内容讲故事；《精卫填海》则在于使用移植联想阅读，领悟精卫填海的精神，用自己的话讲精卫填海的故事；《普罗米修斯》着重根据人物的语言、动作、表情等，展开联想，交流人物或情节，讲一讲普罗米修斯“盗”火的故事；《女娲补天》一文到处充满着神奇的想象，侧重引导学生发挥想象，试着把女娲求雨浇灭天火的过程说具体、说生动。

学习本单元四篇文章，要求学生了解故事的起因、经过、结果，在品读语言文字中感受故事的神奇，感受神话中的人物形象，最后展开想象写一个故事。教学中，要体现神话故事的特点；要通过复述、讲故事的方式让学生经历言语实践；要在细读故事过程中由文及意地品悟人物形象。

本单元的“交流平台”呼应了本单元的阅读策略，对神话阅读策略进行了总结。教师可借助一些阅读资料，让学生在阅读实践中运用学过的这些策略，读后与同伴交流，总结方法。

“词句段运用”有两个内容：一是读词语，说说让你想到了哪些人物或故事；二是读句子，感受想象的神奇，并交流其他神话故事中令你感到神奇的情节。通过这样的练习，学生在品读语言文字中，感受作者丰富的想象，从而培养自己的想象思维能力，为展开想象写一个故事奠定基础。

四、教学时间安排

内容	第 12 课	第 13 课	第 14 课	第 15 课	习作	语文园地	快乐读书吧
课时（h）	2	2	2	1	2	1	1

（宁波市鄞州区堇山小学　戴晓娜）

12 盘古开天地

文本解读

《盘古开天地》是统编教材小学语文四年级上册第四单元的第一篇课文。这是一个神话故事，作者运用生动的词语、瑰丽的想象，描述一个富有奇丽色彩的传说，讲了盘古开天辟地创造宇宙的过程，歌颂了盘古甘于奉献的伟大精神。文章脉络清晰、结构完整，可分为三部分：第一自然段介绍宇宙之初盘古沉睡；第二至第五自然段介绍了盘古开天地的过程；第六自然段总结全文，盘古的形象随着故事的推进一步步高大起来，最后成为永恒。

这篇文章是小学阶段出现的第一篇神话故事。古代劳动人民通过想象解决人不能达或不能解的事，寄托着人们美好的希望与追求，适合运用联想阅读策略开展学习。

策略提点

一、学生已有阅读经验分析

这是小学阶段出现的第一篇神话故事。原是人教版语文三年级上册的课文，统编教材修订后，变为四年级上册第四单元神话故事的第一篇课文。

二、阅读策略教学建议

基于文本特点，结合课后习题，着重选用联想策略，从学生已有经验出发，可着力引导：（1）借助课题或者连接段意概括说清故事内容；（2）认识神话故事，在品读语言文字中能结合阅读展开联想感受神话传说的神奇；（3）借助插图和课文内容，说清盘古开天地的过程。

教学活动设计

一、教学目标

1. 会读“竭”“隆”“肢”“躯”等9个生字以及“血液”“躯干”两个多音字组成的词语，会写“劈”“撑”“微光”“一丈”“精疲力竭”“肌肤”“辽阔”“茂盛”“老祖宗”等生字词语。

2. 能够正确流利、有感情地朗读课文。认识神话故事，在品读语言文字中展开联想，感受神话传说的神奇，体会盘古的献身精神，感受我国古代劳动人民丰富的想象力。

3. 能借助插图和课文内容，说清盘古开天地的过程。

二、课前准备

PPT 课件，作业本，学习单。

三、教学过程

第一课时

本节课着重落实教学目标一、二。

板块一：扩充题意，概述故事大意

1. 看图猜故事，认识神话故事。

分别出示“嫦娥奔月”“后羿射日”“女娲补天”“夸父逐日”等神话故事的图片。

大家都很熟悉这些故事，一定也很喜欢阅读。这些故事都可以叫作神话故事。神话故事是古代劳动人民口头创作的神异故事，有着神奇的想象、生动的故事内容，表现了人们征服自然的渴望和对美好生活的愿望与追求。

2. 仔细看看这些题目，有什么发现？

许多神话故事的题目，就能告诉我们故事的内容。

3. 借助题目，概述内容。

学生齐读课题后，看着题目试着简单说说课文内容。先各自练习，再指名说。引导学生自主评价。

小结：原来借助课题补充相关内容，也可以说清故事大意。

板块二：预习反馈，在理清段意基础上说清故事内容

1. 出示预习单。

预习单

姓名________ 学号________ 班级________ ______月______日

1. 容易读错的字词（至少三个）：________________

2. 多音字（至少一个）：________________________

3. 给每个自然段标上序号，想一想每一段写了什么事，试着用一个词语概括，并填在相应的空格中。

第一自然段：________________

第二自然段：________________

第三、四自然段：顶天立地________

第五自然段：________________

第六自然段：________________

2. 交流第一题，根据学生回答，相机教学。

3. 字词都会读了，相信课文也一定能够读得正确、流利，赶快读一读吧。

4. 出示两位学生的预习单，比较发现各自概括的优点，请学生说说为什么这样概括，借此进一步学习、运用概括策略。

学生修正自己的预习单。

这篇神话故事就是按照这样的顺序讲述了盘古创造宇宙的过程。

5. 现在，请同学们看着自己概括的段意，试着把每一段意思连起来讲述故事内容。（指名说，师生评；同桌再次练习说清故事内容。）

小结：除了借助课题补充，将每一段段意串联起来也能说清楚故事内容。

板块三：学习联想，感受神奇

1. 这样清楚明白的内容跟课文相比又有什么不一样呢？请大家再次读课文，边读边想。

2. 学生各自读课文后交流。

通过寻找现象、性质、特点上接近或相似的事物进行联想。比如雷声是雷公擂鼓所致，闪电是电母凿锥而来，像这样的想象我们可以称为类似联想，也叫相似联想。

3. 故事中这样神奇的地方一定还有很多，我们可以运用类似联想策略，找出神奇的地方，圈画出来，先与同桌交流，随后将共同找到的句子在全班交流。

4. 集体交流。

学着像古人一样展开联想，省略号还省略了哪些内容？

出示：他的……变成了……

写好后，四人小组交流，推荐好的句子说一说，再将几句话连成一首诗歌，师生配乐一起诵读。

抄写词语，完成作业本相关练习。

第二课时

本节课着重落实教学目标二、三。

板块一：听写词语，复习回顾

1. 听写词语。

集体校对反馈，强调易错的地方；各自改正。

2. 上节课，我们借助课题和段意概括说清楚了故事内容，还展开联想丰富了课文部分内容。

板块二：运用策略，丰富联想

文中神奇的地方，还不止这些，我们可以展开多角度联想，再来找找文中你觉得神奇的地方。请大家圈画出来，完成小组学习卡片，为集体交流做准备。

1. 四人小组合作完成。

小组学习卡片
我们小组认为第（　）段（　）句话让我们感到神奇，我们是从（　　　　）等词语中感受到的，我们对这句话的理解是____________________。

2. 集体交流。

（1）补充资料。

在神话故事原著中有这样的记载：天每升高一丈，地每下沉一丈，盘古也随着长高一丈。一百天后，天升高了一百丈，地下沉了一百丈，盘古也长高了一百丈。一万天后，天升高了一万丈，地下沉了一万丈，盘古也随着长高了一万丈。一百万天以后，天升高了一百万丈，地下沉了一百万丈，盘古也长高了一百万丈。（板书：身长神奇。）

（2）随机指导朗读。

小结：这就是神话，故事中的人与物都充满了神力。

板块三：借助插图，继续联想，讲述故事

1. 我们运用了联想策略找到了故事中神奇的地方。这一切都是古代劳动人民想象出来的，我们的祖先真了不起！同时，我们还运用联想策略，自己感受并展开想象说话。

2. 现在请大家也做个文化传播者，继续展开联想，把这个神奇的故事主要情节讲给老师、伙伴和家人听。请大家看屏幕上的图片和文字。

PPT 出示评价要求：

说清故事内容	★
展开联想说具体	★
态度大方、口齿清楚、声音响亮	★
加上恰当的表情动作	★
……	★

3. 先各自练习，然后小组交流评价，推荐故事大王，随后全班交流讲故事。集体听评。

板块四：课后延伸

1. 学习第 61 页《快乐读书吧》栏目。

2. 推荐阅读《山海经》《中国古代神话故事》。

四、作业布置

运用联想的策略，读一读《山海经》，边读边想故事神奇的地方，与家人或者朋友交流。

（宁波市鄞州区堇山小学　戴晓娜）

13 精卫填海

文本解读

《精卫填海》是统编教材四年级上册第四单元的一篇文言文。这是一篇中国上古时期的著名神话，节选自《山海经·北山经》。

这个神话讲述了炎帝（传说中的神农氏）的小女儿被海水淹死后，化为精卫，常衔木石，投到海里，一心要把东海填平的故事。首先，从内容上看先写了精卫的来历和填海的原因，然后写了它填海的行为。其次，从表达角度看，语言简练，准确传神。女娃游于东海，溺而不返，故为精卫。四字句的运用，读起来朗朗上口，富有节奏感。再次，从神奇性看，女娃死后化为精卫，非常奇特。最后，从思想的角度看，精卫填海不止，体现了一种英勇抗争、至死不屈的斗争精神和不达目的誓不罢休的顽强毅力。

教学中，运用移植联想策略与学生交流生活中具有精卫填海精神的事例，让学生感受和理解人物的思想性格、做事态度和精神品质。

策略提点

一、学生已有阅读经验分析

这是四年级上册第四单元的一篇文言文，在三年级上册的时候，学生们已经接触了文言文《司马光》《守株待兔》，知道什么是文言文，以及学习文言文的一般方法：结合注释明白故事内容；诵读课文，理解文章传达的含义。

二、阅读策略教学建议

基于文本特点，结合课后习题，着重选用移植联想策略，从学生已有经验出发，可着力引导：（1）借助拼音，读准文言文；（2）结合注释，明白故事内容，感受人物精神品质；（3）移植联想，通过生活事例，加强对精卫填海精神的理解。

教学活动设计

一、教学目标

1. 能正确、流利、有节奏地朗读并背诵全文。

2. 能结合注释说清故事内容，感受人物精神品质。

3. 能运用移植联想策略，通过生活事例和群文阅读延伸，加强对精卫填海精神的理解。

二、课前准备

PPT 课件，作业本。

三、教学过程

第一课时

本节课着重落实教学目标一、二。

板块一：运用多种方法，正确朗读古文

1. 揭示课题，齐读课题。

2. 扩充课题，概述大意。

3. 古人说话非常简洁，全文只用了两句话。请同学们打开课文，自己试着读一读。读完后同桌之间互相抽读，注意听，互相评：字音是否读准，古文是否读流利。

4. 汇报交流：喜欢读的句子、比较难读的句子。

（1）生字正音：随机出示“少”“曰”“溺”“返”“堙”“衔”。

（2）出示：“女娃 / 游于东海，溺 / 而不返，故为 / 精卫，常衔 / 西山 / 之木石，以 / 堙于 / 东海。”

（3）自己练读，师生互读。

板块二：结合注释，讲述故事

1. 引导运用已学的多种方法理解词语“少女”“名曰”“溺”“返”“故”“木石”“堙”……

（1）注意古今异义的词。少女：古义指小女儿；今义指年轻女孩。

（2）注意一词多义的词在文中的意思。故：所以。以：来。

2. 了解句式，翻译文句。

（1）“炎帝之少女”，谁是炎帝的小女儿？（精卫）。我们在翻译的时候要加上去。

（2）可将“女娃游于东海”替换成“女娃于东海游”后理解。

（3）“常衔西山之木石”省略了人物精卫。

3. 结合注释讲述故事。

（1）同桌互评互说。

（2）指名学生上台讲述。

（3）注意评价方式。

板块三：合作朗读，背诵课文

1. 师生问答，男女生问答，同桌互问互答，熟读成诵。

2. 推荐背诵，学生齐背。

第二课时

本节课着重落实教学目标二、三。

板块一：展开联想，感受神奇

1. 检查背诵，借助注释讲述故事。

2. 课文学到这儿，你觉得这个故事最神奇的地方在哪儿？

预设一：女娃死后化为精卫——“女娃游于东海，溺而不返，故为精卫。”

人物变成了鸟，作者运用联想的策略，使故事情节变得生动，充满传奇色彩。

预设二：精卫的行为——“常衔西山之木石，以堙于东海。”

“常”，经常、常常的意思。透过这个词，我们能感受到精卫坚持不懈、自强不息、勇于抗争、勤劳勇敢的精神。

板块二：移植联想，应用生活

1. 你在生活中，有像精卫一样坚持不懈做一件事的情况吗？

2. 出示小组学习卡，小组活动交流。

> **小组学习卡片**
>
> 我们小组认为，应在（　　　　　）情况下赞扬精卫填海的精神，因为（　　　　　）。

3. 交流反馈。

板块三：群文阅读延伸，拓展运用策略

1. 补白原文，知晓结局。

（1）课文选自《山海经·北山经》。原文中还交代了精卫的样子和精卫填海最后的结果。

（2）出示原文和注释。

（3）师生交流，知晓填海结果。

2. 拓展阅读，迁移运用。

现在我们也运用这样的联想策略和学习古文的方法，自己学学这些神话文言文，了解内容，体会神话故事中的人物精神。

（提供《山海经》中的故事文本《夸父逐日》《刑天舞干戚》《大禹治水》，学生自主阅读。）

3. 四人小组内每人自选一篇，读后交流。

4. 请一组学生交流一下刚才阅读的收获，请其余学生仔细听，读相同内容的学生可以补充或者纠正。

5. 总结学习：读了这些故事，我们发现这些故事相同的地方有哪些——

四、作业布置

1. 课外再找几篇《山海经》中的故事读一读。

2. 完成《课堂作业本》。

3. 结合注释，将故事讲给父母听。

（宁波市鄞州区董山小学教育集团　王国平）

14 普罗米修斯

文本解读

这是一篇精读课文，讲述普罗米修斯为了解除人类没有火的困苦，不惜触犯天规，勇敢去拿取火种，遭到了宙斯的严厉惩罚，但他毫不屈服，最终被赫拉克勒斯解救的故事，颂扬了普罗米修斯不畏强暴、为民造福而不惜牺牲一切的伟大精神。学习这篇文章，要着重引导学生根据人物的语言、动作、表情等展开联想，交代人物或情节。

课文主要采用叙述方法记叙故事，较少运用描写等形象再现的方法，因而课文留下了许多空白点，如人类没有火与有了火的景象、普罗米修斯受折磨的情景。这些空白点恰恰是学生展开丰富的想象的资源，可以使人物形象更丰满，学生也能获得阅读故事的乐趣。

策略提点

一、学生已有阅读经验分析

这是四年级上册第四单元第三篇课文，在本单元前两课学习的基础上，学生已经知道什么是神话，初步学会运用联想策略来感受神话的神奇。

二、阅读策略教学建议

基于文本特点，结合课后习题，从学生已有经验出发，可着重引导：（1）借助故事的起因、经过、结果，概括文章主要内容；（2）抓关键词，借助课文插图，结合生活经验等展开联想，交流最触动人心的人物或情节。

教学活动设计

一、教学目标

1. 能正确、流利、有感情地朗读课文，读准众神的名字。

2. 能抓住故事的起因、经过、结果，概括文章主要内容等。

3. 能抓住重要词语，借助课文插图，结合生活经验等展开联想，体会普罗米修斯所受的痛苦，感悟普罗米修斯誓死为人类造福的英雄气概。

二、课前准备

PPT 课件。

三、教学过程

第一课时

本节课着重落实教学目标一、二。

板块一：了解预习情况，扫清词句障碍

1. 回顾上两篇课文，说说神话故事的特点（想象神奇。）

2. 课前同学们都预习过课文了，说说是怎么预习的？

3. 课件出示几个比较难读的句子，鼓励学生先各自试读，再指名读。

随文读准并理解“悲惨”“气急败坏”“惩罚”“吩咐”“愤愤不平”“挽弓搭箭”等词语。

板贴众神名字，提示学生古希腊神话人物的名字很长，比较拗口，试着多读几遍，争取读正确读顺利了。指名读，学生齐读。

板块二：抓住人物要素，概述故事大意

1. 普罗米修斯和众神之间发生了一件什么事？

根据学生的发言，相机点评。

根据学生回答，在人物关系图之间连线并分别补上关键词“取火”“惩罚”“解救”。

这其实也是故事的起因、经过和结果。相机板书：

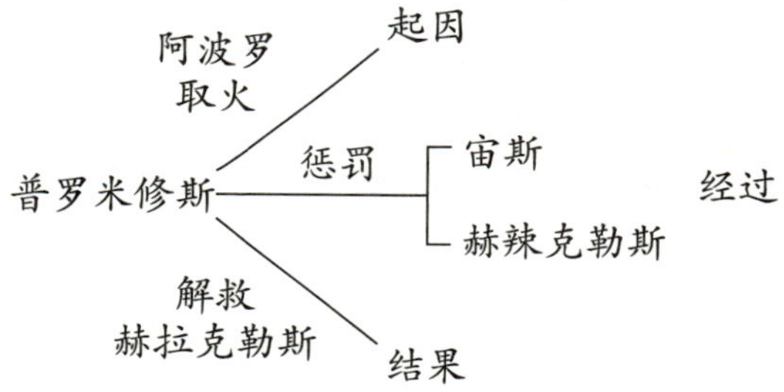

2. 抓住故事的起因、经过、结果，连起来说说普罗米修斯“盗火”的故事。

板块三：展开丰富联想，明白故事起因

1. 默读课文的第一、第二自然段，与同桌交流想法。

2. 教师巡视，学生交流反馈。

读书不仅关注文字，还要关注标点，第二自然段最后的这个省略号意味着你还能够看到更多的画面。结合生活积累展开联想，说说看，有了火还能看到什么？

3. 故事将如何发展？普罗米修斯最终的结局如何呢？我们下节课继续学习。

4. 完成《课堂作业本》相应的练习，积累本课词语。

第二课时

本节课着重落实教学目标三。

板块一：抓住关键词语，完成情节走向

默读第三至第八自然段，思考作者先讲了什么，接着讲了什么，然后讲了什么，最后讲了什么。

用文中的关键词语来概括，完成情节图：

（　　）—（　　）—（　　）—（　　）—（　　）

板块二：运用多种联想，感悟神话神奇

1. 完成学习卡片，为集体交流做好准备。

小组学习卡片
我们小组认为第（　）段（　）句话最触动人心，我们是从（　　　　）等词语中感受到的，这些词语让我们联想到了（　　　　），仿佛看到了一个（　　　　）的（　　　　）。

根据人物的语言、动作、表情等展开联想；联系上下文根据生活经验展开联想。

即便是这样生不如死的痛苦折磨，普罗米修斯也丝毫没有屈服，你仿佛看到了一个怎样的普罗米修斯？

结合插图，创设情景，帮助联想：一根绣花针不小心扎到手指，你是什么感受？

即便如此，普罗米修斯依然没有一丝一毫的动摇，你仿佛看到了一个怎样的普罗米修斯？

2. 正因为普罗米修斯是一位铮铮铁骨的英雄，所以最后被大力神赫拉克勒斯解救，终于获得了自由。

板块三：借助情节导图，练习讲述故事

1. 现在我们看着板书，用自己的话把整个故事讲下来，有什么好方法？师生交流，并出示评价要求：

会讲故事

能按照故事的起因、经过、结果的顺序来讲。	☆
能抓住重点情节来讲。	☆
能抓住关键词加上自己的感受来讲。	☆
能适当地加上动作，声情并茂地讲。	☆

自己讲，同伴讲，全班讲。

2. 拓展资料袋《燧木取火》的故事：

对于火这一神奇的现象，我们中国的古代劳动人民也想出了一个美好的神话故事，大家请看课后资料袋，你感受到了哪些不一样的神奇的地方？

四、作业布置

1. 把普罗米修斯“盗火”的故事说给父母听。

2. 课后阅读德国古斯塔夫·施瓦布整理的《希腊神话故事》，将精彩故事或人物介绍给他人。

（宁波市鄞州区堇山小学教育集团　王飞）

15 女娲补天

文本解读

本课《女娲补天》是中国古代四大神话之一，它和《共工触山》《后羿射日》《嫦娥奔月》被称为中国古代四大神话。课文通过讲述天塌下一大块时女娲所做的“求雨灭火、造船救人、找五彩石、炼石补天”等一系列事情，把一个甘于奉献、不惧艰难、勇敢善良的人物形象表现得淋漓尽致。从语言表达上看，课文描写天塌的情景，通过一连串叠词的运用（轰隆隆、黑黑的、一道道、熊熊大火）逼真传达出人间的惨状；女娲炼石和补天的一连串动词运用（“找”“挖”“放”“炼”“化”“装”“端”“泼”等）也十分生动传神。课文最后写道：现在，人们常常看见天边五彩的云霞，传说那就是女娲补天的地方。看似写得随意，实则非常抒情、流畅，余味深长。

这篇文章到处充满着神奇的想象，学生可发挥想象，试着把女娲求雨浇灭天火的过程说具体、说生动。

策略提点

一、学生已有阅读经验分析

《女娲补天》从人教版的精读课文，转变成统编教材的略读课文，通过本单元前三课精读课文的学习，学生已经掌握了运用联想阅读策略感受故事的神奇，同时也学会了按照故事的起因、经过、结果的顺序说故事内容。

二、阅读策略教学建议

基于学生已有经验和知识，在教学时，可着力引导：（1）结合起因、经过和结果，概述课文主要内容；（2）展开联想，把女娲求雨灭火的过程说具体、说生动。

教学活动设计

一、教学目标

1. 能借助故事的起因、经过和结果概述课文主要内容。

2. 能结合画面，借助关键词，展开联想，把女娲求雨浇灭天火的过程说具体、说生动，感受女娲为了拯救人类不怕艰难险阻、甘于奉献的精神，表达神话故事的神奇。

二、课前准备

PPT 课件，作业本，多媒体教学设备。

三、教学过程

板块一：借“补”想象，梳理内容

1. 板书课题，齐读。

2. 这也是一篇略读课文，我们可以通过哪些方法来学习呢？

这篇课文我们在预习时已经读了几遍，按照课前的阅读提示，我们再边读边想想课文的主要内容吧。

3. 指名说说，随机点评。

可以根据课题来提问，将问题串联就能简洁地说清主要内容；

可以按照事情的起因、经过、结果，归纳小标题来概括主要内容……

4. 小结：通过抓住课题，联想了女娲围绕“补天”的一系列做法，将“起因”“经过”“结果”串在一起，就把故事的主要内容说清楚了。

板块二：展开联想，扩充故事

1. 快速浏览课文第二至第四自然段，找找女娲补天过程中做了哪些事？用四字标题概括一下。

2. 女娲补天的过程，写了“求雨灭火、造船救人、找五彩石、炼石补天”这四件事，哪些事写得比较具体？又是怎样写具体的？哪些事仅一句话带过？拿出学习单，试着自己说一说、填一填。

小组学习单
1. 我们小组认为文中（　　　　　）过程说得具体生动，我们是从（　　　　　）词中感受到的，这些词让我们明白了（　　　　　）。 2. 我们小组认为（　　　　）过程说得简略，文中仅一句话带过。

3. 小组交流，反馈。

作者抓住女娲找五彩石时遇到的困难大、找的时间长、找的范围广，一波三折地把“找”五彩石神奇的过程写得十分具体。

抓住具体的动作，我们也可以把故事讲具体、讲生动。

4. 发挥想象，把过程说具体、说生动。

（1）出示女娲求雨灭火的句子：

（2）女娲是怎样找雨神的，又是怎样求雨神的呢？请展开联想把过程说具体、说生动。（自由说，指名说。）

（3）学生自由说，同桌合作交流说。

（4）小结：展开联想，把女娲找雨神、求雨神、大火被灭的过程讲清楚，就把女娲求雨灭火的故事情节讲得更加具体、更加生动了。

板块三：阅读拓展，感受精神

1. 出示《淮南子·览冥训》中女娲补天的原文，与课文进行对比。

2. 从这两种表述中，女娲给你留下了怎样的印象？从这两种表达中，你还想到了什么？（自主学习，小组交流。）

3. 神话故事里的人物，不光有我们凡人不具备的种种超能力，而且具有我们人的性情，比如女娲的善良。正因如此，神话故事才能经久不衰，深入人心。

四、作业布置

1. 完成《课堂作业本》上的练习。

2. 讲故事给家长听。

（宁波市鄞州区堇山小学教育集团　柳菲菲）

语文园地

文本解读

“交流平台”引导学生围绕对神话这一文体的认识展开交流，呈现了三个方面的内容：一是神话充满神奇的想象；二是神话中很多人物个性鲜明；三是古人创造了许多神的故事，来表达他们对世界的认识。“交流平台”旨在引导学生从自己的阅读体验出发交流对神话的感受，梳理和总结对神话的体会和认识。

“词句段运用”安排了两项内容，第一项内容编排了八个四字词语，引导学生通过读词释义联想人物或故事。第二项内容呈现了三个句子，分别选自《盘古开天地》《普罗米修斯》和《女娲补天》。这三个句子都是本单元具有代表性的神话故事中令人感到神奇的情节。学生通过读教材中的句子，展开联想感受神奇，并用上这种联想的策略，阅读其他的神话故事，感受故事中不一样的神奇。

教学活动设计

一、教学目标

1. 结合本单元的神话故事，运用联想的策略交流神话中的神奇想象、人物形象、古人对世界的认识，深入感受神话的魅力。

2. 通过四字词语联想人物或故事，品读神话故事中的句子，感受想象的神奇。

二、教学准备

学生：收集相关神话故事。

教师：准备 PPT。

三、教学过程

板块一：交流学习方法

1. 本单元我们是怎样学习神话的？

2. 再读读文中的话，又受到了哪些启发？

3. 开展“神话故事会”。

（1）本单元我们学过哪些神话，故事中神奇的地方一定很多，挑选一两处说一说。从这个故事中你感受到了人物怎样的精神？展开联想说一说人们通常在什么情况下赞扬这种精神。

题　目	内　容	神奇之处	人物个性	联想到实际生活中的人或事	表达了对世界的认识

（2）讲讲其他的神话故事？比比谁说得好。

板块二：词句段运用

1. 运用联想的策略，说说下面的词语让你想到了哪些人物或故事。（学生交流评议。）

2. 在其他神话故事中，也读到过让你感到神奇的情节吗？和同学交流。（出示小组学习卡片，集体交流评价。）

小组学习卡片
我在________故事中感到________神奇，我是从________中感受到的，我的理解是____。

（宁波市鄞州区堇山小学　戴晓娜）

四年级上册

第六单元：批注策略

单元教学说明

一、人文主题与语文要素

本单元的语文要素为“学习用批注的方法阅读”“通过人物的动作、语言和神态体会人物的心情”“记一次游戏，把游戏的过程写清楚”。

本单元安排的三篇课文《牛和鹅》《一只窝囊的大老虎》《陀螺》都是精读课文。除此之外，还有《口语交际：安慰》《习作：记一次游戏》以及《语文园地》，旨在学习批注的阅读策略，从而提高阅读效率和阅读能力。

二、阅读策略说明

本单元重在学习批注策略。通过学习，能规范运用批注，初步进行多形式、多角度的批注，养成做批注的阅读习惯，为独立地自主阅读奠定基础。

三、策略教学内容与教学建议

本单元对批注策略的安排各有侧重。首先初步了解“批注”的概念和“批注”的常用符号。《牛和鹅》重在学习“多角度批注”；《一只窝囊的大老虎》重在学习“质疑式批注，借助人物描写理解”；《陀螺》重在学习“联想式批注，抓住感受最深有启发处理解”；“综合性学习”主要训练学生“多形式多角度做批注”，例如在《语文园地》中，学生可以在文章精彩处、疑点处、启发处做批注，也可以标画语句，在旁白处写批语、列举处加补充，还可以针对题目、正文、结尾做批注等。

本单元的课文都是精读课文，要求学生边练习做批注边理解课文。在做批注中关注人物的语言、动作、神态及心理，在感受人物的同时再次做批注，通过组内交流丰富批注的方式及内容，加深对文本的理解。批注可以采用符号和文字相结合的方式，批注用语力求简洁、精练，语言通顺且有自己独特的见解。批注策略在阅读教学中应逐步渗透，让学生逐步运用、逐步掌握。

《语文园地》有四个板块：“交流平台”“识字加油站”“词句段运用”和“日积月累”。其中，“交流平台”呼应了本单元的阅读策略，对“批注”的策略进行了总结，教师可借助课外阅读资料，让学生在阅读实践中运用学过的这些策略，然后与同伴交流，总结方法。“识字加油站”中的批注，主要引导学生联系生活实际，唤起生活经验去记忆新的生字词，使学生感受批注的作用，并联系生活实际进行批注。

四、教学时间安排

内容	第 18 课	第 19 课	第 20 课	口语交际	习作	语文园地
课时（h）	2	2	2	1	3	2

（衢州市柯城区白云学校　徐娟）

18 牛和鹅

文本解读

这是一篇精读课文，故事性强，童趣十足，同时也蕴含了耐人寻味的哲理。原是北师大版五年级下册第三单元“角度”的第一篇课文，现是统编教材四年级下册第六单元“批注”的第一篇课文。

课文先介绍作者对大家讲的“牛怕人，鹅不怕人”的话深信不疑，所以欺牛怕鹅。接着记叙在一次回家的路上，作者被鹅追赶，后来在金奎叔的帮助下赶走了鹅，并且再也不怕鹅的故事。作者在文中借助金奎叔的话，告诉我们看待周围的事物，从不同角度看，会有不同的结果。这个道理在看似不经意的对话中自然流露出来，耐人寻味。

文章语言生动，很有特色，尤其是描写作者被鹅追赶这一部分。作者通过对人物的语言、动作、神态的细致刻画，以及对鹅的动作的传神描写，将鹅之前的神气十足、胆大妄为，之后的狼狈不堪、慌忙逃窜，活灵活现地展现在我们面前。教师可引导学生对重点语句进行批注阅读，加深对课文的理解，体会作者的心情，感悟蕴含的哲理。

策略提点

一、学生已有阅读经验分析

四年级的学生已经会一些简单的勾画批注，但对于“批注”这个术语比较陌生，需要从哪些角度进行批注还不清楚。另外，学生做批注的基本习惯（用什么符号等）还不是很好，有待规范。

二、阅读策略教学建议

基于学生会一些简单的勾画批注的情况，结合课后习题，创设一个真实的阅读情景，引导学生：（1）结合课文中的批注，明确什么是批注和应批注的地方、内容，并尝试在文中进行批注；（2）通过学习课文中三个重点句子，练习多角度、多思维地进行批注；（3）聚焦重点批注，理解课文内容，体会作者心情，感受文本蕴含的道理。

教学活动设计

一、教学目标

1. 通过自主识字、联系生活实际、对比朗读等多种方法认读“谓”“拳”“捶”等 10 个生字，会写“甚至”“顽皮”“故意”等词语，理解“啪嗒啪嗒”“扳”“呼的一下”等词语的意思，掌握并规范符号批注。

2. 借助文中的批注示范，引导学生明白什么是文字批注和文字批注的位置及内容，并尝试进行文字批注。在此基础上，结合课文中 3 个含有生字词的重点句子，练习写简单的感受式、质疑式文字批注。

3. 通过有目的地对相关语句进行批注阅读，体会作者见到鹅和被鹅袭击的恐惧心情以及后面的转变，探究“直到现在，我还记着金奎叔的话”的原因。

4. 能运用已学过的批注方法，对新文本进行批注阅读。

二、课前准备

PPT 课件，作业本，批注学习单。

三、教学过程

第一课时

本节课着重落实教学目标一、二。

板块一：预习反馈，规范符号批注

1. 反馈符号批注。

批注名称	批注符号	作用
（　　）批注	◯（圆圈）	圈出要求写的词语
	____（横线）	画出要求会认的字
	？（问号）	遇到不理解的生字词
	～～～（波浪线）	画出描写生动的词语、句子
	①②③……（序号）	标出自然段序号

（1）同学们，在前面的学习中，我们学会了运用最简单的批注——符号批注进行预习的方法。

（2）同桌互查：看看是否用上了这五种批注符号。

2. 反馈生字词。

总结：这些批注符号，对我们理解课文有非常大的帮助。在这些批注的帮助下，很多同学都已经找到了难读的字词句和难写的字。

（1）6 人小组合作学习。

（2）指名 1 个小组进行展示，其他小组补充。

PPT 相机呈现：

这时，有一个顽皮的孩子故意要引它们来，就吁哩哩哩地叫了一声。鹅听见了，就竖起头来，侧着眼睛看了看，竟爬到岸上，一摇一摆地、神气地朝我们走过来；还伸长脖子，吭吭地叫着，扑打着大翅膀，好像在它们眼里根本没有我们这些人似的。

这时，带头的那只老雄鹅就啪嗒啪嗒地跑了过来，吭吭，它赶上了我，吭吭，它张开嘴，一口就咬住了我当胸的衣襟，拉住我不放。

相机展示词语，引导学生理解掌握。

①胳膊："膊"单独读，读成"bó"，在"胳膊"中读轻声。

②"凭""瓶"都是后鼻音。

③"吁哩哩哩""吭吭""啪嗒啪嗒"这些拟声词都是口字旁。

④"甚"可以用"其"加竖折，最后一横应该写长。

⑤"顽"左边"元"最后一笔应该变成竖提。

⑥"摔"右边中间的笔画要先中间后两边。

总结：同学们，你们已经学会符号批注，这是最基本的批注方式。今天我们要学习更加高级的批注方式——文字批注。

3. 出示课题，比较思考。

（1）读课题，说说牛和鹅给你留下了什么印象？

预设：牛大鹅小；牛是耕田的，鹅是家禽；牛是棕色的，鹅是白色的。

（2）那在作者的记忆里牛和鹅又是怎样的呢？让我们走进课文，好好读一读。

板块二：走进文本，尝试口头批注

1. 学习第一自然段，畅谈感受。

看一看：作者对于牛和鹅的态度是怎么样的？（出示第一自然段，学生自己读；引导学生读出分号，读出两层意思。）

同学们，你读出了什么？你同意大家的这个观点吗？

预设：

牛是怕人的；鹅是不怕人的。我同意大家的说法，生活中的牛就是很温顺的。

我不同意这样的观点，因为我觉得牛那么庞大，怎么会怕人呢？

生活中的鹅好像也没有那么可怕。

2. 总结概括，明确批注的位置及内容。

和你们一样，有人读了这篇文章，也有很多感受，瞧，他把自己的感受写下来了，就在课文的边上，字写得小小的、整整齐齐的。（出示批注：“事情真的是这样吗？”）

学生自读，谈感受。

小结：阅读时有疑问、有感受都可以写在文章的旁边，字要写整齐端正。这样的阅读方法就是文字批注。今天我们就用这样的方式来阅读文章，写简单的感受与疑问。

板块三：理解感悟，练习多角度批注

借助表格，学生自读自悟，做好批注。

<table>
<tr><td>句子</td><td rowspan="5">请批注在课文句子的左边或者右边</td><td>批注的角度</td></tr>
<tr><td>大家都说：牛的眼睛看人，觉得人比牛大，所以牛……</td><td>批在质疑处</td></tr>
<tr><td>有的孩子还敢扳牛角，叫它跪下来，然后骑到牛背上去。</td><td></td></tr>
<tr><td>这时，带头的那只老雄鹅就啪嗒啪嗒地跑了过来，吭吭，它赶上了我，吭吭，它张开嘴，一口就咬住了我当胸的衣襟，拉住我不放。</td><td></td></tr>
<tr><td>可是金奎叔的力气是那么大，他轻轻地把鹅提了起来，然后就像摔一个酒瓶似的，呼的一下，把这只老雄鹅摔到了半空中。</td><td></td></tr>
</table>

教师引导交流批注，学生尝试二次批注。

预设：

1. 品读句一：**有的孩子还敢扳牛角，叫它跪下来，然后骑到牛背上去。**（学习感悟式批注。）

（1）把句子读通顺、读准确。

（2）思考："扳"字，左边提手旁，右边一个"反"，什么意思？"扳"的是牛角，从中你读出了什么感受？

（3）别让阅读时的感受溜走了，画出这句话，还可以用三角号标出句中重点词，把感受写在旁边的空白处。

（4）学生交流自己的批注，分享感受。

2. 品读句二：**这时，带头的那只老雄鹅就啪嗒啪嗒地跑了过来，吭吭，它赶上了我，吭吭，它张开嘴，一口就咬住了我当胸的衣襟，拉住我不放。**（学习多角度感受批注。）

（1）朗读这句话。

（2）"我"的角度：当胸的衣襟在哪儿？被鹅咬住当胸的衣襟会是什么感觉？谈感受，再读。

（3）"鹅"的角度："啪嗒啪嗒""吭吭"这两个象声词能去掉吗？加上它们又给人怎样的感觉？说想法，继续读。

（4）学生批注感受并交流分享，体会从"鹅"和"我"的角度去体会，感受是不一样的。

3. 品读句三：**可是金奎叔的力气是那么大，他轻轻地把鹅提了起来，然后就像摔一个酒瓶似的，呼的一下，把这只老雄鹅摔到了半空中。**（学习变角度感受批注。）

（1）读了这个句子，你的感受是什么？

（2）看，边上的批注是这样的。鹅之前神气的句子，你能找到吗？

①鹅听见了，就竖起头来，侧着眼睛看了看，竟爬到岸上，一摇一摆地、神气地朝我们走过来；还伸长脖子，吭吭地叫着，扑打着大翅膀，好像在它们眼里根本没有我们这些人似的。

②它用全身的力量来拖我，啄我，扇动翅膀来扑打我。

对比读，想一想：同样一只鹅，在“我”面前和在金奎叔面前有什么不同？变化角度，你又有了哪些感受？

（3）学生批注感受并交流分享，体会变化角度，感受就丰富起来，对文章的理解也更深入了。

4. 学习小结：回顾刚才阅读的过程，我们一边读，一边把有意思的句子用横线画出，也用三角号标出了重点词语。我们试着从不同的角度去感受，还可以变化角度去感受，然后，把我们丰富的感受写在旁边的空白处。你已经在用批注的方法阅读课文了，真棒！

第二课时

本节课着重落实教学目标三、四。

板块一：聚焦于“我”的相关语句，体会作者对鹅的不同态度

1. 回顾方法。

上节课，我们抓住三个重点语句，多角度进行了批注阅读，在课文的旁边留下了阅读的足迹。这节课，我们聚焦作者对鹅态度的相关语句，继续用批注的阅读方式，探究作者的心情。

2. 填写表格，体会作者对鹅前后不同的态度。

“我”对鹅的态度	句子	重点词语	批注（感受、疑问……）
前 （　　）			
后（　　）			

提醒：同学们，用波浪线画出句子，可以把句子中的前几个字写在表格，再用省略号表示，不用全部抄完哦；对鹅的态度可以用几个词语来描述。

预设句子（PPT 呈现）：

（1）我们看到鹅，那就完全两样了：总是远远地站在安全的地方，才敢看它。要是在路上碰到鹅，就得绕个大圈子才敢走过去。（词语：远远地、绕个大圈子……）

（2）我们马上都不说话了，贴着墙壁，悄悄地走过去。我的心里很害怕，怕它们看见了会追过来。（词语：马上、贴着、悄悄地、很害怕……）

（3）孩子们惊呼起来，急急逃跑，鹅追得更快了。我吓得脚也软了，更跑不快。（词语：急急逃跑、吓得脚也软了……）

（4）在忙乱中，我的书包掉了，鞋子也弄脱了。我想，它一定要把我咬死了。我就又哭又叫，可是叫些什么，当时自己也不知道，大概是这样叫吧："鹅要吃我了！鹅要咬死了！"（词语：掉、脱、又哭又叫、两个"！"……）

（5）果然，我不怕它，它也不敢咬我，碰到了，只是吭吭叫几声，扇几扇翅膀，就摇摇摆摆走开了。（词语：不怕它、只是……）

3. 借助表格，体会作者对鹅不同的态度。

小组内交流：请同学们在六人小组中说一说自己画的句子、找的词语，以及写的批注，听的同学要认真听，觉得别人说得好的，可以用不同颜色的笔把别人的批注记在自己的表格中。

全班展示：请每一组选择一句来交流，后面的小组要分享别的组没有交流过的哦。

总结：在鹅面前，"我"经历了两个不同的阶段，之前是怎么样的呢？请用一两个词语来形容一下"我"的丑态。（预设：惊慌失措、极度恐惧、胆小如鼠、狼狈不堪……）那之后又是怎么样的态度呢，可以用哪个词语形容？（预设：不再怕鹅。）

板块二：研读课文后面的内容，探究原因

1. 前后对比，找准文本。

作者为什么对鹅的态度前后会有差别呢？能在文中找到句子吗？

（预设：前面怕是因为作者相信大家说的；后面不怕是因为金奎叔的话让我改变了对鹅的态度……）

2. 阅读感悟，引导批注。

是啊，作者就是因为大家的话和金奎叔的话才对鹅有了不同的态度，我们一起再来读一读这两段话。

PPT 出示：

大家都说：牛的眼睛看人，觉得人比牛大，所以牛是怕人的；鹅的眼睛看人，觉得人比鹅小，所以鹅不怕人。

金奎叔说："让它这样看好了！可是，它要是凭这点来欺负人，那咱们可不答应，就得掐住它的脖子，把它摔到池塘里去。记着，霖哥儿，下次可别怕它们。"

金奎叔的话和大家的话有什么不同呢？从中你体会到了什么？把你的感受写在空白处。

预设：

作者之所以会相信大家说的，是因为没有去思考，认为大部分人说的就是对的。

金奎叔不相信大家说的话，因为他自己思考了，有了自己的想法，并行动了。

3. 总结反思，体会道理。

所以啊，作者一直记着金奎叔说的话，对鹅和牛的态度都改变了。

出示 PPT：

我记住金奎叔的话，从此不再怕鹅了。有什么可怕的！它虽然把我们看得比它小，可我们实在比它强呀！怕它干吗？

看到牛，我也不再无缘无故欺负它了，尽管它把我们看得比它大。

让我们一起来读一读作者现在对鹅和牛的态度。（学生读）作者自从这件事情后，对鹅和牛的态度有了转变，原因是什么？你有什么想对作者说的吗？

预设：

因为作者后来明白了，看问题，不应只站在牛和鹅的角度看，而要站在事实的角度去看，这样看问题会更加全面。

我想对作者说：你能从这件事情上改变对牛和鹅的看法，很了不起哦！

小结：同学们，不要让你的感受跑掉，赶快把这些感受写在课文的结尾处。

板块三：总结批注方法，迁移课外文本

1. 总结批注，交流方法。

同学们，批注的过程就是思考的过程，刚才你们把对课文和对作者的理解与感悟写在文章的结尾处，就叫尾批。而之前我们把感受写在旁边，就叫“旁批”。写在开头呢？叫眉批。其实批注的方式很多，你还可以在课后查找资料，进一步认识它。

2. 拓展延伸，迁移运用。

出示课文后面的阅读链接。现在让我们运用刚学到的批注方法来进行阅读，相信你们能一边批注，一边阅读，碰撞出思维的火花。（学生自主阅读，并进行批注。）

3. 组内学习，交流反馈。

6 人小组交流各自感受最深或有疑惑的地方。

4. 全班交流，总结学习。

每组选出一位同学进行分享展示，其他同学可以提出自己的看法。

四、作业布置

请选择一项完成：

1.《牛的写意》还有一部分内容，请找出来，一边读，一边进行批注。

2. 选择其他关于牛或者鹅的文章，进行批注阅读。

（浙师大附属衢州白云学校　余靓靓）

19 一只窝囊的大老虎

文本解读

《一只窝囊的大老虎》是一篇精读课文，是本单元的第二篇课文。而“批注”则是本册书中出现的第二个培养学生自主阅读能力和习惯的阅读策略。

本课是叶至善回忆童年时候，在一次班级演出时上台扮演老虎的故事。按照课文的写作顺序，可以归纳为三部分：期盼参加演出、饰老虎没成功、寻找失败根源。

在讲述怎样演老虎时，故事中的老师与演“哥哥”的小朋友有不同意见。那个小朋友一直认为扮老虎要有“豁虎跳”的本领，而老师认为不一定要“豁虎跳”，二者的矛盾贯穿始终。演老虎的“我”一直按老师的指导排练、演出。正式演出时因为惹得大家哄堂大笑，所以觉得“砸锅”了。于是“我”心中存疑，一直寻求原因。最后作者没有直接道出原因，而是以“我至今还不明白”来结尾，耐人寻味，给学生留下了想象的空间。

童年的故事通俗易懂，“我”的心情线索贯穿始终，也是故事情节变化的一条线索。体会心情“期待演出”“充满自信”到后面“紧张”“不明白”的转变，可以帮助学生入情入境。对于四年级的学生而言，从文章中找到表达心情的关键词不难，但文中表达心理变化的句子并不是都用了提示语“我想”，学生寻找起来有一定难度，另外思辨“我”扮演的老虎是否窝囊需要学生调动已有的经验及价值观加以诠释，因此本文适合进行批注阅读。

策略提点

一、学生已有阅读经验分析

在本单元第一课《牛和鹅》的课文学习中，学生已经初步了解批注的角度，例如：疑问、体会、解答等，也已经接触“勾圈点画”等简单的批注方法。另外，在四年级上第二单元提问策略单元及第四单元联想策略单元，学生已经能够质疑、解疑并从事情的起因、经过和结果角度概括故事主要内容，有了一些感受式、质疑式批注的前期经验。

二、阅读策略教学建议

基于文本特点，结合课后习题，着重选用质疑式批注策略，从学生已有经验出发，可着力引导：（1）借助“我”的心情变化读好课文；（2）借助课后习题表格理解“我”的心情变化及原因；（3）在感受心情变化的基础上思辨“我”的演出是否窝囊。

教学活动设计

一、教学目标

1. 认识14个生字，会写12个生字。重点指导写好“挖”“罩”“砸”“撤”“亏”这几个字。运用联系上下文、生活实际等多种方法理解“哄堂大笑”“通情达理”“事到临头”等词语的意思。读准文中使用的一些充满生活气息的词语，读准含轻声和多音字的词语。

2. 默读课文，尝试在课文内容和写法等不理解处进行批注，小组合作交流。

3. 品读描写人物的关键词句，体会“我”的心情变化，思辨“我”的演出是否窝囊。

二、课前准备

PPT 课件，作业本，预习单。

三、教学过程

第一课时

本节课着重落实教学目标一、二。

板块一：激趣导入，质疑课题

1. 图片导入。

2. 你的印象中，老虎应该是什么样的？［板书：一只（　　）的老虎］

预设：凶猛、威风。

3. 质疑课题，分享旁批，讨论并补充。（补充板书：一只窝囊的大老虎）看到这个词语，我听到你们的议论声了，有什么不理解的地方吗？（预设：窝囊是什么意思？老虎怎么会是窝囊的呢？这只窝囊的大老虎身上发生了一件什么事呢？）

教师：学以致用，我看到很多同学针对课题提出质疑时，在课题旁边做上了批注。像这样提出问题所做的批注就是质疑式批注。（PPT 出示：学生对课题的质疑式批注。板书：质疑式批注、课题。）

同桌交流对课题的质疑式批注，补充完善自己的批注。

板块二：小组合作，整体感知

小组合作，解决字音、字形和词义，并进行整体感知。

（1）读完之后分配小组任务。小组合作完成预习单，教师评价。

字音小组：

我要提醒同学们易读错的字	
我能找到文中的多音字	
我能找到文中的轻声字	

字形、词义小组：

我要提醒同学们易写错的字	
我能理解这些词语	

整体感知小组：

提示语：人物 + 事件（可以用上课文中的关键词）。

（2）分小组展示。

预设：字音小组汇报预习单内容，带领大家读两遍。字形小组同学在黑板示范易写错的字，学生在生字本上写两个。词义小组说明理解词语的方法：查字典、翻看资料书、联系上下文、近义词理解、询问等。

（3）同任务组补充，班级补充。

（4）相机评价：评价小组展示，包括站姿、声音等。补充和延伸字音部分：哪些词你觉得很有趣？因为这些词充满生活气息，你还能说几个这样的词吗？

PPT 相机呈现：

字音部分：

演技　撤换　砸锅　笨拙　逗乐　殷切　半晌　豁虎跳　撇嘴　头罩　羡慕（易读错）

角色　四脚着地　直冲脑门　露脸　哄堂大笑（多音字）

窝囊　糨糊　亏得　窟窿　比画　将就　打瞌睡（轻声词）

接连不断　事到临头　垂头丧气　踱来踱去　通情达理（成语）

字形、词义部分：

挖　头罩　砸锅　撤换　亏得

窝囊　事到临头　通情达理

整体感知部分：

我（谁）扮演一只大老虎（干什么），结果演砸锅了。

板块三：质疑批注分类，再次批注

1. 同学们，这篇课文你还有不理解的地方吗？

2. 分享原生态批注，请学生自主总结分类。

（1）“我真个羡慕得要死”能不能换成“我羡慕极了”？（出示 PPT，请提出这个问题的同学读一读。）

交流并小结：这是针对文章的遣词造句处提出质疑。

（2）质疑式批注还包括的其他类别：

课文第九自然段中“啊呜啊呜”为什么不加上双引号呢？（质疑标点。）

“我”的演出一帆风顺吗？（质疑事情发展。）

“我”的心情是怎样变化的呢？（探究蕴含的丰富情感。）

“我”的演出窝囊吗？可以怎么开导“我”？（探究难以理解的内容。）

3. 合作对批注分类，针对质疑式批注进行交流。

（1）同桌合作。请同学们将自己的批注分类，分为质疑式批注和其他类别批注。

（2）小组合作。交流自己的批注，说说自己的质疑式批注是哪个方面的，也可以根据质疑式批注的方法再次进行批注。

（3）小组展示质疑式批注个数。

4. 展示质疑式批注的海报，进行小结。

四、作业布置

抄写生字，完成《课堂作业本》。

第二课时

本节课着重落实教学目标三。

板块一：借助表格，理清“我”的情感路线

1. 复习回顾课文内容。

2. 交流表格，理清“我”的情感路线。

（1）看到同班小朋友在台上又唱又跳时，“我”期待表演，因为我想在台上露脸，获得大家的掌声。（出示课后习题第二题的表格部分。）

（2）你是从哪些地方体会到作者的心情的？又是怎么知道原因的？

神态描写：有一回又逢到我们班表演，班主任在分配角色的时候，我殷切期待的目光可能引起了她的注意。

预设：从神态描写中看出“我”的期待，在课文前面找到了原因。

评价：不仅能从神态描写中找到“我”的心情，还能联系上下文说清原因，了不起。

（3）总结学习方法。圈出表示心情的词语和句子，带着对心情的理解读一读，说明心情变化的原因。

（4）汇报预习单中的表格。“我”的心情是怎样变化的？用圆圈圈出文中表现“我”心情变化的词语，用“______”画出描写“我”动作、语言、神态的语句，并用自己的话说说为什么会有那样的变化。

（5）学生汇报，教师相机指导。

预设一：“记住了！”我连忙答应。我有充分的自信。

从感叹号中看出“我”的语气很肯定。从“自信”一词看出了心情。作者通过“我”的语言描写写出了“我”自信的心情。因为通情达理的老师鼓励了我，并且告诉了我如何扮演老虎。（PPT 出示表格。）

预设二：我套上老虎皮，戴上老虎头罩，紧张地等候在后台的上场口。

这是人物的动作描写。排练的时候老师对“我”的演技并不满意，加上演哥哥的小朋友老说“我”太窝囊，“我”变得不那么自信了。（PPT 出示表格。）

预设三：为什么不会豁虎跳就不能扮老虎呢？为什么没豁虎跳就会哄堂大笑呢？我至今还不明白。

通过人物的心理描写，写出了“我”的“不明白”的心情。因为演出时观众的哄堂大笑给“我”留下了深刻的印象，而且“我”在动物园中看到老虎也并没有豁虎跳，所以很疑惑。

3. 为什么演出的过程“我一点儿也记不起来了”，你有过紧张的时候吗？回想一下，说一说。

板块二：变换题目，开导作者

1. 你觉得“我”真是一只窝囊的大老虎吗？

2. 请再看一眼课题，你会用什么词语来替换“窝囊”呢？说说理由。

板块三：创设情景，学写心情

1. 积累描写心情的词语。两个字、三个字、四个字都行。（难过、后悔、快乐、激动、兴奋、得意、美滋滋、垂头丧气、兴高采烈……）

2. 我们从作者对“我”动作、语言、神态的描写中看出了“我”的心情，请你选择一种情景，试着想一想当时心情对应的动作、语言或神态，说一说。

情景	动作、语言或神态	句子

3. 小组交流，选出最佳句子，将其写在小组学习单上。

4. 作品展示，评价。

评价标准：上台落落大方、口齿清晰 ☆

能将心情恰到好处地演绎出来 ☆

能从“动作、语言或神态”中看出“心情” ☆

四、作业布置

1.《课堂作业本》剩下部分。

2. 选做：对排练时的情形，“我”记忆深刻，而表演时“到底怎么演完的，我一点儿也记不起来”。你有过类似的经历吗？写下来和同学交流。

（浙师大附属衢州白云学校　郑菊红）

20 陀螺

文本解读

《陀螺》是统编版教材四年级上册第六单元最后一篇课文。本课特色鲜明，饱含童真。全文以陀螺为线索，主要叙述了一只其貌不扬的陀螺战胜大陀螺的事情。文中作者的心情变化极为丰富且主线清晰，易于捕捉。抽陀螺本就是游戏，儿童对游戏的渴求自然是兴趣盎然的。基于学生的兴趣点，本课适合指导学生学习联想式批注。

策略提点

一、学生已有阅读经验分析

四年级的学生在之前的语文学习中，已经具备了联系上下文理解语句、结合关键词句体会表情达意作用的能力；并且会在阅读时做简单批注。通过本单元前面两篇课文的学习，学生应该已经进行了多角度进行批注的训练，以及质疑式批注的策略学习。所以学生有一定的批注能力，但缺乏专门的联想式批注训练。

二、阅读策略教学建议

（1）关注学生的阅读经验，进行有起点的教学。

（2）一课一得，精准定位本课策略教学目标

（3）瞻前仰后，做好单元教学目标的融合和递进。

教学活动设计

一、教学目标

1. 正确流利地朗读课文，理解生字词。

2. 紧扣“我”心情变化的句子，在自主阅读中，学习运用联想式批注进一步感受“我”对陀螺的痴迷。提高阅读思维能力。

二、课前准备

红、蓝、黑三色笔。

三、教学流程

第一课时

板块一：检查预习，整体感知全文

1. 检查预习，揭示课题。

PPT 出示词语：“冰尜儿”“旋”“妩媚”“溃败”“恍惚”。同桌之间互相检查、正音。

2. 交流预习，回顾批注。

（1）交流预习批注，回顾批注方法。

请一位同学展示自己的预习批注。其他同学聆听，并根据批注学习要求提出建议和意见。

（2）同桌合作，交流批注。

同桌根据批注要求交流评价。

3. 方法小结，引出新课。

本单元我们学习了两种批注方法。批注阅读方法有很多种，不同的批注方法有助于我们理解不同的课文。这节课我们用批注学习法学习高洪波老师写的一篇充满童趣的文章——《陀螺》。

板块二：自主批注，理清心情变化

1. 梳理课文。

快速默读课文，想一想：课文介绍了作者跟陀螺之间的哪些事情呢？学生完成如下流程图，并借助流程图进行简述。

说陀螺 → 做陀螺 → 得陀螺 → 斗陀螺 → 悟陀螺

2. 寻找变化。

随着作者和陀螺之间故事的不断发展，作者的心情也在发生着变化。请你用蓝笔找出表现作者心情变化的句子，用横线画出。

3. 初写批注。

请学生细读画横线的句子，并在体会深刻的地方写下批注。

板块三：由此及彼，发现画面式联想

1. 头脑风暴，拓展联想。

PPT 出示句子：

因此，曾有很长一段时间，我的世界堆满乌云，快乐像过冬的燕子一般，飞到一个谁也看不到的地方去了。

联想训练：看到这句话，你想到什么画面？

预设：我想到了满天的乌云；我好像听到了燕子快乐的歌唱声。

2. 发现规律，总结策略。

读到一句话时，我们的脑海中会联想出一幅画面，我们好像看到、听到、摸到、闻到、想到了句子中的内容。我们把自己联想的内容写下来，这就是联想式批注的一种。

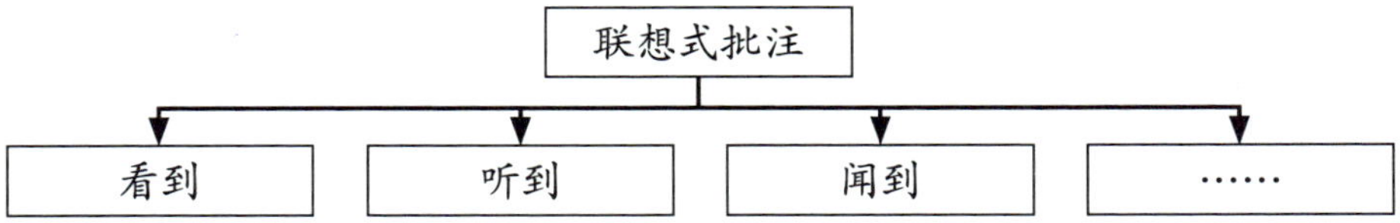

3. 走进文本，拓展运用。

今天我们学习了联想式批注，感受到了作者的一种心情。文中的一句话、一个词让我们看到了一幅画面，文中肯定还要很多这样的句子和词语，请你及时把它记录下来。（学生再读文本，运用联想式批注。）

四、作业布置

完成作业本中的生字练习题。

附：《陀螺》批注式预习要求

班级：　　　　姓名：　　　　批注时间：

1. 画出本课生字词，在有疑问的字词边上打上问号，写上批注。

2. 读课文五次，把自己的想法用黑笔记录下来，用批注符号批注。

3. 尝试进行多角度批注，至少写一条质疑式批注。

批注星级评价：一星级：1. 圈出关键词。2. 写出自己的感受

二星级：1. 圈出关键词。2. 写出自己的感受。3. 至少写了两种类型的批注。

第二课时

板块一：走进人物，感受体验式联想

同学们，上节课我们在作者初次心情变化的地方运用了联想式批注，看到了画面感受到了人物内心的情绪。这节课，让我们继续学习用联想式批注方法，感受人物的心情变化。

1. 默读文章，批注感受。

提示：找最有体会的地方；划出关键词句；写下批注。

2. 交流批注，发现特点。

预设 1：我对“这消息曾使我一整天都处于恍惚的状态，老想象着那只陀螺英武的风姿”很有体会。特别是老想象着那只陀螺英武的风姿。我很想要一直钢笔的时候，也总是想着他的样子，真的很想要。很喜欢。

预设 2：我对“这真是个辉煌的时刻！我尝到了胜利的滋味，品到了幸运的甜头”一句很有感触。记得我们班那次运动会，我们参加接力赛，再掉了一棒的情况下，同学们不放弃继续努力最后获得了胜利。真的像吃了糖果一样，好幸福！

3. 想象画面，策略提升。

引导学生关注，联想除了可以想象画面，还可以想象自己同样的经历，也可以是你想到的一句话、一篇文章，等等。引导学生丰富批注内容。

4. 组内交流，借鉴亮点。

学生组内交流批注，并相互提出修改意见。再请学生拿出红笔自己修改之前的批注。

（1）现在请每个小组针对作者的一种心情变化，结合自身经验分享自己的联想式批注。

（2）小组交流，提出自己的意见。

（3）再次修正自己之前的批注。

5. 小结：同学们，我们刚才通过交流联想式批注感受到了作者心情的不断变化。因为陀螺，作者越来越快乐！通过交流，我们发现，很多同学在生活中都有类似的情感经历，你们和作者越来越近了。

板块二：细品全文，个性化联想批注

1. 再读课文，学生针对全文做批注，教师巡视。

2 指名交流，教师引导交流。（相机板书：发挥想象，联系生活。）

请学生交流体会比较深的地方。

板块三：小结收获，拓展运用批注

1. 总结收获。

这节课，你学了什么？请从课文内容和策略学习两个方面进行回答。

2. 拓展阅读。

大作家用他们动情的笔端记录了自己童年时代难忘的故事。高洪波爷爷如此，金波爷爷也是这样。金波的文章《猪蹄儿灯》，可有意思啦，相信你们读了也会感兴趣的。请你用今天学会的联想式批注方法进行批注阅读，相信你会走进另一位伟大作家的童年。

四、作业布置

1. 完成《课堂作业本》。

2. 课后运用联想式批注阅读《猪蹄儿灯》。

（衢州市柯城区白云学校　邵晨）

四年级上册

第七单元：把握主旨

单元教学说明

一、人文主题与语文要素

本单元的语文要素为“关注主要人物和事件，学习把握文章的主要内容”“学习写书信”。

本单元共安排了四篇课文，有《古诗三首》《为中华之崛起而读书》《梅兰芳蓄须》和《延安，我把你追寻》，为的是学习“关注主要人物和事件学习把握文章的主要内容”，从而提高阅读能力。除此之外，还有《习作：写信》以及《语文园地》。

二、阅读策略说明

本单元是继三年级下册第八单元提到“了解故事主要内容复述故事”、四年级上册第四单元提到的“了解故事的起因、经过、结果，学习把握文章的主要内容”之后第三次提到“学习把握文章的主要内容”。

三、策略教学内容与教学建议

本单元的教学内容对语文要素“关注主要人物和事件，学习把握文章的主要内容”做了有层次的安排。首篇《古诗三首》重在通过关注注释了解古诗主旨；《为中华之崛起而读书》重在学习“串联事件，了解课文只要内容”；《梅兰芳蓄须》重在学习“看题目知文章主要内容”；诗歌《延安，我把你追寻》是借助各种背景资料来了解文章主旨。除此之外，在课后练习中，编者通过一个个练习，有意渗透学习把握文章主要内容的方法；在《语文园地》的“交流平台”板块中，也有专题体现。

本单元所学的“学习把握文章主要内容的方法”，在《语文园地》的“交流平台”中进行了总结，通过学习小伙伴的对话帮助梳理和链接以前所学的方法，如通过看题目提示，根据事情的起因、经过、结果把文章中的多件事情串联起来练习把握文章主要内容的方法。

本单元习作是“写信”，除强调写信的格式和生活中的应用外，在教学中同样可以将本单元的“学习把握文章的主要内容”这一语文要素迁移在写作中，让学生明白写信时要表达清晰，并围绕一定的主题内容。

四、教学时间安排

内容	第 21 课	第 22 课	第 23 课	第 24 课	习作	语文园地
课时(h)	2	2	1	1	2	2

（温州市南浦小学　李碧）

21 古诗三首

文本解读

《古诗三首》由《出塞》《凉州词》《夏日绝句》三首古诗组成。《出塞》是唐代诗人王昌龄的一首边塞诗，描写了诗人希望起任良将，早日平息边塞战事，使人民过上安定的生活。《凉州词》是唐代诗人王翰所写，描绘了战士们极其坦荡的心情和豪健的胸怀。《夏日绝句》由宋朝女词人李清照所作，诗人提出：人活着就要做人中的豪杰，为国家建功立业；死也要为国捐躯，成为鬼中的英雄。

三首古诗同为绝句，属于格律诗的一种形式，其中《出塞》《凉州词》为七言绝句，《夏日绝句》为五言绝句。三首古诗也都紧扣本单元“国家兴亡，匹夫有责”这一人文主题。《出塞》《凉州词》同为边塞诗，这一类诗多体现一种慷慨激昂的向上精神和克敌制胜的强烈自信；同时，诗人也借诗言志，渴望和平，希望战争早日结束。《出塞》是一首乐府诗，乐府诗可谱成乐章被广泛传唱。《凉州词》是唐代曲名，起源于凉州。这两首诗不仅是“诗中有乐”的佳作，而且也是“乐中有诗”的绝唱。

古诗意蕴深邃，妙不可言，因此，教学时要让学生不仅明其意，还要会其志，这样才能了然于心。阅读时，除理解字面意思外，更需知道它的言外之意。例如：《出塞》中的“但使龙城飞将在，不教胡马度阴山”，看似直接抒写了边防士卒巩固边防的愿望和保卫国家的壮志——只要有李广那样的名将，敌人的马队就不会度过阴山，其言外之意却是说，只因朝廷用人不当，使将帅不得其人，才造成了烽火长燃、征人不还的局面；《夏日绝句》中“至今思项羽，不肯过江东”，似乎讲述的是项羽突围到乌江，乌江亭长劝他回江东重整旗鼓，而他自觉无脸见江东父老，便回身苦战，杀死敌兵数百，然后自刎，实际是诗人讽刺南宋统治者不管百姓死活，只顾自己逃命，抛弃中原河山，苟且偷生。

策略提点

一、学生已有阅读经验分析

通过以前的学习，学生已经有了一定的阅读能力，了解和学习了一定的把握文章主要内容的方法。对于古诗词来说，把握主要内容的重点应该先从注释入手，细细品味故事主要讲了什么。

二、阅读策略教学建议

基于文本特点，结合本单元的语文要素及课后习题，着重选用结合注释体会主旨的策略，从学生已有经验出发，可着力引导：（1）借助注释了解古诗的大概内容；（2）借助背景资料加强对诗意的深度理解；（3）借助课后习题说清诗意，体会主旨。

教学活动设计

一、教学目标

1. 借助注释及工具书，了解古诗大意，背诵《出塞》《夏日绝句》。

2. 诵读古诗，抓关键词句，借助注释，品悟字词，并联系所学诗歌理解诗意，体会诗人丰富的情感，感受诗歌彰显出的博大人性美。

3. 通过课内外延伸阅读，激发学生对中国传统诗歌的兴趣以及对祖国灿烂文化的热爱之情。

二、课前准备

PPT 课件，课堂作业本，关于诗人的文字和图片的背景资料，若干边塞诗。

三、教学过程

第一课时

板块一：关注单元主题，揭题导入

1. 明单元主题。

（1）读读篇章页上半部分的句子，说说单元主题。

（2）读读篇章页下半部分的句子，画出学习本单元课文的要求。

（3）回顾以往所学的把握文章主要内容的方法。

2. 揭题识诗体。

绝句又称截句、断句、短句、绝诗，是诗歌的一种体裁，盛行于唐代。其中《夏日绝句》是五言绝句，其余两首均为七言绝句。

板块二：初读古诗，整体感知

1. 拓资料，知背景。

PPT 出示：我国在秦、汉时代便修筑长城防御匈奴入侵。抗击匈奴的战争自秦起，至汉，至唐，年年征战，一直没有间断。匈奴常常在阴山一带入侵中原。

2. 抓题眼，明主题。

（1）看《出塞》，“塞”指的是哪里？（边塞，关塞）关于边塞，你想到了什么？用一个词来描述，你会用什么词？（学生答黄沙、大漠、烽烟等，教师板书：出塞。）

（2）自汉以来，我国的边塞一直战事不断，造就了一大批著名的边塞诗人，他们感受了大漠的壮美风光，见证了边塞的金戈铁马，写下了许多豪放悲壮的边塞诗，被世人广为传颂，边塞诗是唐代这个诗歌大国的一束奇葩。今天我们将学习边塞诗中的精品之作，它被称为唐诗七绝的压卷之作，这首诗就是王昌龄写的——《出塞》。

3. 读古诗，品诗味。

（1）自由、大声读，读准字音，读通诗句。

（2）指名读诗并正音，提示读准“将”“还”“教”。

（3）教师范读，学生练读，要求：读出节奏，读出诗味。

（4）读了整首诗，你大概知道了什么？说说初步感受。

板块三：注释读诗，品味意境

读诗不仅要读正确，更要了解诗的意思以及诗人所要传递给我们的情感。借助注释，读懂古诗，是一种很好的古诗阅读策略。

1. 看注释，以诗引意。

（1）自由读诗，借助注释，自己初步理解诗歌。

（2）诗中有画，画中有诗，读第一句时，你的眼前仿佛出现怎样的画面？

PPT 出示第一句：秦时明月汉时关，万里程征人未还。（板书：明月、边关。）

从秦朝到汉朝再到唐朝，将近一千年过去了，明月仍然是秦汉时的明月，边关依旧是秦汉时的边关，时光穿越千年，明月、边关都没变。在遥远的边塞，还有什么没变？（引导学生说出“还有战争没变”。）

出示：

年年战骨埋荒外，空见蒲桃入汉家。——［唐］李颀《古从军行》

黄尘足今古，白骨乱蓬蒿。——［唐］王昌龄《塞下曲》

可怜无定河边骨，犹是春闺梦里人。——［唐］陈陶《陇西行四首》

（3）诗中有一个词，高度概括了当时边塞戍边的事，你能找到这个词吗？（万里长征）从这个词中你看到了什么？（边塞远、时间长。）

千百年来，一批又一批的将士，他们离家万里，长途跋涉来到边关，有多少人回去了？（指名说，引出“人未还”。）

（4）你读懂了什么？（战争的残酷、守关将士的痛苦）读好第一句。

2. 填注释，以诗引理。

出示第二句：**但使龙城飞将在，不教胡马度阴山。**

（1）完成练习。

读诗，解诗，抓关键词很重要。圈出你认为第二句中最关键的词，看看能不能找到注释帮你解答。

填一填：

“但使龙城飞将在，不教胡马度阴山”。联系课文注释我们可以知道“但使”的意思是________，“教”字的意思是________；根据字典释义（见右边批注），诗句中“度”字的意思是________（填序号）。这句诗的意思是____。

度 dù ① 计量长短的器具或单位：～量（liàng）衡；② 依照计算的标准划分的单位：温～、湿～、经～、纬～、用了 20 ～电；③ 事物所达到的程度：知名～、高度的爱国热情；④ 法则：应遵行的标准：制～、法～；⑤ 度量，能容纳承受的量：气～、适～、过～；⑥ 过，由此到彼：～日；⑦ 所打算或考虑的：置之～外；⑧ 量词，次：一～、再～、偷～。

（2）交流反馈。借助注释，从这句诗中，你读出了什么意思？

①预设：要是汉朝的李广将军在，胡人不敢度阴山，边关就会有安宁。

指导读出自豪与勇敢——没有战争（渴望战争平息，征人回家）。

②国难思良将，在战争频繁的边塞，守关将士在期盼，他们在盼望谁呢？（汉代飞将军李广。）

即使是艰苦的战争，远离家乡，他们仍然希望像李广那样的将军能够到来，带领他们英勇奋战，守卫边关，让侵略者不敢度过阴山侵犯唐朝边境。

指导读出渴望和平的憧憬——必胜的决心。

③可是当时朝廷腐败，不能起用良将，他们无比失望。

指导读出失望痛心和无奈。

（3）说说你又体会到了什么？

（4）拓展边塞诗。

出示：

醉卧沙场君莫笑，古来征战几人回。（王翰）

黄沙百战穿金甲，不斩楼兰誓不还。（王昌龄）

不知何处吹芦管，一夜征人尽望乡。（李益）

羌笛何须怨杨柳，春风不度玉门关。（王之涣）

（5）总结：这就是边塞诗共有的特点，悲凉之中流露出壮美，赞颂勇往直前、无所畏惧的气概。

3. 品诗意，配乐诵读。

通过注释，通过其他诗句辅助，通过交流，我们深刻感受到《出塞》中思念亲人的哀怨和保家卫国的壮志，就这样交织在一起。让我们再一次深情诵读。（播放《凉州曲》）

板块四：课后延伸，指导作业

1. 背诵《出塞》，完成课堂作业。

2. 课后搜集边塞诗，和同学们交流分享。

第二课时

板块一：回顾旧知，引入新诗

1. 背诵《出塞》。

2. 回顾边塞诗的特点。

3. 学习新诗，了解背景知识。

（1）看注释，了解“凉州词”。

介绍：西域沙漠，人烟稀少，在唐朝边塞重镇“凉州”，当地的歌曲中夹杂着少数民族的曲调，别具一格，人们称为凉州词，许多人喜欢填写新词吟唱。

（2）认识诗人。

PPT 出示：盛唐时期国家统一强盛，边塞战争频繁。许多诗人投笔从戎，奔赴沙场，用他们的笔写下了许多脍炙人口的佳句名篇。王翰就是其中的一位，他为人豪放不羁，特别是每次喝酒之后就喜欢用激情的笔触来抒发心中的情感。他所作的边塞诗词语似云铺绮丽，诗音如仙笙瑶瑟，妙不可言。特别是这首《凉州词》，广为流传。

板块二：品读诗句，品读语言

1. 初读古诗，诗中有画。

（1）读准字音，读出节奏。

注意“葡萄”“琵琶”读轻声，关注“征战”的读音。

（2）默读诗句，交流感受。

第一句“葡萄美酒夜光杯，欲饮琵琶马上催”。

① 在这宴席中，最先吸引你的是什么？

根据注释了解“夜光杯”，通过图片展示感受“葡萄美酒”的美丽、香气，“夜光杯”的清丽、亮泽。

② 还有什么会吸引你？

引出“琵琶”。见过或听过琵琶弹奏吗？诗中的琵琶声给你一种什么样的感觉？（急促、快速）从哪个字体会到的？（催。）

③ 有这样助兴的琵琶曲，还有这样的美酒，这是一幅怎样的画面啊？（热闹、盛大、隆重。）

指导朗读。点评，关注是否读出场面的热闹、将士的豪爽。

第二句“醉卧沙场君莫笑，古来征战几人回”。

① “凉州词”原本就是曲名，如果让你谱曲，第一句你的音乐基调应该是什么样的？（慷慨激昂、激情高昂。）

② 看看注释，读读第二句，此时，你更想将音乐的基调变成什么样？可以用波浪线表示。（低沉、悲凉、哀苦。）

③ 出示评论：过去曾有人认为这两句“作旷达语，倍觉悲痛”。还有人说：“故作豪饮之词，然悲感已极”。话虽不同，但都离不开一个“悲”字。

④ 指导朗读。

2. 品词析句，诗中有情。

（1）再次读诗，这首诗仅仅是从激情高昂到悲凉吗？圈出你特别有感受的几个词，与大家交流。

（2）交流反馈。

针对“欲饮”“醉卧沙场”“几人回”，交流感受。

这些词语不仅蕴含豪放、开朗、兴奋的感情，而且还有着视死如归的勇气，明快的语言、跳动跌宕的节奏所反映出来的情绪是奔放的、狂热的，这也正是边塞诗的一大特点。

（3）配乐诵读《凉州词》。

3. 总结。

边塞既是征战的沙场，也是诗意的原野。诗人吟诵的是塞外风光，怀抱的是家国情怀。就像这首《出塞》，有的是一份担当、一份豪情，也如这一曲《凉州词》，有一份艰苦卓绝，更有一份无上荣光。

板块三：自主学诗，学法引领

1. 回顾阅读古诗理解诗意的步骤方法。

借助古诗注释，知大意，

抓住关键词句，品诗意，

关注辅助资料，明诗情。

2. 自主阅读学习第三首《夏日绝句》。

3. 交流反馈。

（1）根据注释，结合资料，说一说“至今思项羽，不肯过江东”的典故。

（2）站在英雄曾经慷慨就义的地方，看着眼前滚滚流淌着的江水，诗人李清照更想说什么？你怎么理解“人杰”“鬼雄”？

（3）你觉得诗人仅仅是想追忆项羽吗？

预设：讽刺南宋统治者不顾老百姓的死活，只顾自己逃命，以及抛弃中原河山，苟且偷生。

（4）诗人想表达一种什么情感？

（5）指导朗读。

板块四：总结全诗，拓展延伸

1. 总结全文。交流三首诗的共同点和不同点。

2. 拓展延伸。阅读课堂作业本中的边塞诗，再收集相关边塞诗，进行交流，建议运用本课学习的阅读策略。

（温州市南浦小学　李碧）

22 为中华之崛起而读书

文本解读

这篇精读课文，写的是周恩来少年时代的一件事。他耳闻目睹了中国人在外国租界里受洋人欺凌却无处说理的事情，从中深刻体会到伯父说的“中华不振”的含义，从而立志要为振兴中华而读书，表现了少年周恩来的博大胸襟和远大志向。

课文结构在原人教版教材上进行了调整，结构严谨，层次清晰，采用倒叙的手法，先写周恩来在少年时代就心系中华的振兴，立下远大志向，再写12岁的周恩来刚到沈阳，听伯父叹着气说“中华不振”，这使他疑惑不解；接着写周恩来在租界亲眼看到一位中国妇女受到洋人的欺侮，围观的中国人都敢怒不敢言，这使他真正体会到伯父说的话的含义。所以当魏校长提出为什么而读书的时候，就有了“为中华之崛起而读书”的响亮回答。先果后因的结构更能激发起学生的阅读期待。

选编这篇课文的意图，一是让学生了解少年周恩来立志为振兴中华而读书的志向，引发学生思考自己读书的目的，激励学生将自己的学习生活与国家繁荣和民族振兴大业联系在一起；二是引导学生抓住主要人物串联事件，并在阅读中体会人物的思想感情。

策略提点

一、学生已有阅读经验分析

四年级学生对写人文章的阅读方法——“抓住人物的主要事件”已有所了解，也能通过阅读事件体会人物的思想感情，用事件来丰满人物的形象。

二、阅读策略教学建议

基于文本特点，结合课后习题，着重选用抓住主要人物串联事件策略，从学生已有经验出发，可着力引导：（1）借助人物串联事件，了解课文主要内容；（2）补充当时社会关于“租界”和“帝国主义列强”等资料帮助体会“中华不振”；（3）查阅资料了解当时社会情况，结合课后题理解周恩来立下如此志向的原因。

教学活动设计

一、教学目标

1. 会读“崛”“沈”等10个生字，会写“疑惑”“训斥”等15个词语。通过查阅资料、联系上下文等方法理解“帝国主义列强”“租界”“衣衫褴褛”“耀武扬威”“惩处”“铿锵有力”等词语的意思。

2. 默读课文，想想课文讲了哪几件事，用人物串联事件，说说课文的主要内容。

3. 通过查阅资料了解当时的社会状况，结合课后题中的诗句，理解周恩来立下如此志向的原因，感受少年周恩来的博大胸怀和远大志向。

二、课前准备

PPT课件，关于周恩来的资料，当时社会状况的补充资料。

三、教学过程

第一课时

本节课着重落实教学目标一、二。

板块一：解释课题，提出质疑

1. 揭示课题，齐读课题。

2. 解释课题。

3. 质疑：为什么年仅 12 岁的他会立下如此远大的志向呢?

板块二：理解词语，整体感知

1. 利用多种方法理解词语 .

2. 初读反馈，整体感知。

周恩来为什么要立下这样的理想？是什么让他从小立下这样的志向？（板书：中华不振。）

引导学生理解“中华不振”的意思。

板块三：默读课文，人物串联事件说大意

1. 默读课文，思考课文围绕“因为中华不振，所以周恩来立下为中华之崛起而读书的志向”讲了哪几件事？（用人物串联事件的方法来说。）

2. 发现课文倒叙的结构特点。

3. 梳理人物，串联事件，说大意。

第二课时

本节课着重落实教学目标三。

板块一：抓住“租界”，探究原因，练习朗读

1. 默读课文第二件事，边读边思考：面对着繁华、热闹的租界，面对大伯含糊不清的话语，他产生了哪些疑问？读出相关的语句。

2. 补充资料（略），了解租界。

读了这些资料，你又看到了一个什么样的旧中国？

板块二：走进“租界”，感受“中华不振”，迁移表达

1. 默读课文第三件事，从哪儿看出中华不振呢？用横线画出相关的语句并指导朗读。

2. 研读“中国妇女”事件（PPT 出示课文中句子）。

他们急忙奔了过去，只见人群中有个衣……站在一旁。她原指望（　　）。谁知（　　），反而（　　）。（　　）。但是，（　　），（　　）？只能（　　）。

（1）读填空的内容，是什么让洋人如此嚣张，对中国人如此不屑一顾？

（2）指导朗读。

（3）是什么让中国人紧握着拳头？带着你的愤怒读一读。

在中国的国土上，看到了这样的一幕又一幕，你紧握着拳头，最想做什么？该不该惩处？想不想惩处？但敢不敢惩处？我们只能把这一股愤怒放在心里，什么都不敢做。所有的理由都化为让人悲哀的四个字：中华不振。（板书）

3. 补充资料：了解中华不振的屈辱（PPT 呈现）。

面对此刻不振的中国，你想说些什么？

在中国人自己的土地上围观的中国人敢怒却不敢言，（　　）；

在中国人自己的土地上中国巡警麻木不仁，当洋人的走狗，（　　）；

在中国人自己的土地上外国人可以横行霸道，为所欲为，（　　）；

在中国人自己的土地上衣衫褴褛的妇女有冤无处可诉，（　　）。

4. 引导学生写写周恩来的感受，朗读课文最后一个自然段。

板块三：感受志向，结合诗句，拓展阅读

出示课后题诗句：

1. 了解诗歌创作背景。

2. 结合查阅当时社会的状况和诗句体会，周恩来立下如此志向的原因。

四、作业布置

1. 课后阅读《大地的儿子》或其他有关周恩来的故事。

2. 如果有人问你“为什么而读书”，你的回答是什么？想一想，写下来，写清楚理由。

（温州市南浦小学　王冬冬）

23 梅兰芳蓄须

文本解读

这是一篇略读课文，在S版教材第九册第24课《梅兰芳》里有关于梅兰芳爱国蓄须明志相对应的内容，统编教材直接针对文章最核心的内容对梅兰芳的爱国故事进行了命名，同时对部分内容进行修改，使文章主旨更加鲜明。

课文讲的是1937年日军占领上海，梅兰芳为了躲避日本人的纠缠，躲进租界，避居香港，蓄须罢演，最后甚至为了找到不演出的理由，打针装病，坚决不给日本人表演京剧。直到日本人投降的那一天，他才剃去胡须，重返舞台。

策略提点

一、学生已有阅读经验分析

写人叙事的文章对于学生而言并不陌生，写人的文章一般会结合叙事，每一件事情的过程都由起因、经过、结果构成，学生找到这些自然也能对文章人物有大致的了解。只是他们并没有严格意义上对课文的主要内容进行概括。而作为人物传记类的文章，它们的篇幅相对较少，需要学会利用背景资料丰富自己对人物的认识。

二、阅读策略教学建议

本课作为略读课文，需要立足前文学习的策略，对学生进行自主学习的指导，可着力引导：（1）抓住课题概括主要内容；（2）借助社会背景资料，结合相关的京剧知识，深入了解人物品质。

教学活动设计

一、教学目标

1. 初步掌握根据课题填充概括主要内容的方法。

2. 结合背景资料、相关事件，了解与感受梅兰芳爱国的伟大品质。

二、课前准备

PPT 课件，作业本，评书《梅兰芳蓄须明志》。

三、教学过程

板块一：从京剧入手，走进人物生平事迹

1. 同学们，今天老师给大家带来一段国粹——京剧青衣的唱段。（视频播放）

2. 今天我们要走进京剧的一个重要的代表人物——梅兰芳。（简介梅兰芳：梅派、旦角青衣。）

板块二：质疑课题，初步概括主要内容

1. 揭题：今天我们一起来学习课文——（板书）《梅兰芳蓄须》。

2. 质疑：课文讲了梅兰芳的什么事情呢？咱们一起先看课题，我问你答。

谁？（梅兰芳。）

做什么？（蓄须。）

阅读提示中也提到了我们的这个问题——“梅兰芳是在什么情况下蓄须的？”

3. 自由读课文，同时把问题的答案连起来串成一段话，变成课文的主要内容。

4. 小结：根据课文题目概括主要内容，可以通过提问、自主阅读寻找答案、再把答案串起来的方法进行概括。

板块三：梳理重点，聚焦人物爱国品质

让我们带着阅读提示的第二个问题，再次走进课文。边读边圈画问题答案所在的语句。

1. 都是日本人惹的事情，为啥不能答应他们去唱京剧？

2. 梅兰芳是怎么克服解决这些问题的呢？请对应填写。

日本人纠缠　移居香港

日本人逼迫　蓄须明志

日本人骚扰　回到上海

日本人要求（必须）打针装病

没钱养家　卖房子

3. 选择最令你佩服的行为，读一读相关的描写，说一说你佩服的理由。

板块四：总结扩展，尝试概括同类题目的文章

1. 同学们，咱们刚才根据题目线索大致了解了课文的主要内容，然后带着问题，圈画梳理重点，理解了文章要表达的意思，感受到了梅兰芳的爱国精神。这种概括主要内容的方法可以用于很多相类似的文章，比如《司马光砸缸》《小壁虎找尾巴》，等等。

2. 我们来看看《名人爱国故事》这本书。此书共收录爱国故事 44 篇，大多数单篇都是像课文这样命名的：如《霍去病扫荡匈奴》《岳母刺字》《戚继光牢记父训》《詹天佑为国修铁路》《鲁迅弃医从文》等。咱们也可以用今天所学的方式读读这些文章。

四、作业布置

请选择一项完成：

1. 课外阅读《名人爱国故事》。

2. 有兴趣的同学还可以选一个名人爱国故事，比较它和课文相同的地方。

（温州市百里路小学　林海津）

24 延安，我把你追寻

文本解读

这是一首新体诗，是本单元最后一篇略读课文。本单元的主题是“天下兴亡，匹夫有责”，在这样的单元人文主题下，这首诗向我们阐述了追寻延安精神的迫切心情。诗歌第一、第二两节写对延安的追寻，第三、第四两节写实现现代化需要延安精神，第五、第六两节写追寻延安精神的重要性。学习这首诗，旨在延安精神的熏陶，让学生懂得珍惜今天的幸福生活，发扬延安时期全心全意为人民服务，为崇高理想而献身，革命队伍内互相关心、互相爱护以及自力更生、艰苦奋斗的精神。由于历史时代的久远，对于四年级的学生来讲，理解这种延安精神有一定的难度，因此要借助资料的拓展、补充。

这是一首散文诗，篇幅短小但语言精练，蕴含着丰富的哲理，饱含着作者强烈的思想感情；节奏和韵律比较鲜明，全诗押的是 ang 韵，每节诗二、四两行末尾的一个字都有 ang，所以，要指导学生读出声韵铿锵。全诗写法丰富，第一、第二节反复运用“追寻”一词和两个比喻来描写，并用几个具有代表性的事物来描写追寻什么；第三、第四节用“永远告别与忘不了、毫不犹豫丢掉与不能丢”形成鲜明的对照，写出要追寻的延安精神；第五、第六节用正反面对照来抒写延安精神的重要性。

策略提点

一、学生已有阅读经验分析

诗歌适合朗读，对于四年级的学生来讲，读出诗的节奏和韵律是比较容易的，但由于这首诗所写的内容背景与生活有一定的距离，所以感受诗所蕴含的精神是个难点。因此，借助大量的背景资料辅助阅读是阅读本诗的一个重点内容。

二、阅读策略教学建议

基于文本的内容主题特质以及体裁的特点，结合学生已有的阅读经验，着重选用联结比照策略，可着力引导：（1）大量拓展与延安相关的资料，联结歌曲、图片与文字资料领略延安精神；（2）通过正反对比、纵向对比，理解诗歌的写法并加以运用。

教学活动设计

一、教学目标

1. 链接文字图片、视频歌曲等资料，了解延安精神的代表性事物及标志，从而领会延安精神。

2. 通过对比等方式，感知诗歌韵律及正反面对照抒写的手法。

3. 学会举一反三，用对比句式畅说延安时期的革命精神，深度了解延安。

二、课前准备

搜集延安相关的影视资料、图片资料及文字资料，准备 PPT 及微视频。

三、教学过程

板块一：利用微视频导入，初识“延安”

1. 出示有关“延安电影团”的微视频资料，激起了解延安的兴趣。

2. 看了视频，猜一猜“延安”是怎样的一个地方。

3. 延安，是一个红色革命之地，祁念曾作家写下了一首散文诗，让我们一起去探寻。

4. 读题目，聚焦于“追寻”一词，猜猜这首诗写什么？

聚焦于内容问题：① 诗人在延安追寻什么？② 诗人为什么要把延安追寻？③ 诗人如何追寻延安？

板块二：抓住诗本，读出诗韵，相识“延安”

1. 大声、读准诗歌。这首散文诗韵律、节奏感很强，大声读，读正确。

2. 指名分节读正确。重点读准“镢头”“春笋”“琳琅”“土炕”“辉煌”。

3. 自由练读，读出诗歌韵脚。

板块三：借助资料，读出诗意，熟识延安

1. 默读诗歌，读懂诗意。

（1）默读思考并用“○”圈出：这首诗写了诗人在追寻什么？

（2）反馈分成两类，形成图式。

第一类：延河叮咚的流水、枣园梨花的清香、南泥湾开荒的镢头、杨家岭讲话的会场。

第二类：信念—金色的理想、温暖—明媚的春光、光明—火红的太阳。

（3）补充拓展图片文字及歌曲视频等资料，引导学生理解诗意。

① 听《南泥湾》歌曲。

② 看图片文字资料。

③ 讨论思考：诗人追寻这些地方实际上就是在追寻什么？

追寻“南泥湾开荒的镢头”就是追寻“自力更生、奋发图强”的精神。

追寻“杨家岭讲话的会场和枣园”这些地方就是追寻共产党全心全意为人民服务的精神。

2. 联系前后文，理解“追寻什么”。

作者既是对自力更生、奋发图强、全心全意为人民服务的精神的追寻，还是一种对信念、光明和温暖的追寻。

板块四：自主学习，读出诗情，深识延安

1. 刚才，我们通过自由大声读、同桌合作读读出了诗歌韵味，再通过默读、资料拓展、联系前后文深读读出诗意“诗人在追寻什么”，下面我们继续用这些阅读方式，读读第三至第五节，想想在科技发展迅猛的今天，我们为什么要追寻延安?

2. 学习活动提示。

画一画：自主朗读第三至第五节，画出我们不能忘却的是什么。

读一读：默读资料袋，想一想诗歌中的事物代表的是什么。

议一议：联系前后文和资料袋，和组员讨论我们为什么不能忘记这种精神。

3. 交流反馈。

总结：诗歌中常常用一种事物代表一种精神，进而表达诗人的想法。联系阅读材料说说“温热的土炕、宝塔山的脊梁”代表的是什么。

4. 举一反三，对比仿说。

（1）出示延安古今对照的更多图片，选择句式对比仿说：

① 我们永远告别了 ________；却忘不了 ________________。

② 我们毫不犹豫丢掉了 ____________；却不能丢掉 ______________。

（2）总结：所以我们追寻延安，就是在追寻什么？（追寻幸福的生活、现代化的生产力、光明的未来、和谐的社会。）

（3）男、女生有感情地朗读，发现对比的写法。

5. 为什么要去追寻？失去延安精神就意味着失去什么？句式练说：

一旦失去了你啊，那就 ________________________________。

6. 诗人把自己对延安的追寻比作什么？

7. 有感情地朗读全诗。

四、作业布置

1. 朗诵全诗。

2. 继续寻找与延安相关的资料，用对比手法写写延安精神。

（温州市永嘉县瓯北第二小学　鲍小珍）

四年级上册

第八单元：概括策略

单元教学说明

一、人文主题与单元要素

本单元的语文要素是“了解故事情节，简要复述课文”“写一件事，能写出自己的感受”，要求关注主要人物和事件，学习把握文章的主要内容，培养简要复述课文的能力，并关注作者是如何把一件事情写清楚的。

本单元共安排了三篇课文，引导学生学习简要复述课文的多种方法，从而提升概括复述能力。除此之外，还有《口语交际：讲历史故事》《习作：我的心儿砰砰跳》以及《语文园地》。

二、阅读策略说明

学生在三年级、四年级上册第二单元课文学习的基础上，已经初步了解了故事的特性，初步具备用词语概括句子或段落的主要内容，根据插图或关键词讲述故事的能力。同时，四年级的学生已经具有一定的提炼信息和整合信息的能力，能较完整地讲述小故事，简要讲述自己感兴趣的故事情节或者所见所闻。本单元，学生学习简要复述课文的多种方法，提升概括复述能力，进而有效落实“了解故事情节，简要复述课文”的语文要素。这能为学生进入高年级进一步学习创造性地复述课文，奠定坚实的基础。

三、策略教学内容与教学建议

本单元的三篇课文都安排了复述内容，循序渐进地安排了复述能力的训练，梯度要求更明晰。

从单元内部看，《王戎不取道旁李》一课引导学生借助注释，用自己的话讲讲这个故事；《西门豹治邺》课后习题提供复述支架，根据故事内容归纳小标题梳理故事的情节，并抓关键词简要复述故事；《故事二则》借助表格，抓住几个方面的内容，从文中提取关键信息，并将其串联起来，引导学生简要复述课文。

本单元所学的阅读策略，在《语文园地》的“交流平台”中对简要复述要点进行了梳理和总结，并在《口语交际》中做了进一步的拓展和延伸。《语文园地》有五个板块：“交流平台”“识字加油站”“词句段运用”“书写提示”“日积月累”。其中，“交流平台”呼应了本单元的阅读策略，对关键词句、关键信息，概括、提炼故事内容的策略进行了总结。同时，引向课外阅读，让学生通过提炼信息、整合信息，概括主要内容，复述叙事性作品。在平时的教学中，教师应加强对复述课文的指导，使学生熟练掌握复述方法，提升语文素养，使教学更高效。

四、教学时间安排

内容	第 25 课	第 26 课	第 27 课	口语交际	习作	语文园地
课时（h）	2	2	1	1	2	2

（宁波市鄞州区第二实验小学　方敏芬）

25 王戎不取道旁李

文本解读

《王戎不取道旁李》是第八单元开篇课文，该单元主题是了解故事情节，感受人物形象，并且能注意顺序和详略，简要复述课文。全篇共49字，讲的是七岁的王戎通过观察分析推测出路边的李子是苦的，因此不和其他孩子一起去摘李子，其他孩子最后验证了王戎的想法是正确的。文章在写作时不是直接介绍王戎的聪明，而是写了其他孩子“竞走取之”的表现，与“唯戎不动”形成对比，反衬了他的机智。学生平时比较少接触小古文，在阅读断句上可能会出现困难，在个别字的理解上也会存在偏差，所以在教学中应指导学生读通小古文，读懂小古文，读出小古文的韵味，并且指导学生通过注释理解小古文的意思，感受王戎的机智。

策略提点

一、学生已有阅读经验分析

这是小学阶段学生接触到的第一篇文言文，学生阅读经验较少，不做具体的逐字理解要求。

二、教学策略教学建议

基于学生的实际情况，主要结合课后习题，选择借助停顿线以及注释读通、读懂小古文，着力引导：（1）放手尝试读，再根据停顿提示读好文言文；（2）碰到不理解的字词，借助课文提供的注释，整体理解课文；（3）结合注释复述这个故事。

教学活动设计

一、教学目标

1. 通过范读、练读以及借助停顿线朗读等多形式多层次朗读，读通小古文。

2. 借助注释，通过与现代词义相比较，理解“尝”“唯”“竞”“信”等词语的意思，感受小古文与现代文的异同，通过推论与联结理解“之”的一词多义，并读懂小古文，借助译文背诵小古文。

3. 通过补白“人问之，汝何不……”进行言语实践。还原场景，感受王戎的聪明机智以及善于观察分析的优秀品质，复述故事。

二、教学过程

第一课时

板块一：联结已有经验，了解文言文

1. 释义文言文：我们现代人写的文章都是用普通话，也叫白话文；而这篇是古人写的文章，用的是文言，也叫文言文。

揭题：学生读课题，识记“戎”。

2. 这篇课文和我们平时学的课文有什么区别？（简练，但更难懂。）

板块二：多形式多层次朗读，读通文言文

1. 释题。

2. 尝试读，读正确。

（1）读几遍后，你有什么感觉？

（2）学生提出比较难读的句子。

指名朗读，评价，相机出示停顿提示予以纠正。

（3）范读。请学生看着停顿线再次练读。

（4）指名朗读，读完学生评价、交流，纠正读错的地方。

（5）多种形式练读（男生读，女生读，男、女生比赛读），同桌互评，激发读文言文的兴趣。

板块三：结合注释，读懂文言文

1. 再读课文，自主理解并质疑：读懂了哪个字，哪个词，或哪一句话？有什么不懂的地方，旁边打个小问号。

2. 了解注释：文言文比白话文难懂，所以有些字的意思，编者会在下面给出解释，这就是注释。

3. 比较个别字义与现代文的异同。

拓展："儿童急走追黄蝶，飞入菜花无处寻"中，"走"的意思也是"跑"；"信"，现代文的意思是"相信，诚信"，古文的意思是"的确"。

小结：当我们理解出现困难时可以借助注释，这是理解古文的好方法。（板书：借助注释。）

（4）齐读几个字的意思，再放到句子中读一读。

4. 理解"之"的一词多义。

（1）课文中有一个字出现了多次，圈出来。

（2）读一读，放到语境中理解，看看这个"之"分别是什么意思。

（3）在古文中"之"是一个代词，能指代不同的意思。

对比"送孟浩然之广陵""王戎：'竹林七贤'之一，自幼聪慧"中的"之"。这两个"之"分别是什么意思？

小结：“之”在古文中经常出现，而且一词多义，如果我们想正确理解它的意思就要联系上下文进行推论以及联结已有经验。（板书：推论与联结。）

5. 看着上面的古文以及关键词串联起来说说课文讲了一件什么事。

游—竞走取之—唯戎不动—苦李—信然

自由练说，指名说。

7. 再次朗读课文：配乐朗读，读出古文韵味。

第二课时

板块一：画面补白，情境朗读

1. 齐读课文。

2. 古文的语言非常精练，这篇文章总共就49个字，里面省略了很多的内容，需要我们发挥想象力。

出示句子：“人问之，答曰：‘树在道边而多子，此必苦李。’”

（1）省略了什么内容？

（2）大家会怎么问？引导：能不能用文言文来问问看？在古文中“你”称作“汝”，“为什么”就一个字：“何”。

（3）给提示——人问之：“汝何不……”

（4）情境对话。我们来还原当时的情境，请同学来问一问、答一答。

（5）理解“此必苦李”的原因。追问：“戎，为何树在道边而多子，此必苦李？”

（6）感受王戎形象：大家来夸一夸王戎。

3. 课文中还有很多地方可以看出王戎的机智。再读一读课文，从文中找找证据。

这是一种什么写法？齐读王戎的话，读出他的善思。

4. 补充资料，进一步了解“王戎”。

板块二：创设情境，把故事讲生动

文言文非常精练，省略了很多的语言、动作、心理活动。接下来让我们把古文转换成现代文，把故事讲给不同的人听。

1. 创设情境，讲给爷爷奶奶听。讲给老人听，要用浅显易懂的话。

2. 创设情境，把故事讲给小弟弟小妹妹听，讲给小朋友听。要讲得生动形象有趣，有画面感。

板块三：基于理解，背诵文言文

1. 借助翻译的现代文尝试背诵这篇课文。看着这些注释提示背诵。

2. 去掉注释背诵。

板块四：拓展延伸，激趣阅读文言文

1. 回忆学习这篇文言文的时候用了哪些方法来读懂文言文。

2. 总结（板书）：

猜想意思、借助注释、推论联结

3. 我们用同样的方法来尝试学习文言文《咏雪》。

四人小组合作。合作要求：

（1）先读一读，个别字词借助现代文猜想意思。

（2）碰到困难看上面的锦囊妙计。（留意注释袋。）

（3）派代表说一说这篇文言文的意思。（教师相机补充。）

四、作业布置

《王戎不取道旁李》和《咏雪》这两篇文章皆选自《世说新语》，该书有 1000 多则文言文。大家课后可以读一读。

（宁波市鄞州区第二实验小学　王娇娇）

26 西门豹治邺

文本解读

这是一篇精读课文，出自《史记·滑稽列传》，原人教版教材题目为《西门豹》，由于故事只讲述了西门豹在治理邺时的故事，故统编教材中题目做了修改，能更好地概括故事内容。

故事发生在战国时代，讲的是魏王派西门豹管理邺这个地方，他巧施妙计，和群众一起破除迷信，兴修水利，带动当地经济发展。课文刻画了一个为老百姓做好事、办实事的古代地方官形象，赞扬了他反对迷信、尊重科学的品质。本课是一篇经典的民间故事，按照事情发展的顺序，先写了西门豹到达邺后的所见，通过调查研究弄清原因，接着写如何惩治巫婆和官绅，最后略写兴修水利。本课大量运用人物对话展开情节，因此，理解人物对话是理解课文和把握主要内容的关键。

对于四年级学生来说，他们对故事充满兴趣，但阅读经验还不足，复述故事及体会人物品格时，往往会表达啰唆，主次不分。因此引导学生通过提炼信息，整合信息，把握文章的主要内容，复述大意，感受人物形象，体现了课标有关概括能力培养的目标。

同时，第二学段阅读概括能力的训练，直接影响第三学段阅读能力的发展，因此除引导学生厘清课文的条理，初步概括文章的主要内容外，还应引导理解、加工和运用，从而进入深层的概括——概括文章的中心思想、人物特点、写作特点等。本课学习中，在把握故事情节的基础上，借助反复朗读对话，更好感受人物的品质就是深层概括的尝试。

策略提点

一、学生已有阅读经验分析

这是四年级上册第八单元第二篇课文。在三年级、四年级上册第二单元课文学习的基础上，学生已经初步了解了故事的特性和学习故事的一般要求：把握故事情节，体会人物品质。同时，四年级的学生已经具有一定的提炼信息和整合信息的能力，能较完整地讲述小故事，简要讲述自己感兴趣的故事情节或者所见所闻。

二、阅读策略教学建议

基于文本的特点，结合本单元要求，着重选用概括策略，从学生已有经验出发，可着力引导：（1）借助小标题，理清故事思路；（2）借助课后习题提示，简要复述故事内容；（3）抓住人物言行，深入体会人物品质。

教学活动设计

一、教学目标

1. 会读“豹”“芜”“娶”“媳”等13个生字，会写“豹”“魏”“派”“媳”“妇”等生字词语，运用想象画面和联系上下文、生活实际等多种方法理解“田地荒芜”“人烟稀少”“面如土色”等词语的意思和“闹”字在不同语境中的意思。

2. 正确流利有感情地朗读课文，根据故事内容归纳小标题概括课文大意，并抓住关键词简要复述故事内容。

3. 抓住西门豹的语言，感悟“话中有话”，体会他惩治恶人的巧妙，学习抓住人物言行表现人物品质的写法。

二、课前准备

PPT 课件。

三、教学过程

第一课时

本节课着重落实教学目标一、二。

板块一：人名揭题，引导课题质疑

1. 介绍有趣的姓氏。

2.（出示西门豹图）今天我们就来学习一篇课文《西门豹治邺》，同学们看到课题获得了哪些信息，还想了解什么。

板块二：理清脉络，简要概括大意

1. 带着刚才的疑问，大家快速地读读这篇课文。

2. 交流，学习字词。

3. 理清脉络，师生共同概括小标题。

4. 抓住课文中的关键词语，我们就能概括出文章中每一部分的内容，把它们串联起来就是我们课文的主要内容，请大家试着来说一说。

加上“先”“然后”“最后”等表示顺序的词语。同桌互相说一说，点评。

板块三：以读促悟，了解事件原因

1. 默读课文，边读边画，看看西门豹是怎样进行调查的，完成下面表格。

（1）交流，根据学生回答完成表格。

西门豹（询问）	老大爷（回答）
为什么田地荒芜，人烟稀少	河伯娶媳妇闹的
这话是谁说的	巫婆说的
新娘是哪儿来的	老百姓家的女儿
漳河发过大水没有	没有发过，还年年闹旱灾

（2）结合上下文理解字义“闹”。

（3）再现表格，西门豹通过调查，终于明白了邺贫穷的原因，你发现了吗？从这里可看出西门豹是个什么样的人？

（4）指导抓重点词语读对话，读出人物心情。

板块四：设置悬念，激发学习兴趣

1. 西门豹为什么不立即惩治巫婆和官绅？这句话在文中起什么作用？

2. 他是怎样完成魏王派给他的任务的？下节课我们接着学习。

第二课时

本节课着重落实教学目标二、三。

板块一：抓关键词，品读语言之妙

1. 分角色朗读西门豹与老大爷的四次对话。

2. 回顾邺地田地荒芜、人烟稀少的原因。（河伯娶媳妇闹的、年年闹旱灾。）

通过朗读来体会西门豹语言的“妙”：让我们带着自己的体会一起读读吧！（指名读，齐读。）

小结：刚才学这个句子的时候，我们用上了哪些好方法？（抓关键词、有感情地朗读、联系上下文理解、边读边体会。）

板块二：深入品读，学讲故事

1. 请看学法提示，谁来读一读？（指名读。）

读一读：自由朗读第十至第十五自然段。

画一画：用“______”画出西门豹说话巧妙的句子并多读几遍。

写一写：品味西门豹说话的表面意思和实际用意，写出你的体会。

2. 师生合作，感受一下西门豹语言的巧妙。

3. 齐读所有对话，理解西门豹的语言和行为既救出了新娘，又惩治了巫婆和官绅，还教育了百姓不要迷信。

4. 用波浪线把官绅们的表现勾画出来。

抓住这些关键词，简要说说西门豹巧妙地惩治巫婆、官绅的过程吧！

各自练说、指名说，大家评价，全班逐步完善和明确评价的标准：用品读中的关键词语说清事情过程；口齿清楚，语言流畅；态度大方，声音响亮。

板块三：研读结尾，品味人物形象

1. 齐读课文的最后一个自然段。

2. 想象一下，昔日（田地荒芜、人烟稀少）的邺地，如今在西门豹的带动下是什么样的？由此看出，西门豹是一个怎样的人？（板书：智慧过人。）

3. 魏王也要给西门豹一旨嘉奖令：你能帮他补充完整吗？

西门豹做邺令以来，惩治了（巫婆）和（官绅），破除了（迷信），开凿（渠道），治理有方，百姓称赞他是（　　）的人。特此嘉奖。

板块四：回顾全文，简要复述故事

1. 现在让我们看着黑板上的关键词，借助小标题，完整地讲一讲这个有趣的历史故事。

2. 指名讲述，师生点评。

3. 每个同学把这个故事的内容完整地跟同桌说一说，说完也这样互相评一评。

四、作业布置

这节课我们抓住关键词、串联小标题的形式概括了故事内容；并在此基础上，抓住人物语言，深层次地概括了西门豹的人物形象。其实像这样精彩的历史故事还有很多，比如《草船借箭》《将相和》《田忌赛马》，选择一个，用小标题的形式概括主要内容。

（宁波市鄞州区第二实验小学　邬晶）

27 故事二则

文本解读

统编教材四年级上册第八单元《故事二则》是一篇略读课文，包含了《扁鹊治病》《纪昌学射》两篇寓言故事。

《扁鹊治病》取材于战国时名医扁鹊的传说故事，讲述了扁鹊多次拜见蔡桓公，并劝诫他及时医治自己的疾病，但蔡桓公坚信自己无病，导致最后病入膏肓。故事警示人们要防微杜渐，善于听取别人的正确意见。《纪昌学射》则讲的是纪昌拜飞卫为师学习射箭，飞卫告诫他先要下功夫练眼力，并指点练习方法。纪昌一一照做，成了百发百中的射箭能手。故事以生动的事例阐明了无论学什么技艺，都要从学习这门技艺的基本功入手。

四年级的学生通过之前的学习已经明白寓言的特点为小故事里蕴含着大道理。此时，阅读教学注重对学生概括能力的培养。在教学中，为降低概括课文的难度，教师可以引导学生从提炼关键词入手，结合本单元的训练重点“学习简要复述课文内容”，抓住文中关键信息，概括、提炼故事的内容，练习、学会讲故事是本文学习的重点。同时，以课文为出发点，把学生的目光引至课外阅读中，引导他们大量阅读“中国故事”，进一步激发读书的兴趣。

策略提点

一、学生已有阅读经验分析

学生在二年级、三年级的学习中已经接触过寓言，知道什么是寓言和学习寓言的一般要求：了解内容，明白寓意。并且能初步用词语概括句子或段落的主要内容，能根据插图或关键词讲述故事，能简要叙述自己感兴趣的所见所闻。

二、阅读策略教学建议

基于文本特点，结合课文导语及《语文园地》要求，着重选用概括策略，从学生已有经验出发，可着力引导：（1）借助课题，捕捉文章关键内容，筛选关键问题，试讲故事；（2）借助表格，提取关键信息，串联内化，学讲故事；（3）在读懂故事的基础上，抓住关键词，理解寓意。

教学活动设计

一、教学目标

1. 借助预习单、课堂交流，读准“拜见”“蔡桓公”“纪昌”“几剂汤药”等字音。通过出示图片，理解“梭子”“虱子”这两个词语。

2. 通过巧借课题，捕捉文章关键内容，筛选关键问题思考，简单概括、复述课文主要内容，借助表格，提取关键信息串联，尝试复述故事，提炼寓言寓意。

二、课前准备

PPT 课件，学习单。

三、教学过程

板块一：检查预习，疏通生字

1. 结合预习单，指名朗读词语。

2. 适时指导“妻子”“虱子”“梭子”轻声朗读，结合图片理解“虱子”“梭子”。

板块二：把握课题，简要概括

1. 今天我们先学习第一则寓言，他和一位名医有关。（揭题《扁鹊看病》）

2. 请根据课题，结合自己的预习，用一句话来说说这则故事的内容。

3. 课题帮我们提炼了课文最关键的内容，如果要了解这个故事，一般还要知道什么？

板块三：借助问题，简要复述

1. 下面我们就带着这些问题，自由朗读课文，待会简要说说这个故事的内容，看看大家是否弄明白了刚才提出的问题。

预设：扁鹊多次拜见蔡桓公，并劝诫他及时医治自己的疾病，但蔡桓公坚信自己无病，不肯从医，导致最后病入膏肓，无药可救。

2. 这些就是这个寓言故事的主要内容。回忆一下，我们是怎么把主要内容说清楚的？

补充：这种方法可以称之为问题串联法。

板块四：抓住关键，学具体讲故事

1. 快速从文章中找出表示时间的词语，用“______”画出来，按照先后顺序填在课堂学习单的表格内。

2. 出示表格。

时间	蔡桓公得的什么病	扁鹊的方法	能否治好	蔡桓公的态度

3. 学生交流。

4. 结合之前提出的问题，学生自由读课文第一、第二自然段并试着填写第一次治病过程。（提示：提取关键词语。）

5. 引导学生用自己的语言将表中所填的第一行的关键词连起来说一句通顺的话。

第一天	皮肤	敷烫	能够治好	不相信

借助表格，围绕表中的关键词来组织语言，还可适当加上自己的理解，这样能讲得更通顺、连贯。填后面的内容也可以用这种方法。

6. 同桌合作，继续完成表格，并汇报交流。

PPT 出示要求：

（1）根据课文，抓住关键词，依次填写表格。

（2）模仿第一次讲述的方法，大声练习。

（3）实在有困难的可以借助课文。

7. 交流学习成果。

8. 通过表格，明确寓意。

（1）（标红第二、第三行）读一读，你发现了什么？（要防微杜渐。）

（2）第五行——学会听取别人的劝告。

板块五：小组合作，迁移运用

1. 通过刚才的学习，你又学会了哪些讲故事的好方法？

2. 对于《纪昌学射》，结合课题，你能说说有什么问题吗？

3. 结合学习单，小组合作：① 根据大家提出的问题，模仿之前所学，自行设计表格；② 默读课文，根据表格提炼信息，小组交流完成；③ 合作“彩排”，练讲故事；④ 选择表格关键信息，提炼寓意。

时间	向谁学习	如何学习	学得怎么样

4. 学生交流完成表格，教师指导关注寓意。

5. 同学们在讲故事的过程中，可以把课文的第一句和最后一句串联在故事中，使得我们的故事更加完整、清楚。

四、作业布置

课后，我们还可以把其中一个自己喜欢的故事，结合肢体语言、语音语气的变化，声情并茂地讲给自己的爸爸妈妈听。

（宁波市鄞州区第二实验小学　张路）

四年级下册

第二单元：推论策略

单元教学说明

一、人文主题与语文要素

本单元的语文要素为“阅读时能提出不同的问题，并试着解决”“展开奇思妙想，写一写自己想发明的东西”。

本单元共安排了3篇课文，有《琥珀》《飞向蓝天的恐龙》和《新奇的纳米技术》，学习“通过科普性文章的阅读，借助推论策略，学习提出问题、解决问题的方法”。除此之外，还有《口语交际：说新闻》《习作：我的奇思妙想》《语文园地》和《快乐读书吧》。

二、阅读策略说明

本单元在三年级上册“预测”策略、四年级提问策略的基础上，着重学习“从提问到解疑，得出推测的策略”。通过本单元的学习，学生进一步强化运用阅读策略的意识，习得推测的方法，有效提升学生信息搜集整理、准确传达、连贯讲述等能力，并能结合生活经验、联系上下文、查资料等方法来解决问题。

三、策略教学内容与教学建议

本单元对“阅读时能提出不同的问题，并试着解决”做了有层次的安排，《琥珀》重在学习“了解推测的意思，找到推测的依据”；《飞向蓝天的恐龙》重在学习“借助推测处理信息，把过程讲清楚”；《新奇的纳米技术》重在学习“通过搜集资料，在处理信息的基础上能够创造新的信息，有新的理解”。除此之外，在课后练习中，编者紧紧围绕“提出问题、解决问题”来展开。例如：教学《琥珀》和《新奇的纳米技术》时，可以通过联系生活实际、查资料等方法来理解课后习题；教学《飞向蓝天的恐龙》时，可以借助联系上下文的方法，通过列提纲来把演化过程讲清楚。在《语文园地》的

“词句段运用”栏目中，运用推论策略去“研究词句”“推敲文本”，运用熟悉的事物做比较，让学生更容易理解。

本单元的3篇课文都要求学生能够提出问题，并借助推论策略解决问题。在解决问题的过程中，检验学生是否能够准确传达信息，是否能够清楚连贯讲述过程，是否能够搜集整理信息并创造出新的信息。教学中，教师要帮助学生理解推论的意思，并习得推论的方法，总结基本模式：提出问题—寻找依据—合并归类—形成观点。要遵循四个推测原则：① 由浅入深；② 由具体到抽象；③ 由共性到个性；④ 由线形到多维形。学生通过整理归纳来提出问题，进行推测，解决问题。

本单元所学的“提出问题、解决问题的方法”，在《语文园地》的“交流平台”中进行了总结，教师可借助一些阅读资料，让学生在阅读实践中运用学过的这些策略，读后与同伴交流，总结方法，并在《快乐读书吧》中进行拓展和延伸。“词句段运用”有两个内容：一是读词语，说说新含义；二是读句子，初步学会运用熟悉的事物做比较。

四、教学时间安排

内容	第5课	第6课	第7课	口语交际	习作	语文园地	快乐读书吧
课时（h）	2	2	2	1	3	2	1

（宁波市章水镇中心小学　雷佩佩）

5 琥　珀

文本解读

《琥珀》是德国作家柏吉尔写的一篇说明文，也称科学小品文。作者由一块稀世珍宝琥珀，展开大胆合理的想象，采用生动传神的语言，推测了这块琥珀的形成过程。文章布局严谨，语言生动形象，逻辑推理严谨，条理清晰，真实与想象相结合。

教学时一方面可引导学生体会描写真实情景的语言的简洁性，了解说明文的语言特点；另一方面可引导学生学习推论策略，发展思维能力，激发想象力和创造潜能，逐步养成实事求是、崇尚真知的科学态度。

策略提点

一、学生已有阅读经验分析

通过三年级尤其是三年级上册第四单元的学习，学生已经了解了关于童话阅读预测猜想的学习方法。本篇课文是科学小品文，课前学生预习课文，搜集有关琥珀的资料。学习课文时可运用已有的语文学习方法，如看题目、看插图、联系生活进行学习。

二、阅读策略教学建议

基于文本特点，结合课后习题，着重选用推论策略，从学生已有的经验出发，可着力引导：（1）根据课题预测琥珀是怎么形成的；（2）从文中找到依据，再用自己的语言说说琥珀形成的过程；（3）理解“推测”的意思，联系琥珀形成过程，说说作者的推测依据。

教学活动设计

一、教学目标

1. 正确认读“琥”“珀”“脂”“拭”“掸”“晌”“渗”7个生字；通过联系上下文、观察字形，理解“推测”“拂拭”等词语的意思。

2. 正确流利有感情地朗读课文，小组合作，了解琥珀的形成过程。

3. 阅读文本，推测科学家是怎样进行想象的，感受科学小品文生动形象的想象和科学严谨的推测相结合的表达特点。

二、课前准备

PPT课件，有关琥珀形成的微课，学习单。

三、教学过程

第一课时

本节课着重落实教学目标一、二。

板块一：通过阅读，说清课文大致内容

1. 激趣导入。

观察“琥珀”这两个字，都是什么偏旁？再读读这一组带王字旁的词，有什么相同或相似之处？

2. 揭示课题，预测猜想。

3. 播放琥珀形成的微课。

4. 初读课文，整体感知，要求：读准字音，读通句子。相机纠正读音。

5. 带任务读，全班交流。

课文主要讲了什么内容，分几部分？（完成学习单）

松脂球的形成（第一至第十自然段）

琥珀化石的形成（第十一至第十二自然段）

琥珀被发现（第十三至第十七自然段）

琥珀的样子（第十八自然段）。

板块二：再读课文，推测琥珀的形成，感受语言的科学性

1. 请在文中找出描写琥珀样子的段落。（学生读最后一个自然段）

这段中哪些句子是作者直接看到的，哪些句子是想象出来的？

2. 科学家柏吉尔根据这块奇异的琥珀做了很多科学的推测。再读课文，小组讨论找到松脂球形成的原因。这么珍贵的琥珀到底有哪些形成要素呢？作者写文章有什么特点？

快速浏览第一至第十自然段，找到琥珀形成的几个因素，写下来。

3. 完成表格并在小组内交流分享。

请借助表格，用自己的话说说这块琥珀是怎样形成的。

板块三：默读课文，初步感受语言的艺术性

1. 科普作家顾均正先生说："科学小品文是科学与艺术化合成的结晶体。"（齐读）从这句话中可以知道科学小品文不仅有科学性，还有艺术性，这篇文章有趣、生动，那么形象的语句在课文中的哪一部分呢？

请品读课文第一至第十自然段。找到你喜欢的文字，自主学习，默读故事，找出一处描写生动形象的语句与大家分享，并说明原因。

2. 小组交流。

3. 随机指导朗读。

4. 指导书写生字新词。

5. 完成作业本相关作业。

第二课时

本节课着重落实教学目标二、三。

板块一：找出作者推测的依据，获得感悟

1. 上节课我们一起跟随作者了解了这块琥珀形成所必需的几个条件，这块琥珀的形成过程是作者想象推测出来的，但实际上又是有依据的。它还要经过什么条件才能成为现在我们看到的这块珍贵的琥珀呢？从文章里找出来。

2. 小组交流，汇报反馈。

小结：经历陆沉水漫、松树的腐烂和泥沙的淹没，最后形成了松脂球化石，也就是琥珀。

4. 作者推测到陆地沉下去、海水漫上来是根据什么呢？

请大家分角色朗读第十三至十七自然段，感受父子发现琥珀化石时的欣喜。

板块二：感受琥珀的珍贵，学了《琥珀》有什么启示

1. 这块琥珀到底有哪些价值？

预设：这块琥珀很珍贵，很有价值——科学研究价值、艺术鉴赏价值、经济效益……

2. 学习了《琥珀》一文后，你还有哪些有关琥珀的问题要问？

板块三：发挥想象，根据这个琥珀推测可能发生的故事

1. 把今天学到的知识用到写作中（出示文中琥珀插图），请大家拿出笔，根据这幅琥珀图进行合理的想象和推测，学习作者严密生动的推理语言，推测可能发生的其他故事，用 15 分钟的时间编写一个小故事。

2. 交流、分享学生的故事。

四、作业布置

《琥珀》选自《乌拉波拉故事集》，还有好多有趣的科学小故事藏在这本书里。有兴趣的同学可以在课后读一读。

附：学习单

《琥珀》学习单

班级：________ 姓名：________

任务一

课文分段	
对应自然段	文章内容

任务二

	序号	条件
松脂球形成	1	
	2	
	3	
	4	
	5	
	……	

任务三

小故事（合理的推测和想象）

（宁波市章水镇中心小学　许寒利）

6 飞向蓝天的恐龙

文本解读

《飞向蓝天的恐龙》是一篇知识性说明文，主要介绍了科学家们根据研究提出的一种假说：鸟类很可能是一种小型恐龙的后裔。这个证实假想的过程，也向学生开启了一扇探索古生物的科学之门，唤起他们对科学的浓厚兴趣。

知识性文本往往语言很精练，提供的讯息相较于叙事性文本较不充足，增加了学生在理解上的困难。针对这一点，教师可以有意识地强化学生利用上下文克服生难字词，同时继续学习推论观点、想法的阅读策略。

策略提点

一、学生已有阅读经验分析

四年级学生大部分能结合上下文和生活实际了解课文中词语的意思，能借助读物中的图画推想故事的相关情节，会根据语境推断和想象内容。结合生活经验来看，恐龙不是生活中的动物，但是学生可以从书籍、电视、网络等多种渠道收集、了解许许多多感兴趣的有关恐龙的信息。

二、阅读策略教学建议

四年级学生思维的严密性和深刻度有了很大的发展，并逐步有了自己的见解和想法。基于学生和文本特点，着重选用推论和 KWL 的阅读策略，从学生已有的经验出发，可着力引导：（1）根据经验、上下文猜测与推论，掌握“庞大家族”“形态各异”“凶猛异常”“五彩斑斓”“身体轻盈”“凌空翱翔”“点睛之笔”“茹毛饮血”“毋庸置疑”等词语的含义；（2）利用 KWL 策略，了解课文内容和恐龙演变过程；（3）抓关键词句进行推论，知道知识性说明文的阅读重点。

教学活动设计

一、教学目标

1. 根据经验、上下文猜测与推论，掌握“庞大家族”“形态各异”“凶猛异常”“五彩斑斓”“身体轻盈”“凌空翱翔”“点睛之笔”“茹毛饮血”“毋庸置疑”等词语的含义。

2. 利用 KWL 策略，了解课文内容和恐龙演变过程。

3. 抓关键词句进行推论，知道知识性说明文的阅读重点，激发学生热爱科学和探索科学的兴趣。学习运用推论策略，进行拓展阅读。

二、课前准备

教师准备视频资料等，并制作多媒体课件。

三、教学过程

第一课时

本节课着重落实教学目标一、二。

板块一：利用猜测推论，掌握词语含义

1. 看视频猜测，导入新课。

2. 介绍作者。（出示图片、文字介绍）

徐星，中国古生物学家，被国际古生物学界公认为“发现恐龙最多的中国科学家”“最有前途的新一代古生物学家之一”。

送你们一句名人名言作为鼓励吧！

没有大胆的猜测，就做不出伟大的发现。——牛顿（学生齐读）

今天这节课，我们要用推论的方法跟着课文去探索科学奥秘。（板书课题，学生齐读。）

读了课题，你产生什么疑问？我们可以怎么解决？

3. 根据经验、上下文猜测与推论，掌握字词含义。

（1）根据已有知识和经验，了解以下词语的意思。

庞大家族　形态各异　凶猛异常　五彩斑斓　身体轻盈　凌空翱翔

（2）利用推论法，了解以下词语的意思。

点睛之笔　茹毛饮血　毋庸置疑

你们是猜的，还是推理的？从文中找到证据证明。（相机板书：找到证据。）

小结：刚才我们根据一定线索，在课文里找证据进行分析整合判断，最后得出结论，这样的阅读策略就叫作推论。（板书：根据线索、得出结论、推论）这节课我们就用这种方法进行阅读。

4. 长句、难句的朗读指导。

提示：朗读时要注意标点符号和停顿。

板块二：融入 KWL 策略，了解课文内容

1. 关于恐龙，你们在读这篇文章之前，有哪些了解？

2. 对于这篇课文，你想学什么？

3.（学生再读课文）透过这篇课文，学到什么新的知识？

预设：

（1）课文主要内容，可找出文中的一句话概括：在中生代时期，恐龙的一支经过漫长的演化，最终变成了凌空翱翔的鸟儿。

（2）演变过程。

板块三：探究课文内容，学习推论策略

1. 恐龙能演化成飞向蓝天的鸟类，你信吗？（板书：提问题）

2. 根据学生回答，小结：读这样的说明文，我们不要轻易接受作者的观点，要看一看他讲的理由充不充分，到文本中去找找证据。（板书：找证据）

预设两条依据：早在 19 世纪，英国学者赫胥黎就注意到恐龙和鸟类在骨骼结构上有许多相似之处。20 世纪末期，我国科学家在辽宁西部首次发现了保存有羽毛印痕的恐龙化石，顿时使全世界的研究者们欣喜若狂。

恐龙演变成飞向蓝天的鸟儿经过了两亿年，你认为对还是错？

指导：读说明文，对重要数据要具备敏感度，如“两亿三千万年前”“亿万年前”“数千万年后”等。复习说明方法：列数字、举例子、作比较、打比方。

3. 指导练习课文生字新词的书写。

4. 完成作业本有关练习。

第二课时

本节课着重落实教学目标二、三、四。

板块一：继续探究内容，学习推论策略

1. 今天这节课，我们继续学习科普性说明文《飞向蓝天的恐龙》。

2. 你能将四幅图重新排序吗？

预设：第一幅是一只瘦小的恐龙；第二幅是始祖鸟；第三幅是长有羽毛的恐龙；第四幅是一个庞大的恐龙家族。

3. 再次回归文本，浏览课文第四自然段，请按恐龙演化的阶段给文章分层，在文中标上序号。（第四自然段很长，分层是有效理解演变过程的阅读方法。）

4. 你觉得课文中的插图画得对吗？

预设：找到“一支”“一些”“一种”这些表示实在意义的虚词，来证明插图是准确的；透过虚词“一支”，了解本课主要概念“演化”一词的意义；虽然本课所有虚词没有实在的意思，但是删除或保留，就会呈现完全不一样的作用与效果。

5. 反思过程，小结学习。

请大家回忆一下学习课文的过程，说说我们是用什么方法来学习课文的。

预设：根据线索→找到证据→得出结论。

小结：我们根据一定的线索，对文本进行分析整合判断，最后得出结论，这样的阅读策略就叫作推论。

板块二：同类阅读延伸，拓展运用策略

1. 拓展阅读，迁移运用。

现在我们也运用这样的推论策略、科普文学习的方法自己学习说明文。（提供文章《麋鹿》。）

学生自主阅读。

2. 让学生根据《麋鹿》填写一张 KWL 表格。

K	W	L
关于麋鹿，我以前就知道的	关于麋鹿，看了《麋鹿》之后所知道的	关于麋鹿，我想进一步了解的

	左图是麋鹿吗？	证据

3. 小组学习，组内交流。

4. 全班交流，互相评价。

5. 总结：我们读科普性说明文的时候可以用推论的策略阅读。

四、作业布置

《恐龙的秘密》也是一本科普读物，课外可以用推论的策略去阅读。

（宁波市章水镇中心小学　戴豪亮　邵东霞）

7 纳米技术就在我们身边

文本解读

《纳米技术就在我们身边》是一篇趣味性的科学小品文，介绍了纳米技术的特点和作用，并预测未来的生活将会因为新奇的纳米技术而产生深刻的变化。文章语言简洁、条理清晰、通俗易懂，让学生在探究纳米技术带来的好处的同时，感受纳米技术的神奇，激发对未来世界的思考。

作为科学小品文，有关科学术语的运用及相关定义的界定在所难免，这在一定程度上加深了学生的阅读难度。针对这一点，教师在课堂上可以有意识地培养学生运用联系生活经验、联系上下文等方法，推测出相关词句的意义，并利用推论策略理解课文内容。

策略提点

一、学生已有阅读经验分析

四年级学生基本能结合上下文和生活实际了解课文中词语的意思，能根据语境推断和想象相关内容。同时他们开始转变思考问题的方法，偏重对自己喜欢的事物进行分析思考，他们的思维更趋严密，见解也更有深度。从生活经验来看，学生对纳米技术的相关知识知之甚少，但他们对与纳米相关的科学知识又很感兴趣。

二、阅读策略教学建议

基于科学小品文的文本特点，结合课后练习题，着重选用推论策略，从学生已有的经验出发，可着力引导：（1）尝试运用逐层推测，了解“纳米技术、纳米涂层”等短语概念、课文结构及内容；（2）抓住关键词句进行推论，探究纳米技术带来的好处，感受纳米技术的神奇；（3）学习利用推论策略，根据文章的内容提出自己的设想，并进行拓展阅读。

教学活动设计

一、教学目标

1. 联系生活经验、上下文，尝试猜测，理解“微米”“纳米”“杀菌”“除臭”“癌症”“病灶”等科技术语的含义。了解“纳米技术”“纳米涂层”等短语概念、课文结构及内容。

2. 抓住关键词句进行推论，探究纳米技术带来的好处，感受纳米技术的神奇，激发对未来世界的思考。

3. 学习运用推论策略，根据文章内容提出自己的设想，并进行拓展阅读。

二、课前准备

教师准备米尺等教具；制作多媒体课件。

三、教学过程

第一课时

本节课着重落实教学目标一、二。

板块一：利用推论猜测，了解词语含义

1. 画图猜测，导入新课。

在黑板上分别画 1 米、1 分米、1 厘米 3 条线段。

凭借生活经验，推测这 3 条线分别有多长，说出依据。

今天我们要学习的是一种特殊的长度单位——纳米。（出示课题，学生齐读）同学们，当你看到这个标题，有什么疑问？最想知道些什么？

2. 通过单位换算，进行感性推测，大致理解“微米”和“纳米”两个词语的概念。

1 米 ÷1000 = 1 毫米 ÷1000 = 1 微米 ÷1000 = 1 纳米

3. 检查预习情况。

（1）同桌互听、互读、互评。互相抽读课文，认真听，互相评：字音是否读准，课文是否读流利。

（2）根据已有知识和经验，说说“杀菌”“除臭”“癌症”“病灶”等词语的意思。

板块二：学习逐层推测，理解核心概念

1. 纳米这个实实在在存在的度量单位，我们的肉眼却看不到，从文中哪些地方可以感受到？

预设依据内容：

（1）纳米是非常非常小的长度单位，1 纳米等于 10 亿分之一米。（用了列数字的方法。）

（2）如果把直径为 1 纳米的小球放到乒乓球上，相当于把乒乓球放在地球上，可见纳米有多么小。（用了作比较的方法。）

（3）纳米技术的研究对象一般在 1 纳米到 100 纳米之间，不仅肉眼根本看不见，就是普通的光学显微镜也无能为力。（用了举例子的方法。）

2. 理解了“纳米”单位的小，你能猜猜以下和它有关词语的意思吗？

出示：纳米涂层、碳纳米管、纳米吸波材料、纳米检测技术、纳米机器人、纳米缓释技术。

学生根据对“纳米”的理解，结合生活经验和上下文内容，互说短语意思。

3. 所有这些关于纳米的神奇特性，我们可以统称它们为——纳米技术。

出示句子：纳米技术就是研究并利用这些特性造福于人类的一门学问。

运用缩句的方法先理解：纳米技术是一门学问。

再理解“研究并利用这些特性”，即指这些新奇的技术。

借助示意图进行推理，理解纳米和纳米技术的概念。

板块三：借助词句提示，整理结构内容

1. 这篇科学小品文主要描述对象是纳米技术，课文写了关于纳米技术的什么呢？请同学们默读第一自然段和最后一个自然段。

2. 思考：为什么纳米技术会给人类带来深刻的变化？

默读课文第二至第四自然段，并画出每段中心句。

结合首尾两个自然段的内容，以及每段的中心句，思考本文的结构及主要内容。

预设：总分总结构，课文介绍了纳米技术的特点和作用，并预测未来的生活将会因为新奇的纳米技术而产生深刻的变化。

4. 指导练习课文生字新词的书写，完成作业本有关练习。

第二课时

本节课着重落实教学目标二、三。

板块一：探究课文内容，学习推论策略

1. 阅读文本，出示句子。

这种纳米级的物质拥有许多新奇的特性，纳米技术就是研究并利用这些特性造福于人类的一门学问。

思考：纳米的特性有什么新奇之处？科学家利用这些新奇的特性发明了什么？

2. 让我们再次走进文本，去找找相关的语句。

3. 细读第三自然段，填写表格，感受纳米技术的新奇。

名称	特性（新奇之处）	作用
纳米涂层	杀菌、除臭	使食物保质期、保鲜期更长
碳纳米管	结实、非常轻	坐上“碳纳米管天梯”到太空旅行
纳米吸波材料	吸收掉探测雷达波	雷达看不见隐形战斗机

（1）小组学习，组内交流。

（2）全班交流，相互评价。

（3）正因为纳米科技有这般新奇的特性，才有了作者这样的感叹——（齐读）21 世纪必将是纳米的世纪。

板块二：继续探究内容，推测填补空白

1. 细读第四自然段，围绕“纳米技术可以让人们更加健康”这句话感受纳米技术的新奇，并完成表格。

名称	特性（新奇之处）	作用
纳米检测技术	灵敏	实现疾病的早期检测和预防
纳米机器人	无	通过血管直达病灶，杀死癌细胞
纳米缓释技术	无	让药物效力缓慢释放

2. 我们发现文中并没有出现“纳米机器人”和“纳米缓释技术”的特性。请根据我们的生活经验和上下文内容，推测下它们的特性。

现在请小组交流你们所推测的内容，相互评价推测是否合理，请说说理由。（学生互说互评。）

通过给课文内容“补白”的推测方法，让学生在具体语境学习中进一步提高推测的能力。

3. 如果让你利用纳米技术，你会把它运用到生活的哪些地方？发挥想象说一说。

选用句式：我想利用纳米技术发明（　　），它神奇的特性是（　　），它能够（　　）。

全班交流评价，评选出“最新奇的纳米技术”奖。

4. 反思过程，小结学习。

预设：

先依据线索，再找到证据，最后得出结论。

运用生活经验，联系上下文，对未知内容进行推测“补白”等。

板块三：同类阅读延伸，拓展运用策略

1. 拓展阅读，迁移运用。

关于纳米技术的科学小品文还有许多，现在我们也运用推论策略以及说明文学习的方法自己学习说明文。（提供文章《神奇的纳米》。）

2. 学生自主阅读。小组学习，组内交流。

3. 全班交流，互相评价。

4. 总结学习：读了这两篇文章，我们发现它们相同的地方——

预设：

它们都是科学小品文。

它们都通过实例表现了纳米技术的神奇。

我们在理解文章的时候都用推论的策略来理解内容。

……

四、作业布置

以四人为一小组，查阅报纸、杂志，或上互联网查阅资料，每个小组做一份以纳米科技为主要内容的手抄报。

（宁波市鄞江镇中心小学　翟肖肖）

语文园地二

文本解读

《语文园地二》由三部分内容组成，分别是“交流平台”“词句段运用”和“日积月累”。“交流平台”引导学生对本单元的学习重点——遇到不懂的问题该怎么解决进行回顾和梳理。“词句段运用”分为两部分内容，一是结合生活实际理解在原有含义上衍生出新含义的词语和近年新出现的词语；二是仿照例句——通过和熟悉事物进行对比，即用说明文中作比较这一方法介绍一个自己熟悉的事物。“日积月累”部分编排的是唐朝诗人刘禹锡的《竹枝词》，本首诗优美易读懂，所搭配的插图能帮助学生更好地理解诗句的意思。

《语文园地二》是整组课文学习过后的一个回顾总结和拓展提升，学生经过前面课文的学习，对本单元的知识重点有了清晰的认识和掌握，能更好地帮助学生巩固知识同时适当提升语文素养。

策略提点

一、学生已有阅读经验分析

在三年级学习时，学生已经接触过在阅读时提出不懂的问题，本单元要求学生不仅要提出不懂的问题同时还要尝试进行解决。经过前面三篇精读课文的学习，学生已经初步学会在阅读时提出不懂的问题并能尝试运用各种方法进行解决。

二、阅读策略教学建议

《语文园地》的性质区别于精读课文，因此教学时教师应该放手，更多地让学生自己进行回顾、梳理和小结，利用小组合作，进行思维碰撞；引导学生着重结合自己生活中已有的经验和知识积累。

教学活动设计

一、教学目标

1. 小组合作，结合本单元课文的学习交流单元学习重点，巩固梳理如何解决遇到的不懂的问题。

2. 联系生活实际，能从“桌面”“窗口”“潜水”“文件夹”“云技术”“多媒体”“克隆”“互联网”中选择感兴趣的词语进行理解，并与同学进行交流。

3. 能仿照例句，运用作比较的说明方法介绍自己熟悉的一个事物。

4. 品读古诗《竹枝词》，能正确、流利、有感情地朗读，能结合图片和生活经验，读懂诗句所描写的场景。

二、课前准备

多媒体课件。

三、教学过程

板块一：学习“交流平台”

1. 本单元，我们重点学习了如何在阅读时提出问题，并尝试进行解决。可以怎么解决呢？自由阅读“交流平台”的内容进行提炼。

2. 学生自由朗读“交流平台”的内容，提炼解决的方法。

3. 交流方法：联系上下文、结合生活经验、查资料和请教别人。

4. 小组合作回顾：本单元三篇课文的学习，我们用到了哪几种方法，解决了哪些在阅读时遇到的问题？

（1）小组进行交流。

（2）全班进行分享。

5. 拓展延伸：在日常阅读时，有没有遇到过难题，是用什么方法来解决的？（学生自由交流。）

板块二：学习“词句段运用”

（一）词语理解

1. 日常生活中，我们会接触到很多词语，有些存在已久却又有了新的含义，有些是近年新出现的。

2. 出示词语：桌面、窗口、潜水、文件夹；云技术、多媒体、克隆、互联网。

指名读，全班齐读。

3. 发现这两组词语的特点了吧。你了解这些词语的意思吗？联系自己的生活经验，分别从第一组和第二组词语中各选一个自己知道的，和你的同学进行交流。

4. 同桌交流。

5. 全班交流。

预设：

（1）桌面。

原有含义：桌子上用来放东西的平面。

新的含义：进入计算机的视窗操作系统平台时，显示器上显示的背景叫作桌面。

（2）窗口。

原有含义：窗户。

新的含义：计算机操作系统中的窗口应用程序，包括文档窗口和对话框。

（3）潜水。

原有含义：钻入水中。

新的含义：在他人不知情的情况下，隐秘地观看共享信息或留言，而不主动表露自己身份、发布信息和回复他人信息的单独个体或行为。

（4）文件夹。

原有含义：用来保存文件的夹子。

新的含义：计算机系统中存放在一起的一组文件的目录。

（5）云技术：在广域网或局域网内将硬件、软件、网络等系列资源统一起来，实现数据的计算、储存、处理和共享的一种托管技术。

（6）多媒体：可用计算机处理的多种信息载体的统称，包括文本、声音、图形、动画、图像、视频等。

（7）互联网：由若干计算机网络相互连接而成的网络。

（8）克隆：比喻复制（强调跟原来的一模一样）。

6. 小结：生活中，我们会遇到许多词汇，在理解的时候可以联系生活实际与经验。

（二）仿写

1. 出示文中的三组句子，学生自由朗读。

2. 比较读：出示去掉加点词后的句子，指名对比读。

（1）地球上的第一种恐龙和狗一般大小，两条后腿粗壮有力，能够支撑起整个身体。

地球上的第一种恐龙，两条后腿粗壮有力，能够支撑起整个身体。

（2）如果把直径为 1 纳米的小球放到乒乓球上，相当于把乒乓球放在地球上，可见纳米有多么小。

如果把直径为 1 纳米的小球放到乒乓球上，可见纳米有多么小。

（3）有一种叫作“碳纳米管”的神奇材料，比钢铁结实百倍。

有一种叫作“碳纳米管”的神奇材料，很结实。

全班交流：用上加点词的好处是能让人更加清楚明了地体会到所描写事物的特点。

小结：这种写法是说明文常见的方法——作比较，把所描写的事物和熟悉的事物进行比较，更容易让人明白。

3. 请你用作比较的方法，照样子介绍一个事物，写一写。

（1）学生自由进行小练笔。

（2）指名读一读小练笔，师生点评。

板块三：学习“日积月累”

1. 今天我们要来学习唐代诗人刘禹锡的《竹枝词》。

2. 简介“竹枝词”：“竹枝词”是流行于古三峡地域的一种民歌，含思宛转，清韵悠远，音调和谐，明朗欢快。人们在劳作之余，成群结队在江边、堤畔吹笛、击鼓，边唱边舞，抒发内心的感情，驱散一天的疲劳，是三峡人民最喜爱的娱乐方式。刘禹锡在夔州，经常见到这种场面，极为欣赏，因而填写了许多《竹枝词》，今天我们要学的就是其中广为流传的一首。

3. 学生自由朗读古诗，指名读。

4. 结合图片和生活经验理解诗句，大致说说诗句的意思。

5. 这首诗中藏着一种有趣的天气现象，你发现了吗？

（1）引出“太阳雨”，学生结合自己的生活经验说说自己看到过的“太阳雨”。

（2）播放视频《太阳雨》。

6. 朗读全诗，背诵积累。

四、作业布置

将本单元学到的方法运用到课外阅读之中。

（宁波市章水镇中心小学　崔叶）

四年级下册

第三单元：联想策略

单元教学说明

一、人文主题与语文要素

本单元的人文主题为“诗歌，让我们用美丽的眼睛看世界”。语文要素为“初步了解现代诗的一些特点，体会诗歌的情感”“根据需要收集资料，初步学习整理资料的方法”“合作编小诗集，举办诗歌朗诵会”。

本单元共安排了4篇课文，《短诗三首》《绿》《白桦》为精读课文，《在天晴了的时候》为略读课文。除此之外，还有《综合性学习：轻叩诗歌的大门》及《语文园地》。

二、阅读策略说明

本单元是诗歌单元，通过诗歌阅读的一些方法体会情感、了解写法。4篇课文各有侧重：《短诗三首》着重通过朗诵，了解诗歌的韵味；《绿》通过想象来体会情感；《白桦》意在了解意象及咏物诗的特点；《在天晴了的时候》引导学生了解诗歌的形式。诗歌语言凝练，富有想象，适合进行联想策略的学习。

三、策略教学内容与教学建议

本单元对诗歌学习的要求提高了，要求初步了解现代诗的一些特点，体会诗歌表达情感的方法。《短诗三首》从学生已有生活经验入手，体会诗歌的韵味和情感，感受诗歌的魅力，爱上现代诗；《绿》着重通过朗读和想象来进行教学，从学生已有经验出发，引导学生理解为何风、雨、水、阳光都是绿的，为何所有的“绿”会按着节拍飘动；《白桦》结合课前收集的资料，引导学生感受意象，了解咏物诗特点，想象画面，感悟诗歌内涵，体会诗歌情感；《在天晴了的时候》结合课前导语，引导学生边读边想象，理解“绽透”“晕皱”的意思，借助雨后的四种景物理解诗歌内容，体会拟人化的写法，把握全诗结构，模仿文中雨后景物的写法，写一写自己看到过的雨后天晴的景象。

诗歌的教学，着力于朗读，欣赏诗歌的意象、意境，体会诗歌的情感，培养学生的鉴赏能力。诗歌主观性强，有很大的多元理解的空间。要鼓励学生有自己的理解，也要纠正学生的臆造。

《语文园地》有四个栏目："交流平台""识字加油站""词句段运用""日积月累"。"交流平台"总结了诗歌的特点：结构感强；语言表达独特；饱含情感。"词句段运用"要求学生并不一定模仿诗行的排列形式，可以用非常简单的、罗列意象的方法来试写。

四、教学时间安排

内容	第 9 课	第 10 课	第 11 课	第 12 课	综合性学习	语文园地
课时(h)	2	2	2	1	1	2

9 短诗三首

文本解读

这是一篇精读课文，由三首现代诗构成。三首短诗都出自冰心的《繁星》。

《繁星》是冰心在印度诗人泰戈尔《飞鸟集》的影响下写成的第一部诗集，诗集收入了诗人1919年冬至1921年秋所写小诗164首，最初发表于北京的《晨报》。《繁星》是将一些“零碎的思想”收集在一起。第一首短诗是对母爱和童真的歌颂，与颂扬母爱紧密相连的，便是对童真、童趣、童心及一切新生事物的珍爱。第二首短诗通过书写大海，感受人与自然的美好，同时也有对人生的思考和感悟。第三首短诗把母爱、童真、自然融为一体，感情诚恳深沉，给人以无穷的回味。

四年级学生要初步了解现代诗的一些特点，通过不同形式的反复朗读、情境创设、补白想象、补充资料等策略，通过探究学习，发现现代诗歌的特点：朗朗上口，富有节奏，蕴含丰富想象，饱含真挚情感。同时开展综合性学习，收集、摘抄喜欢的现代诗，注意写清楚作者和出处，感受诗歌的魅力。

策略提点

一、学生已有阅读经验分析

这是四年级下册第三单元第一篇课文，之前学生已经学过古诗、诗歌的基础形式，对诗有了一定的了解，但是现代诗接触较少。

二、阅读策略教学建议

基于现代诗特点，结合课后习题，着重选用联系的策略，从学生已有生活体验入手，引导学生：

（1）体会诗歌的韵味；

（2）通过朗读学习诗歌，联系自己的生活体验，体会诗歌的情感；

（3）感受诗歌的魅力，爱上现代诗。

教学活动设计

一、教学目标

1. 认识“漫”“涛”两个生字，读准“啊”“膝”等音变和易误读字音，指导“繁”字书写，理解“漫灭”“思潮”等词语。

2. 初步了解现代诗的特点，能通过反复朗读诗歌体会作者表达的情感，并联系自己的生活体验，体会诗歌的韵味。

3. 在综合性学习中，收集、积累自己喜欢的现代诗，感受诗歌的魅力。

二、课前准备

PPT 课件，预习单，学习单。

三、教学过程

第一课时

本节课着重落实教学目标一、二。

板块一：朗读想象，体会《繁星》（七一）

一、比较朗读，读出节奏

学生朗读《繁星》（七一）和《游子吟》。

1. 比较思考：现代诗与古诗之间的异同。

2. 发现特点：发现无韵诗句式相同、节奏相仿的特点。

3. 读出节奏：指导朗读“母亲的 / 膝上 /”，引发思考。

同学们除了发现现代诗的节奏，还发现了现代诗的什么特点呢？

二、朗读想象，体会情感

1. 朗读指导：教师示范朗读，学生展开想象。

指导破折号和“中”“下”“上”停顿并增加音长，仿照朗读。

2. 理解词语：通过想象理解“永不漫灭”的含义。

预设：（1）难忘。因为能让作者把回忆写下来应该很难忘。

（2）不会消失。因为“灭”就是消失的意思，应该就是永远不会消失。

鼓励学生结合已有知识和生活经验理解词语。出示“漫灭”的意思，指导读音和书写。

3. 情景朗诵：教师引导学生，想象情景。

预设：（1）作者这些永不漫灭的回忆发生在哪里？看着这几句诗歌的排列，想象当时的情景，有什么感受？

（2）“月明的园中……”那是个怎么样的地方？请展开想象，为大家描述下吧。

4. 分享回忆，诉说体验。

PPT 出示，说一说：

> 在一个天气晴朗的夜晚，天上挂着一轮明月，我坐在小院的藤萝树下，趴在妈妈的膝上＿＿。

5. 品悟月明，体会情感。

月是中国人心中的共同的情怀。举头望明月，月明时分又寄托着作者怎样的情感？

母亲给予我们生命，养育我们长大。谁言寸草心，你在母亲的膝上感受到什么呢？（感受母爱，背诵积累。）

板块二：联系生活，品读《繁星》（一五九）

一、联系生活，想象“风雨”

1. 想象“天上的风雨”是怎样的景象？想象“风雨”景象。（预设：狂风暴雨、倾盆大雨、暴雨如注……）

2. 想象“心中的风雨”又是遇见了什么事情呢？（预设：困难、挫折、痛苦……）

二、有情有思，补白联想

1. 感受“风雨”：在“补白”想象的基础上，感受母亲怀抱中浓浓的母爱。

2. 体会情感：结合作者经历，理解“心中风雨”的内涵。

3. 抓住“躲”字，感受母爱。

通过反复朗读体会情感。

小结：通过两首小诗的学习，边读边联系生活，我们感受了母爱，也初步了解了现代诗的特点。

第二课时

本节课着重落实教学目标二、三。

板块一：利用情景，悟情《繁星》（一三一）

1. 播放海浪声音，指导情景朗读，体会作者对大海的挚爱之情。

2. 补充资料，让学生体会大海给作者写作带来的灵感与思考。

出示：

“我的童年是在海边度过的。我特别喜欢大海，所以，在我的早期作品中经常有关海的描写。”——《冰心自传》

“每次拿起笔来，头一件事忆起的就是海。”——《往事》

引导学生体会：大海是作者写作灵感的源泉，是心灵寄托的地方，作者对海眷恋、感激……

3. 品读诗歌，发现特点。

预设：（1）三个排比句。都是“哪……没有？”句式。

（2）发现韵脚——“光”“香”“响”。

伴着海浪声，引导学生诵读诗歌，感受诗歌的魅力，内化背诵。

板块二：情动辞发，仿写《繁星》

1. 仿写诗句，唤起自我感受。

这些事——
是永不漫灭的回忆，
（　　）的（　　），
（　　）的（　　），
（　　）的（　　）。

2. 朗读仿写，小组评价。

3. 小结《繁星》。

四、作业布置

通过这节课的学习，同学们联系已有的知识和经验展开联想，读了现代诗，体会了诗中的情感。下面请看今天的作业——

1. 朗读现代诗集《繁星・春水》，摘录喜爱的现代诗写清作者和出处（工整地写在学习单上），和家人或朋友一起分享。

2. 准备班级诗歌朗诵会。

（浙师大附属衢州市白云学校　许燕喃）

10 绿

文本解读

这是一篇精读课文，也是一首现代诗歌，作者是艾青。诗歌朴素、凝练、想象力丰富，描绘了到处都是绿色的生机盎然的画面。

这篇课文以生动的比喻开头，唤起了我们的想象；从深浅浓淡写出了绿色的丰富；诗人没有写具体的事物，而是围绕“绿”，展开了丰富的想象，用独特的描写方式表达了对美好大自然的喜爱和赞美之情。

四年级学生思维活跃，想象力比较丰富，喜欢简洁而明快的诗歌。这首诗朗朗上口，语句优美，能让学生在反复诵读的过程中，初步感受诗歌的魅力，理解诗人所表达的情感。

学生对诗歌独特的表达方式可能会存在一些疑惑。可以在熟读的基础上，圈一圈感到疑惑的词语，然后想一想，通过想象的方法，使其恰当地具体化，之后比较是具体的事物还是抽象的描述更好，以此了解诗歌艺术化的表达效果。

策略提点

一、学生已有阅读经验分析

之前教材中分散出现的一些现代诗，要么是阅读链接，要么是略读课文，学习要求不高，主要是让学生初步感知。本单元对诗歌学习的要求提高了，要求初步了解现代诗的一些特点，体会诗歌的情感。

二、阅读策略教学建议

基于文本特点，结合课后习题，着重选用联想策略进行教学，从学生已有经验出发，可着力引导：（1）根据自己的理解，有感情地朗读诗歌；（2）发散想象，理解为何风、雨、水、阳光都是绿的，为何所有的“绿”会随着节拍飘动；（3）拓展学习《西湖漫笔》选段中关于“绿”的词语或短句，勾连想象，交流感受。

教学活动设计

一、教学目标

1. 会读“挤”“叉”两个生字，会写“瓶”“叉”“挥”“墨水瓶”“墨绿”“嫩绿”“淡绿”“粉绿”“集中”“交叉”“舞蹈”“教练”“指挥”“整齐”“节拍”等生字词语。

2. 借助提问单，针对诗歌疑惑处展开讨论，了解诗中出现的这些“绿”可能指什么，理解为何所有的“绿”会按着节拍飘动，有感情地朗读课文，背诵课文。

3. 拓展学习《西湖漫笔》选段中关于“绿”的词语或短句，勾连想象，交流感受。

二、课前准备

PPT 课件，作业本，诗朗诵配乐《火宵之月》。

三、教学过程

第一课时

本节课着重落实教学目标一、二。

板块一：词语重组，理解词义

1. 同学们，你们最喜欢什么颜色？诗人艾青，他很喜欢绿色，并且写了一首诗。大家一起读课题：绿。

2. 朗读诗歌，整体感知。

（1）自由朗读。诗歌离不开朗读，请同学们自由朗读，注意读准字音。

（2）评读。请两位同学来朗读，同学们认真听，并且评一评。

（3）品读。认真听朗读录音，说说你的感受。

3. 图片引入，学习词语。

（1）出示图片一（三叶草）、图片二（叶子），请学生说一说这些颜色。

（2）大自然是位神奇的画家，调制出了千千万万种颜色来描绘我们的世界。在这首诗中，诗人用了哪些词语来描述绿色？

预设：

墨绿　浅绿　嫩绿　翠绿　淡绿　粉绿　绿得发黑　绿得出奇（PPT 出示词语，齐读。）

试着从课文的插图中找一找这些颜色，说给同桌听。（词语巩固）

（3）根据课文，选择词语，填入段落，读一读。（PPT 出示）

集中　墨水瓶　交叉　整齐

这些颜色来自哪儿？来自（　　）吗？哦，不是，是来自大自然。这些颜色并不会单独出现，有时会（　　）出现；它们排得并不会很（　　），有时会（　　）重叠在一起。

4. 指导写字，突出重点。

（1）观察田字格中的生字，描红关键笔画。

（2）小组交流，选一个小组汇报。

板块二：提问引思，理解诗意

1. 借助插图，解读诗歌（第二、第四小节）。

如果让你为《绿》配插图，你会怎么画？为什么？

你觉得文中的这幅插图合适吗？说说理由。

小结：

（1）插图与诗相符：第二小节表现了绿的颜色多样性，第四小节表现了绿的分布多样性。

（2）抽象的图案，更能激发我们的想象。

2. 提问引思，激发想象（第三、第五小节）。

（1）出示提问统计表。

白云四（6）班学生对《绿》的提问统计表

提问的内容	第一小节	第二小节	第三小节	第四小节	第五小节
提问人数（总人数：42）	7	17	31	3	6

（2）PPT 出示：

刮的风是绿的，

下的雨是绿的，

流的水是绿的，

阳光也是绿的。

追问：是真的吗？是事实吗？是作者眼睛看到的吗？

总结：这些是诗人的想象，是诗人独特的感受和丰富的想象。初次读来，觉得疑惑不解的地方其实恰恰是诗人巧妙的表达方式，值得我们深思与探究。

追问：诗人为什么要这样写？请同学们思考，我们下节课一起交流。

第二课时

本节课着重落实教学目标二、三。

板块一：发挥想象，品读诗意

1. 听朗读，想象画面：闭上眼，听诗歌朗诵。一边听，一边想象。

2. 同桌交流想象的画面。

3. 请学生分享。

小结：《绿》这首诗写的是大自然的景象，更是诗人的独特感受和丰富的想象。虚实结合，韵味无穷。

4. 配乐：配《火宵之月》朗读，读出自己的理解和情感。

板块二：阅读链接，想象迁移

1. 阅读材料，关注新奇之处。

（1）阅读《西湖漫笔》，标出新奇的部分（画“！”）或不明白的地方（画“？”）。

（2）联系生活，交流感受。

预设：

①我觉得“绿意扑眼”这个词很奇怪。绿意怎么会扑眼呢？

②我觉得“绿得发黑”用得好，写出了墨绿色，或者是那种黑中带点绿的颜色。

2. 发挥想象，理解文段。

（1）画出描写绿的词语、句子。

绿意扑眼、苍翠欲滴、绿得发黑、绿得发蓝、绿到了石头缝里……

（2）说说最喜欢哪个描述，说明理由。

预设：

① 我喜欢“绿到了石头缝里”这个描述，很新奇。我想，它是指青苔长到了石头缝里吧。

②我也喜欢“绿到了石头缝里”。因为这让我想到了之前去外婆家，外

婆家门口的石头上就长满了青苔，一片绿色。我想，诗人是想表达这个意思。

点评：特殊的表达更能激发你的联想。由诗，联系自己的生活经验，由生活经验，又来帮助理解诗歌。

小结：诗人用这些非常规的表达方式，带给我们很多的想象和触动。这就是诗歌的魅力。

3. 用韦恩图比较异同。

说说《绿》和《西湖漫笔》的共同点和不同点，自主完成韦恩图和同桌交流。

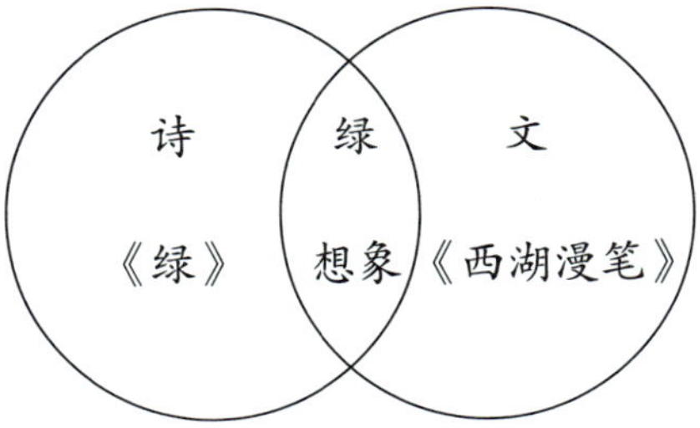

4. “绿”字迁移，品评风味。

从古至今，描写“绿”的诗句还有很多，我们一起来看看这些诗句，你最喜欢哪句？

应是绿肥红瘦。——［宋］李清照《如梦令》

春风又绿江南岸，明月何时照我还。——［宋］王安石《泊船瓜洲》

千里莺啼绿映红，水村山郭酒旗风。——［唐］杜牧《江南春》

5. 图片想象，激发创作。

出示图片（粉红的城堡），引导学生，写下想到的词语、句子。

学生组内交流，评出最具想象力的词句。

四、作业布置

1. 将《绿》改写成一篇短文，可以加入自己的想象。

2. 试着运用想象，写一篇短文或一首小诗。

（浙师大附属衢州市白云学校　方萍）

11 白桦

文本解读

这是一篇精读课文，是俄国著名诗人叶赛宁的咏物抒情诗。这首诗原是人教版教材六年级上册第六单元《综合性学习：轻扣诗歌的大门》中的一首，现改为统编教材四年级下册第三单元第三篇课文。

诗歌以白桦为中心意象，从不同角度描写它的美。满身的雪花、雪绣的花边、洁白的流苏，在朝霞里晶莹闪亮，披银霜，绽花穗，亭亭玉立，丰姿绰约，表现出一种高洁之美，是高尚人格的象征。白桦也是俄罗斯的国树，它生性耐寒，又通体银白，气质高雅，所以诗人对白桦的礼赞中更包含着对民族的热爱和对祖国的炽烈情怀。

这首诗前两节重在描摹白桦的外在形象，后两节重在表现白桦的内在气质。为了突出白桦的形象气质，作者从多方面、多角度或正面刻画，或侧面烘托，力求塑造的形象鲜明、生动。

诗歌采用四行一节的形式，各节偶句押韵，读来音韵回环和谐，如一首欢快的乐曲。加之作者在字里行间充溢着对白桦由衷的喜爱、赞美和崇敬之情，使这种欢快之情增加了几分深沉。

策略提点

一、学生已有阅读经验分析

这是四年级下册第三单元第三篇课文，在本单元前两篇课文学习的基础上，学生已经初步了解了现代诗歌的一些特点，能根据诗文内容体会诗歌情感，并尝试着根据需要收集资料，摘抄现代诗歌。

二、阅读策略教学建议

基于文本特点，结合课后习题，着重选用联想策略，从学生已有经验出发，可着力引导：（1）结合课后习题的短语，想象画面，加深对诗歌的理解；（2）进行多种形式的朗读，品味诗歌韵味；（3）联结生活经验和背景资料，感悟诗歌内涵，体会诗歌情感。

教学活动设计

一、教学目标

1. 会读“绣”“潇”“绽”“朦”“胧”等8个生字，会写“桦”“涂”“茸”“绣”“潇”“穗”“潇洒”“寂静”“朝霞”等生字词语，运用联系上下文、生活实际等多种方法理解“徜徉”“姗姗来迟”“白雪皑皑”等词语的意思。

2. 有感情地朗读诗歌，并根据关键词想象画面，体会诗歌的内涵与情感。

3. 尝试写一写诗歌，将自己的感受表达出来。

二、课前准备

教师准备 PPT 课件，学生课前收集关于作者及白桦树的资料。

三、教学过程

第一课时

本节课着重落实教学目标一、二。

板块一：背景介绍，铺垫意象

1. 出示白桦的图片，分享课前收集的关于白桦的资料。

小结：原来白桦还是俄罗斯的国树，是这个国家民族精神的象征。

2. 今天我们要学习的诗歌题目就叫作《白桦》，作者是叶赛宁。课前，我们收集了一些关于作者的资料，和大家分享一下吧！

小结：对作者和这首诗歌的背景了解可以为我们后续的诗歌阅读理解提供帮助。

板块二：小组合作，掌握字词

1. 课前同学们都已经完成了预学单，接下来我们通过小组合作的形式，解决本课难读、难写的生字词。

预学单

自学生字词：

白桦、毛茸茸、潇洒、花穗、朦胧、寂静、朝霞、徜徉、雪绣、金晖、姗姗来迟、白雪皑皑。

1. 我认为难读的字词有：

2. 我会工整、规范、美观地抄写：

我要提醒大家容易写错的字：

（至少找出三个容易读错的字）语文能力好的学生先说，再由能力一般的说，最后请能力较弱的说。检测反馈。

2. 小组群学，找出本组认为难读、难写的生字词。

3. 小组交流汇报。

预设：

难读的字词：毛茸茸、朦胧、徜徉、白雪皑皑。

（1）“茸”本音为第二声，但在“毛茸茸”这个词中要读轻声。

（2）“朦胧”两个字都是后鼻音，尤其是“朦”字容易读不标准。

（3）“徜徉”两个字都是第二声，“徜”的声母是“ch”，不是“t”。

（4）“皑”是第二声，不要读成第三声。

难写的字：潇、穗、朦、霞。（“小老师”讲解书写难点，并带领学生书空。）

（1）“潇”右边是草字头，右下部分里面是“丿”“丶”，不要写错。

（2）“穗”右上部分不要多加“丶”，右边中间的“丶”不要漏掉。

（3）“朦”右边中间不要漏“一”。

（4）“霞”右下部分不是“口”字，不要封口。

小结：通过小组的合作以及“小老师”的指点，把本课的字词难关都解决了。“小老师”讲解得很细致，其他同学听得也很认真，不但认真记录，还根据本组群学情况进行补充，这是你们集体的智慧结晶，相信字词已经难不倒你们了，那我们就去挑战一下诗歌的内容吧！

板块三：初读诗歌，感知诗情

1. 教师配乐范读，学生感受诗歌韵律。

预设：

诗歌一小节一小节的，所以听起来很有节奏感；

诗歌最后一个字都押韵的，读起来朗朗上口；

感觉老师在读的时候，换小节时停顿的时间会稍微长一点。

2. 学生自由朗读，初步感知诗情。

① 读准字音，读出节奏；② 感受一下，作者想通过这首诗表达什么情感。（PPT 同时出示自读要求。）

3. 学生交流。

预设：

这首诗表达了诗人对白桦的喜爱之情。

我感受到了诗人对自己国家的热爱。

第二课时

本节课着重落实教学目标二、三。

板块一：头脑风暴，丰满意象

1. 介绍咏物诗特点，了解“意象”。

这是一首咏物抒情诗，也就是以一物为描写对象，抓住它的某些特征进行描写，从而抒发情感的诗歌。我们通常把这个描写对象称为诗歌的意象。

2. 头脑风暴，完成气泡图。

看到“白桦”这个词时，你会联想到其他哪些词？把你想到的词填到气泡图里。气泡不够可以自己添。

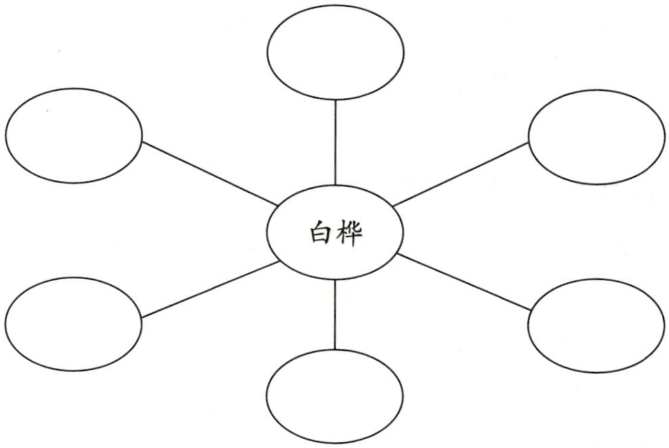

预设：阳光、水、叶子、树干、树枝、小草、小鸟。

你们为什么会想到这些词呢？

预设：

因为这些东西和白桦的生长息息相关。

因为它们是白桦的组成部分。

因为它们可能会存在于白桦附近。

3. 如果让你们在气泡图里填的是颜色词，你会选择填哪些颜色词？为什么？

预设：

白色：因为白桦的树干是白色的。

绿色、黄色：因为白桦的叶子是这两种颜色的。

金色：因为太阳光是白桦生长必不可少的，而阳光是金色的。

4. 你们联想到这些词的时候，内心对白桦的情感是怎么样的呢？

板块二：深入品味，体会情感

1. 咬文嚼字，初探情感（PPT 出示第一节）。

（1）请男生有感情地读一读这一小节内容。

（2）这一小节，诗人写了白桦的什么呢？

预设：写了白桦的颜色；写了白桦的树干。

用了什么修辞手法？你感受到了作者怎样的情感？

（3）请男生再一次有感情地朗读这一小节的内容，体会作者的情感（PPT 出示第二节）。

① 请女生有感情地朗读这小节内容。

② 这一小节，又写了白桦的什么呢？

③ 推敲修辞，品味情感。

（4）请女生带着新的体会有感情地朗读诗歌。

2. 想象画面，再悟情感（PPT 出示第三、第四小节）。

（1）全班齐读这两小节内容。

（2）出示“灿灿的金晖”“晶亮的雪花”“姗姗来迟的朝霞”“白雪皑皑的树枝”“银色的光华”。请联系生活经验，想象这些画面，并选择几个短语，说说它给你留下了怎样的印象，体会到了作者的什么情感。

（3）小结：这两小节中，我们看到了一幅动静结合、色彩斑斓的“晨光白雪白桦图”，作者用了比喻、拟人、衬托等修辞手法，将白桦的挺拔、秀美描绘得淋漓尽致，字里行间无不透露出作者对白桦的喜爱之情。

3. 联结背景，深挖情感。

（1）这首诗仅仅表达了作者对白桦的喜爱之情吗？请大家联系一下课前收集的资料，想一想，作者还想表达什么感情？

（2）请大家伴着配乐，把作者的这种感情用你的朗读表达出来。

板块三：拓展延伸，仿写诗歌

1. 确定意象，选择角度。

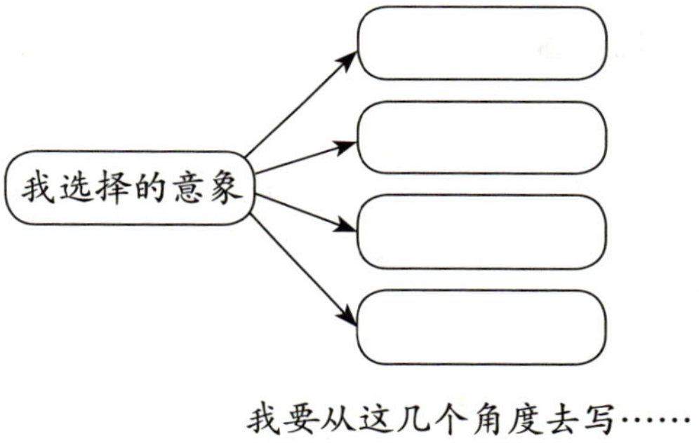

2. 同桌交流，互提建议。

3. 总结。

四、作业布置

1. 你还知道哪些与植物有关的诗？请摘抄最喜欢的一首，和同学交流。

2. 将课堂上的创意想法写成完整的诗歌，注意分行，写完后，和同学交流。

（浙师大附属衢州市白云学校　吴艳丽）

12 在天晴了的时候

文本解读

《在天晴了的时候》是我国现代著名诗人戴望舒的一首小诗，诗歌中主要运用了拟人手法，个别诗句同时运用了比喻的写作手法，全诗基调高亢，给人以清新自然、舒适、恬静之感，表现了作者对大自然的热爱，通过借景抒情的方式激励我们要向诗中自然界的小生命学习，有越挫越勇的气魄去面对生活中的艰难困苦。

这是一篇略读课文，语言流畅清晰，尤其是雨后景象贯穿全文始终，从中体会作者对雨后天晴的向往，可以进行结构仿写训练。

策略提点

一、学生已有阅读经验分析

这是四年级下册第三单元诗歌学习的第四篇课文，学生之前并没有接触过整个单元的诗歌教学，所以重点是初步了解现代诗，体会诗歌的情感，通过诵读、摘抄，仿写，加强对诗歌的理解，但不拔高，重在激发学生学习诗歌的兴趣。

二、阅读策略教学建议

基于文本特点，结合课前导语，着重选用阅读联想策略，从学生实际情况出发，可着力引导：（1）边读边想象，理解“晕皱”的意思；（2）借助雨后的四种景物理解诗歌内容，体会拟人化的写法；（3）把握全诗结构回环的方式，模仿雨后景物的写法，写一写自己看到过的雨后天晴的景象。

教学活动设计

一、教学目标

1. 会读“炫”“垢”“怯”“曝”“赤”“涉”“晕”7个生字，运用联系上下文、生活实际和想象等多种方法理解“晕皱”“阴霾”等词语意思。

2. 借助雨后的四种景物理解诗歌内容，想象雨后天晴的画面，体会拟人化的写法，激发热爱大自然的情感。

3. 模仿诗中四种景物的写法，展开联想，写一写自己看到过的雨后天晴的景象。

二、课前准备

PPT 课件。

三、教学过程

板块一：字词学习，朗读诗歌

1. 揭示课题，齐读课题。

2. 交流预习单。

（1）交流生字词。

多种形式理解词语：①联系生活理解“晕皱”：皱是皱纹，老人脸上就有很多皱纹，那这里是什么起了皱纹？（是溪水）也就是水面上起了波纹。

②换词理解“尘垢”“曝着”：指尘土、污垢；曝着就是晒着、曝晒的意思。

（2）初次朗读诗句。

选择最喜欢的句子读给同桌听。同桌评价，明确评价标准：字音准确，句子读通顺，有轻有重有感情。

（3）整体感知：全诗共 3 小节，每小节写了什么？

板块二：抓住景物，想象画面

1. 自由地读课文，边读边思考：课文中哪些诗句写了雨后天晴时的景物？你能边读边圈出这些景物吗？

2. 合作要求：按小组完成图表，梳理信息，一人主汇报，成员补充。

景物（意象）	拟人化	感受
泥路		
小草		
小白菊		
风蝶儿		

交流汇报，追问多种理解。

情感朗读指导：我们一起读读这 4 种生活中常见的景物，读到你觉得新鲜感的词时声音要有轻有重。

3. 请用波浪线划出动词：洗净、抬起、绽透、抖去、闲游、曝着。读读句子，体会不同。

① 新绿的小草，一下子洗去了尘垢。

② 炫耀着新绿的小草，一下子洗去了尘垢。

同桌尝试把动词删去和加上，评价句子有何不同，从中体会作者心情的畅快欢愉。

4. 理解回环，把握结构。

整首诗除了拟人化的意象以及动态的画面，还有一个结构上的特点，课题“在天晴了的时候”在文中出现了几次？请用横线画出。

板块三：借助修辞，仿写景物

1. 雨后天晴还有哪些景物呢？请参照以下写作锦囊，尝试写一写。

（1）选择景物。

（2）加上修辞，配上动作。

（3）想象合理，积极向上。

2. 学习同学佳作，找到景物的特点。

3. 同桌互相说说要写什么，怎么写。

4. 动笔写。

5. 师生评价。

四、作业布置

请选择一项完成：

1. 课外读一读戴望舒的《雨巷》。

2. 有兴趣的同学可以联系、比较古诗与现代诗写景象的不同之处。

（浙师大附属衢州白云学校　雷梦云）

五年级上册

第二单元：提高阅读速度策略

单元教学说明

一、人文主题与语文要素

本单元的语文要素为“学习提高阅读速度的方法”“结合具体事例写出人物的特点”。

本单元共安排了四篇课文，有《搭石》《将相和》《什么比猎豹的速度更快》和《冀中的地道战》，学习“提高阅读速度的方法”，从而提高阅读效率。除此之外，还有《习作：“漫画”老师》及《语文园地》。

二、阅读策略说明

本单元是继三年级上册“预测”、四年级上册“提问”之后出现的第三个阅读策略单元，着重练习“提高阅读速度的方法”。通过本单元的学习，学生进一步强化运用阅读策略的意识，习得提高阅读速度的策略，有效提升阅读效率，为六年级有目的地阅读奠定基础。

三、策略教学内容与教学建议

本单元对“提高阅读速度的方法”做了有层次的安排，《搭石》重在学习“集中注意力，跳过读”；《将相和》重在学习“连词成句地读，不要一个字一个字地读”；《什么比猎豹的速度更快》重在学习“借助关键词句读”；《冀中的地道战》侧重练习带着问题阅读。除此之外，在课后练习中，编者通过小伙伴的对话提示了多种提高阅读速度的方法：“圈画关键句，捕捉有用信息”“了解课文表达上的特点”“跳读”等；在《语文园地》的“词句段运用”板块中，还通过对话泡泡提示同学“及时概括语句的意思也能加快阅读速度”。

本单元的四篇课文都要求学生独立阅读并记录阅读所用的时间，在检测阅读速度的同时，检验学生是否了解课文的主要内容，是否能够说出课文中给自己留下深刻印象的画面和人物形象。教学中，教师要帮助学生如实记录阅读时间，了解学生的阅读障碍，可借助白色卡片遮挡已读过的文字，并顺着阅读的视线将卡片迅速下移，以此训练学生集中注意力、连词成句地读，从而提高阅读速度。

本单元所学的“提高阅读速度的方法”，在《语文园地》的“交流平台”中进行了总结，并且在“词句段运用”中做了进一步的拓展和延伸。

《语文园地》有三个板块：“交流平台”“词句段运用”和“日积月累”。“交流平台”呼应了本单元的阅读策略，对“提高阅读速度”的策略进行了总结，教师可借助一些阅读资料，让学生在阅读实践中运用这些策略，读后与同伴交流、总结方法。“词句段运用”有两个内容：一是读句子，概括句意；二是读句子，把成语的意思用具体的情境表现出来。通过这样的互逆互补练习，学生在语言实践中经历从具体到概括，又化概括为具体的思维过程，促进迅速理解、具体表达。

四、教学时间安排

内容	第5课	第6课	第7课	第8课	习作	语文园地
课时(h)	2	2	2	2	3	2

（宁波市鄞州区教师进修学校　周步新）

5 搭石

文本解读

本课是统编版教材五年级上册第二单元的一篇精读课文。课文通过对摆搭石、走搭石、让搭石等画面的描写，表现了乡亲们纯朴善良、老幼相敬、一心为他人着想的美好品德，表达了作者对家乡人、家乡事的怀念赞美之情。

作者刘章的文字质朴纯真又简约大气，具有浓郁的乡土气息。本文多用长短句，读起来朗朗上口，充满诗意般的美，适合学生朗读。不过，随着社会的发展变化，即使是在乡下，搭石也已经很少见。缺乏关于“搭石”的背景知识，可能会影响学生对文章的理解，造成一定的阅读障碍。

策略提点

一、学生已有阅读经验分析

从能力发展看，五年级学生已经具备了一定的默读能力，本单元的着力点应该是“提高默读的速度”，使之达到“每分钟 300 字”。

从语文要素来看，统编教材已经安排两次相关阅读策略的学习。本文作为又一阅读策略单元的第一课，教学时有必要唤醒学生已有的阅读经验，同时提出更高的要求——在理解基础上“提高阅读速度”。

二、阅读策略教学建议

基于语文要素和文本特色的解读，本课教学应注意：（1）本课的重中之重是“阅读策略”的习得；（2）在真实的阅读过程中展开学习活动，在交流讨论、经验分享中唤醒真实的阅读体验，激发原有的阅读经验，再适时渗透新的阅读策略，及时小结并迁移运用，最终形成阅读能力。（3）处理好阅读策略习得与内容理解的关系，习得策略是“核心”，内容理解是“载体”，情感体验与语言表达是“结果”。

教学活动设计

一、教学目标

1. 读准“懒”“惰”“稳”“衡”4个生字，会写“汛”“鞋”“隔”等生字词语，运用联系上下文、生活实际等多种方法理解“汛期”“脱鞋挽裤”“人影绰绰”“协调有序”等词语的意思。

2. 通过计时阅读，借助导图了解文章大意，并通过拓展阅读初步掌握提高阅读速度的方法。

3. 通过想象画面、有感情地朗读等方式，品味语言的美，感受乡亲们和谐美好的情感。

二、课前准备

PPT 课件，学习单。

三、教学过程

第一课时

本节课着重落实教学目标一、二。

板块一：试读文本，了解速读方法

1. 浏览单元导读页，了解单元学习目标。

2. 呈现课前提示，了解速读方法。

3. 明确本节课学习任务：通过不回读、不停读，提高阅读速度。

板块二：初读文本，尝试速读

1. 展开速读，完成“速读记录单（一）”。

速读记录单（一）

我的阅读时间约：（　　）分（　　）秒

通过刚才的默读，我了解到：

1. ____________________

2. ____________________

3. ____________________

4. ____________________

2. 阅读反馈。

（1）交流阅读时间和收获。

（2）交流体验，分享经验。

选择速度较快的和收获最大的学生分享阅读经验。

3. 小结速读方法：不回读、跳读等。

板块三：再次速读，感知大意

1. 再次默读，强化速读方法，思考：围绕“搭石”，主要写到了哪些内容？读完后，完成“速读记录单（二）”。

速读记录单（二）

我的阅读时间约：（　　）分（　　）秒

我了解到围绕“搭石”写了这些画面：

搭石

（摆）搭石

（　）搭石

（　）搭石

（　）搭石

（　）搭石

2. 集体交流：展示一位同学的

记录单，其他同学进行补充。

相机理解：脱鞋挽裤、谴责。

3. 修改记录单。

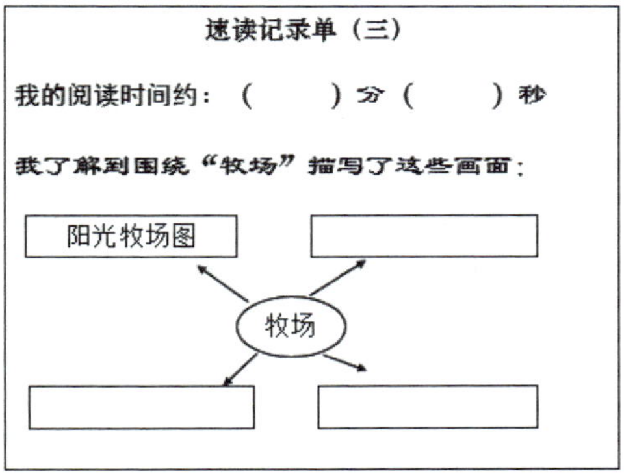

板块四：迁移运用，提高阅读速度

1. 讨论提高阅读速度的方法。

2. 速读《迷人的夏日牧场》，完成“速读记录单（三）”。

3. 交流阅读体验。

第二课时

本节课着重落实教学目标三。

板块一：提炼方法，发现“美”

1. 复习回顾。

（1）怎么提高阅读速度？你有哪些好办法？

（2）围绕“搭石”写到了哪些画面？

2. 寻找最美画面：哪一幅画面给你留下的印象最深呢？请你找出来读一读，谈谈你的想法。

3. 先读一读，再说一说印象深刻的理由。先同桌交流，再集体交流。

板块二：聚焦画面，探究“美”

1. 聚焦“走搭石”：作者是如何展现画面的美的？

2. 交流：

预设 1：声音轻快、踏踏的足音、轻快的音乐。

预设 2：景象和谐、清波漾漾、人影绰绰。

点拨：这几个词有什么特点？这样写有什么好处呢？

预设 3：动作协调、前面抬脚、后面紧跟。

呈现“协”的字体演变图，理解“协调有序”，体会人们配合默契，快而不乱。

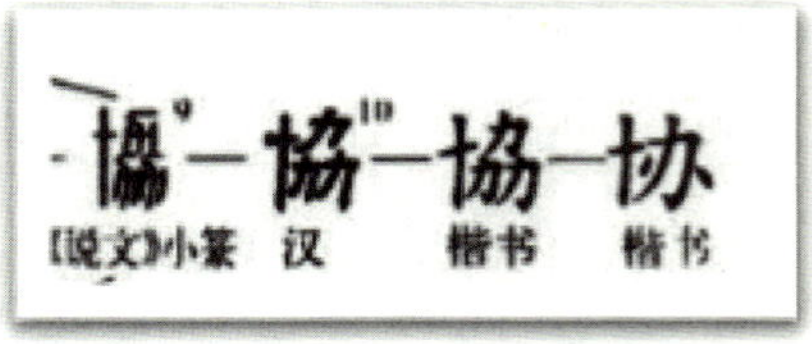

3. 读出画面：这样的美景，如诗如画，让我们一起美美地读一读。

4. 小结：作者通过声音、动作、姿态等方面的描写，写出了走搭石的美，更写出了人们之间的默契与礼让。（相机板书：默契礼让。）

板块三：紧扣画面，体会“美”

1. 用较快的速度阅读文章，读完后，用一两个词概括你印象深刻的原因，填在括号内。

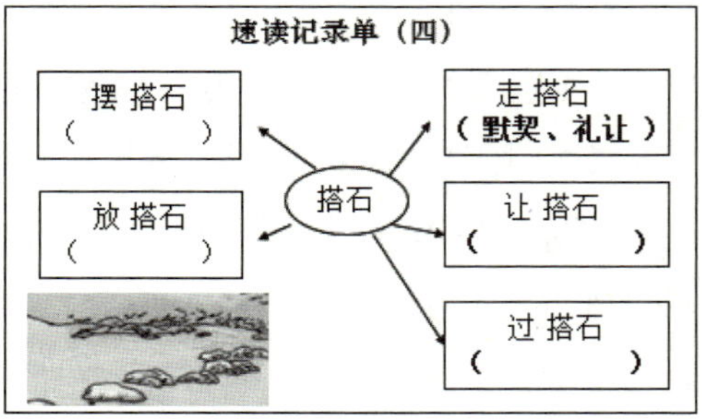

2. 结合导图思考：为什么说这是独特迷人的风景？

3. 朗读，读出画面的美。

学生挑选自己喜欢的某个画面进行朗读，评出“最美声音”。

板块四：联结生活，记录“美”

1. 聊一聊：在你的生活中，有没有这样美好的画面呢？想想，当时人们在干什么？美好体现在哪？

2. 写一写：仿照作者的写法记录生活中的美。

评分标准：

能写出当时画面的美好。 ☆

能从动作、声音等不同方面进行描写。 ☆

3. 交流汇报。

4. 总结。

四、作业布置

选择一篇文章进行快速阅读，记录下阅读时间和阅读收获。

（宁波市慈溪龙山镇龙场小学 俞飞跃）

6 将相和

文本解读

本课是一篇精读课文，根据司马迁《史记》中的《廉颇蔺相如列传》改写，以秦、赵两国的矛盾为背景，以蔺相如的活动为主线，通过“完璧归赵”“渑池之会”“负荆请罪”三个故事，写出了将相之间由失和到和好的过程。赞扬了蔺相如勇敢机智、不畏强暴的精神和以国家利益为重，顾大局、识大体的可贵品质和政治远见，也赞扬了廉颇勇于改过的精神。

这三个故事相对独立又联系紧密，单独来看，每个故事都有起因、经过和结果，整体来看，“渑池之会”是“完璧归赵”的发展，“渑池之会”“完璧归赵”的结果，又是“负荆请罪”的起因，合起来构成“将相和”这一完整曲折的故事。不过，五年级学生分析整合的能力还比较弱，他们善于发现每个故事的脉络，但对于厘清故事间的关系感到比较困难，对于提高阅读速度，也只有模糊的概念，缺乏有效的方法，因此很有必要引导学生通过课后习题，借助小标题完整地说清故事内容，抓住关键词语，帮助理解，加快阅读速度。

文中人物形象栩栩如生，课文中既有对人物言行的正面描写，又有侧面描写，如别人对人物的评价，赵王、大臣的衬托，当时环境的衬托。学生容易发现直接写人物的语句，不容易发现其他人物对主要人物的作用，需要教师示范引导。

策略提点

一、学生已有阅读经验分析

这是五年级上册第二单元第二篇课文，在前期及本单元前一篇课文学习的基础上，学生已经知道了学习历史故事的一般方法，懂得提高阅读速度要集中注意力，暂时忽略不懂的词语。

二、阅读策略教学建议

本课主要抓住“连词成句，扩大视域”这个重点展开，着力引导：（1）用较快的速度默读课文；（2）用一定的速度了解内容，细细品味，感受人物形象；（3）扩大视域，提高阅读速度。

教学活动设计

一、教学目标

1. 学会读、写本课生字词，理解“理直气壮”“示弱”“能耐”“绝口不提”“负荆请罪”这几个词语的意思。

2. 通过抓取关键词句，概括主要意思，初步学习“连词成句读，扩大视域”，提高阅读速度。

3. 通过运用感受式批注，学习赏析式批注，发现人物语言的描写特色，了解结合具体事例写出人物特点的写法，感受人物品质。

二、课前准备

PPT 课件，作业本，卡片。

三、教学流程

第一课时

本节课着重落实教学目标一、二、三。

板块一：揭示课题，介绍背景

1. 今天我们来走进一个历史故事——《将相和》。（学生齐读课题。）

2. 出示当时的地图，简介故事发生的背景。

板块二：长文快读，初识方法

1. 这篇课文很长，怎样做到长文快读呢？分享好方法。

2. 讨论：怎么做到连词成句读呢？

（1）比较两位同学的阅读方法，哪种方法做到了连词成句？

（2）在阅读过程中圈画一些关键词句，也可以帮助我们理解，加快阅读速度。

（3）总结：连词成句读的时候，先要一句一句读，有的句子比较短，一眼就看得清内容。遇到长句子，可以抓关键词句来读懂。

3. 快速浏览《语文园地》中学习伙伴的交流，看看有哪几个要点。

4. 默读课文，出示要求：

（1）用正确的方法、较快的速度，边读边想课文写了什么内容。

（2）把阅读时间记录下来，完成课后第一题。

5. 交流所用时间。

6. 概括课文内容，并小结：抓住关键词，及时捕捉有用信息，不但能帮我们理解文章内容，还能让我们更深刻地感受人物形象。

板块三：人物细读，学写赏析式批注

1. 原著《史记》的写作特色是刻画人物细致，这节课我们还要来读读主要人物蔺相如。这个人物给你留下了什么印象？看看前两个故事，找出关键语句来说明，做上批注。

2. 请同学把描写人物形象的词写在板贴，贴在黑板上。

3. 聚焦蔺相如的四处语言。请以四人小组为单位，每人选择 1 个句子读一读。看谁能把蔺相如的形象读出来。

（2）展示、评价，说一说：为什么要这样读？

4. 听了你们的朗读，老师又想到了赏析式批注。

（1）解析“赏析式批注”。

① 分别出示师生的批注，比较不同。

如果秦国提出用城换璧，我国却不答应，那理亏的是我们。如果我们把和氏璧给了秦国，秦国却不给我们十五座城，那理亏的就是他们。（思路清晰、不卑不亢。）

② 明确“赏析式批注”内涵。这其实又是一种批注方法，叫作赏析式批注。在刚才感受人物形象基础上，关注文章是怎么通过具体事例把人物写具体，写生动的，为什么这么写，发现写法、语言的秘密。（板书：发现写法。）

（2）自主进行“赏析式批注”。请同学们用另一种颜色的笔，选择一处批注进行修正、补充。评价标准：发现一种写法，得一颗星；发现两种写法，得两颗星；语言通顺，书写清楚，得三颗星。

（3）小组交流，推荐一份好的批注全班交流。

（4）展示学生批注。

5. 这节课我们用抓关键词句的方法快速把握了主要内容，深入感受了人物形象，更通过赏析式批注的方法，发现了作者写作上的特色。下节课，我们要继续用抓关键词句的方法学习第三个故事“负荆请罪”，了解廉颇、蔺相如的故事，体会廉颇形象。

第二课时

本节课着重落实教学目标二、三。

板块一：学习概括，加快速度

1. 回顾方法。

连词成句读，尽量增多一眼看到的内容。圈画关键词、遮住无关的部分、减少目光停留的时间等。

2. 巩固练习。

比一比，看谁能一眼看完卡片上的所有内容。

卡片 1：职位、服气、攻无不克、战无不胜、能耐、高头大马。

卡片 2：顺眼、诸位、乘机、战袍、负荆请罪、同心协力。

交流：为什么能看得这么快?

3. 学习概括。

（1）卡片 3：“我廉颇立下了那么多战功，他蔺相如就靠一张嘴，反而爬到我头上去了。要是我碰见他，一定要让他下不来台！”

① 试着快速阅读。

② 交流如何连词成句，抓关键词。

③ 学习概括语句的方法。上节课我们学了连词成句，用抓关键词的方法，加快阅读速度。其实，遇到前后有联系的话，我们还可以把各句关键词整合起来，概括主要意思。

④ 这段话的主要意思为：廉颇对蔺相如不服气。

（2）卡片 4：“秦王我都不怕，还会怕廉将军吗？秦王之所以不敢进攻我们赵国，就是因为有我们两个人在。如果我们俩闹不和，就会削弱赵国的力量，秦国必然乘机来攻打我们。我之所以避着廉将军，为的是我们赵国啊！”

用概括的方法说一说主要意思。

板块二：人物品读，感情朗读

1. 这篇课文除了蔺相如，还有一个主要人物——廉颇。廉颇给你留下了什么印象？课文又是怎样体现人物形象的？请读读第三个小故事，做好批注。

2. 同桌交流，互相补充。

3. 全班交流。

4. 比较两个人物的共同点；现在你知道将相和好的真正原因吗？（爱国心。）

5. 分角色朗读第三个故事。

板块三：围绕成语，再现情景

1. 课文用了大量篇幅来写廉颇负荆请罪的原因，但对具体的过程却写得很少，你能抓住人物言行，把负荆请罪的意思用具体的情境表现出来吗？

2. 交流，评价。

评价标准：

语句通顺，字迹清晰。	★
写清成语的意思。	★
有人物的语言、动作。	★

3. 这篇课文选自汉代司马迁的《史记·廉颇蔺相如列传》，有兴趣的同学课后可以读一读，领略历史人物的风采。

四、作业布置

1. 课外再找几篇《史记》的故事读一读。

2. 从三个故事中选择其中一个，讲给父母听。

（宁波市海曙区华天小学　王瑶）

7 什么比猎豹的速度更快

文本解读

本课是统编教材五年级上册策略单元“提高阅读速度的方法”第三篇课文。这是一篇科普说明文，主要介绍光、流星体、火箭、飞机、声音、游隼等物体速度比猎豹快，而且一个比一个更快。课文题目本身就是一个问题，内容浅显易懂，语言严谨又不乏生动，作者运用了大量列数字和作比较的说明方法，使段与段之间呈现层递性。选编此文旨在让学生学习提高阅读速度的方法。

前面《搭石》《将相和》两课已经对连词成句读、跳读等方法做了指导。教学本文时，教师除要继续让学生运用这些提高阅读速度的方法以外，还要教给学生一些新的提速阅读方法，充分利用课文段落特点，引导学生借助关键词句读，借助表达特色读。另外，此文还延续了“提问策略”的应用，让学生提出自己不懂的或感兴趣的问题，并进行解答。

策略提点

一、学生已有阅读经验分析

本文是该单元的第三篇课文。在前两课的学习中，学生已初步学习了“集中注意力，遇到不懂的词语不要停下来，跳过读”“尽量连词成句地读，不要一个字一个字地读”，已掌握了基本的阅读方法，对提高阅读速度有了初步的经验。

二、阅读策略教学建议

基于文本特点，结合课后习题，从学生已有阅读能力出发，着重引导学生：（1）借助课文表达特色和关键词句提高阅读速度；（2）学会从不同角度提出感兴趣的问题或不懂的问题，能结合课文或课外资料进行解答。

教学活动设计

一、教学目标

1. 通过课前游戏，带问题计时读，巩固并学习提高阅读速度方法，在快速阅读中了解课文内容。

2. 通过交流阅读体会，学习并实践“借助课文段落特点”“圈画关键词句”等提高阅读速度的方法，拓展课外阅读。

3. 能提出感兴趣或不懂的问题，并能联系课文或资料解答，激发阅读科普说明文的兴趣。

二、课前准备

PPT，学习单。

三、教学过程

第一课时

本节课着重落实教学目标一、二。

板块一：游戏导入，习方法

1. 快速记词游戏。

出示两组词语，学生短时间速记。

红　绿　白　蓝

红彤彤　绿油油　白茫茫　蓝盈盈

指名反馈：这么短的时间，你是怎么记住的？

结合学生发言，小结方法。（相机板书：借助规律，借助关键字。）

设计意图：通过快速记词游戏，课前感知借助规律，借助关键词提高识记速度，激发学生在阅读时也能自主探索提高阅读速度的方法。

2. 导入新课。

板书课题，齐读课题。

板块二：快读理文，用方法

1. 出示速读要求。

（1）带着问题读课文，边读边想边圈画。

（2）读完就站起来，记下自己所用的时间。

2. 学生速读课文。

3. 检查反馈。

（1）反馈阅读用时。

（2）反馈内容把握。

交流：什么比猎豹的速度更快？

引导学生按课文的顺序依次说清楚，找全。

4. 交流速读方法。

预设 1：带着问题读，直接找答案，就读得快了。

引导：你采用了带问题读和借助关键词的方法，提高了阅读速度。读的时候遇到难读的地方或不懂的地方，你是怎么处理的？

结合学生反馈，小结方法：带着问题读，无关跳过，有关猜测，可以提高阅读的速度。

预设 2：借助段落的规律。每一段都是写一种事物比另一种快，就读得快了。

引导：能找出相关句子吗？

学生反馈，（相机在 PPT 中展示）请同学们边听边画。

鸵鸟应该算是奔跑的世界冠军。

比鸵鸟跑得更快的动物就要数猎豹了。

但是游隼向下俯冲时的速度更快！

不过，游隼还是没有飞机飞行的速度快！

火箭的速度要比喷气式飞机快得多才行。

跟它的速度一比，火箭就好像是静止的一样。那就是流星体！

还有比流星体运动速度快得多的东西，而且它就在我们身边。只要我们按下手电筒的开关，立刻会出现一束光柱。

齐读句子。你发现了什么？

小结：借助这些运用作比较说明方法的句子，我们发现这篇文章表达的特点，即每段都在写一个事物比另一个事物更快。画句子，圈关键词，可以及时捕捉有用信息，使我们读得又快又准。（板书补充：借助表达特点，借助关键词句。）

5. 计时拓展阅读。

拓展速读《家乡的桥》。

（1）检测阅读效果。

（2）小结速读方法。

板块三：质疑提问，解疑难

1. 完成排序，提出疑问。

反馈：

（1）若学生答案统一，教师质疑。游隼和声音速度快慢，是如何推测出来的？飞机的速度真的比声音快吗？

（2）若学生答案不统一，教师从学生异议处提出疑问。

2. 解答疑难。

请带着问题，再次快速阅读课文，圈画关键词句，看看是否能解决一些问题。

预设 1：声音比游隼的速度快。

理由：但是游隼向下俯冲的速度更快，超过 320 千米 / 小时。

声音传播的速度大约是 1050 千米 / 小时。

小结：这位同学通过联系上下文解决问题。通过两个数据，知道声音速度比游隼快。

预设 2：飞机的速度比声音快。

理由：而一些高速喷气式飞机的飞行速度是声速的数倍。

教师出示飞机和声音速度的资料，学生快速默读，解答疑难。

小结：遇到不懂的问题，我们既可以通过联系上下文来解决问题，还可以通过百度等搜索引擎，借助查到的资料来解决问题。

3. 自主提问。

我们读书既要有速度，又要在精彩或不懂的地方停一停。大家对这篇课文还有哪些地方有疑问或感兴趣的，可以提出问题，一起讨论。

（1）提问指导。

（2）完成学习单。

第二课时

本节课着重落实教学目标三。

板块一：复习引入，学词语

1. 回顾速读方法。

2. 同桌互助学词语。随堂写一写。

板块二：合作互助，解疑难

上节课我们对课文中不懂的或感兴趣的内容进行了提问。这节课我们来交流。

1. 小组合作初解疑难。

（1）合作解决部分问题，能解决的打“√”。

（2）提出一两个不能解决的问题（用简洁的词语写在板贴条上）。

（3）合作解决最精彩的问题打“☆”，派代表全班交流。

2. 展示解决疑难。

（1）各组展示最精彩的解答。

（2）同学点评，谈启发。

3. 聚焦疑难问题。

（1）问题分类。

按“不懂的”“感兴趣的”“其他的”将问题分三类。

（2）聚焦“不懂的”问题。

课件呈现游隼、流星体的图片和文字资料。学生自主阅读学习。

对这些事物有了了解，再读课文时就更容易、更明白了，速度也更快了！

（3）聚焦“感兴趣的”的问题。

预设 1：有没有比光更快的东西?

请阅读课文相关语段，画出关键词句，看看能不能解答。

反馈：可能有比光更快的东西。

课件呈现：科学家认为光的传播速度是最快的。

理由：从“认为”一词感受到，这是科学家目前的想法，也许还有比光更快的事物，只是还没被发现。

引导：看来说明文的语言非常准确、严谨呢！瞧，你也用上了“也许”“可能”。

预设 2：什么比光的速度更快？

什么东西是最慢的？

为什么进入太空之后，即使关掉发动机，火箭仍可以继续前进？

火箭、流星体、光的速度那么快，是怎么测出它们的速度的？这些数据准确吗？

……

小结：读懂了科普说明文内容，可以沿着作者的思路继续深入思考，甚至逆向思维质疑，会拓宽我们的思维，提高阅读的能力。

（4）聚焦“其他的”问题。

预设：课文用了作比较、列数字的说明方法，有什么好处？

课文用了很多的“感叹号”，有什么作用？

……

指导：圈出数据，连起来读一读，你有什么感受？再读一读作比较的句子，你有什么感受？圈出感叹号，读读带感叹号的句子，你有什么感受？

小结：恰到好处地运用说明方法和标点，能使文章更加生动。

板块三：总结方法，作业拓展

1. 回顾小结，完成作业本的相关练习。

2. 选择《同步阅读》中的一至两篇课文，计时阅读。和父母赛读，抢答问题。

（慈溪市逍林镇镇东小学　岑亚苗）

8 冀中的地道战

文本解读

这是本单元第四篇精读课文。课文从冀中地道战的出现原因、作用，地道的样式特点以及人们对它的评价等方面进行了介绍和说明，歌颂了我国人民无穷无尽的智慧和顽强的斗争精神。

课文结构清晰，条理清楚，围绕一个意思写一段话。从全文来看，总分总结构，详写了地道的样式及特点。从段落特点来看，有的先概括后具体地写，如第七自然段中，先提出了“人在地道里怎么能了解地面上的情况呢”这个问题，之后就围绕这个问题介绍了“无线电”和“有线电”的沟通方式；有的在一段中间介绍了这一段的内容，如第六自然段第二句话“大家又想出了许多妙法来防备”，之后就介绍了巧妙应对敌人的妙法；还有的可以从字里行间发现介绍的内容，如第四自然段就清晰地介绍了任丘地道的设计样式。

对于五年级的学生来说，要了解这种“有顺序地表达”并不困难，但是对于抗战时期地道战的知识及相关的时代背景比较陌生，在教学中要注意方法的引领和知识的渗透相结合。在语言表达上，本文娓娓道来，语言不失生动有趣，特别是介绍地道样式及特点的部分，运用举例子、列数字、引用等方法，充分展现了地道的特点，表现了中国人民在抗日战争中表现出来的顽强斗志和无穷无尽的智慧。

策略提点

一、学生已有阅读经验分析

这是五年级上册第二单元第四篇课文。学生在四年级已经学习了提问阅读策略，本单元继续巩固这一策略。

二、阅读策略教学建议

基于文本特点，结合课前提示，从学生已有经验出发，可着重引导：（1）带着问题阅读，提高阅读速度；（2）交流提高阅读速度的方法，并迁移到相关文章学习运用；（3）用图示的方式学习重点段落，加深了解。

教学活动设计

一、教学目标

1. 提出问题，带着问题用较快的速度默读课文，记下所用时间。

2. 理清课文条理，把握课文内容，借助图示及表格，小组合作讨论，理清地道特点，感受人民群众的智慧。

3. 通过了解地道战，试着画一画地道示意图，激发爱国主义热情，增强民族自豪感。

二、课前准备

PPT 课件，学习单。

三、教学过程

第一课时

本节课着重落实教学目标一、二。

板块一：背景介绍，提出问题

1. 揭题读题。

2. 介绍背景。

3. 提出问题。

看到课题，你有什么疑问？

预设：为什么要开展地道战？地道是什么样的？在地道里怎么打仗？打仗的结果如何？（板书以上问题。）

板块二：快速默读，反馈提问

1. 默读。要求：带着问题，用较快的速度默读课文，记下所用的时间。

2. 反馈交流。

（1）词语反馈：碉堡　任丘　岔道　孑口　吆喝

（2）解决了什么问题？

板书：原因、作用、特点、评价。

3. 你是用什么方法快速默读课文的？用了多少时间？

4. 迁移方法。

（1）出示学习单，用同样方法默读《威尼斯的小艇》，并记下所用时间。

（2）交流反馈：用了什么方法？用了多少时间？

预设方法：跳过读，连词成句读，抓住关键词句读，带着问题读。

预设关键词句：船夫的驾驶技术特别好。

预设问题：威尼斯的小艇是什么样的？威尼斯的小艇可以用来做什么？……

小结：我们在阅读时，可以用上这些方法，以提高我们的阅读速度。

板块三：聚焦原因和作用

1. 自读第一至第三自然段，想一想：为什么创造了地道战？地道战有什么作用？

2. 交流反馈。

（1）地道战的原因。

（2）地道战的作用，用一个词语表示。

（3）齐读第三自然段。

3. 小结。

第二课时

本节课着重落实教学目标二、三。

板块一：聚焦结构，完成概括

这节课，我们继续来学习《冀中的地道战》一课。

1. 聚焦特点，理清顺序。

（位置）——（　　）——（　　）——（　　）——（　　）

2. 对比展示，交流。

（位置）——（高度）——（大洞）——（小洞）——（气孔）

3. 它们分别是怎么样的？画出关键词。齐读。

板块二：小组合作，完成表格

1. 自读第五至第七自然段，合作完成一份表格。

好处	方法	特点
设计巧妙	出口	隐蔽
	陷坑	插上尖刀或地雷
	警戒洞	
	迷惑洞	

好 处	方 法	作 用
妙法防备	土和沙	灭火
	吊板	
	与枯井暗沟相连	

好 处	方 法	特 点
了解地面情况	无线电	
		铁丝牵住铜铃，一拉就响

2. 交流完成情况。

3. 说说发现。

4. 齐读第五至第七自然段。

板块三：小组合作，试画地道

1. 根据第四至第七自然段内容，对照表格，小组合作画一画你心目中的地道。

2. 交流展示，补充修改。

请学生上台，根据图示介绍冀中的地道。

3. 思考：地道战取得成功的关键是什么？结合课文内容说一说。

（慈溪市庵东实验学校　单银吉）

五年级上册

第三单元：图像化策略

单元教学说明

一、单元主题与语文要素

本单元是五上第三个单元，人文主题为“生动的民间故事”，语文要素为“创造性复述民间故事，提取主要信息缩写故事”。

本单元编排了《猎人海力布》《牛郎织女》（一）《牛郎织女》（二）三篇阅读课文。除此之外，还有《口语交际：讲民间故事》《习作：缩写故事》《语文园地》和《快乐读书吧》。

二、单元内容与教学建议

三篇课文按教学功能定位可分为两组，分别为精读课文、略读课文，其中《猎人海力布》《牛郎织女》（一）为精读课文，《牛郎织女》（二）为略读课文。为体现学以致用、迁移运用的编排意图，精读课文重在学习创造性复述民间故事的方法，略读课文重在学习运用这种方法来复述故事。教学时应把重点放在指导学生复述故事上，在三、四年级已经学会简要、清楚、完整复述以及上一单元学习提高阅读速度的策略的基础上，能够借助表格、图示等手段学习把握民间故事语言平实、情节生动的特点，进行创造性的复述，在复述活动中感受民间故事的意趣。同时，《语文园地》中，“交流平台”结合“词句段运用”中段的运用，继续总结创造性复述方法，迁移运用提高复述能力。

《口语交际》是“讲民间故事”，可以分为找故事、记故事、讲故事、听故事与评故事几个步骤。与一、二学段讲故事相比，本单元的讲民间故事要求把故事讲得生动、有吸引力，以凸显民间故事文体特点，提出讲清楚细节，配上动作、表情等建议。指导时要鼓励学生通过尝试，体会不同方法的不同效果，增强学生讲故事的对象感。评故事作为教学的重要环节，应着力引导学生根据要求进行针对性的自主评价，可安排较为充分的自评互评交流时间。

习作的主题是“缩写故事”。与以往习作要求写具体不同，这次习作明确提出缩写，引导学生明白习作要根据需要，有时也须写得简短。怎样进行缩写，教材不仅有清楚的说明，即摘录和删减、改写和概括，还提供了样例，可引导学生通过比较进一步明确：与文章中心关系不大的可删减，对表达中心、反映人物品质等关系紧密的可摘录、概括或恰当改写。同时，缩写还要做到故事完整、情节连贯、语句通顺。教学时应着力引导学生自主发现缩写前后的变化，感悟缩写的要领，自主实践学会缩写。

《语文园地》中，“交流平台”结合“词句段运用”中第二部分段的运用环节，引导学生及时回顾总结本单元学讲民间故事的经验，进一步领会转换人称、添油加醋等创造性复述故事的方法，并在实践运用环节再次迁移，促进举一反三，提高能力。

“词句段运用”板块第一部分，引导学生比较发现两组成语或词句的异同，体会意思相同或相近的词句可以有多种不同表达，进一步明确根据需要选择合适的表达方式，积累语言，丰富习作表达，不断提升语言素养。

“日积月累”要求学生朗读并积累林杰的《乞巧》。在熟读的基础上，学生可运用已有的学习古诗的方法说说读诗的感受，还可联系相关民间故事以及写民间故事的其他古诗，丰富体验。

三、教学时间安排

内容	第 8 课	第 9 课	第 10 课	口语交际	习作	语文园地	快乐读书吧
课时(h)	2	2	1	1	3	2	1

（浙江省宁波市鄞州区教师进修学校　周步新）

9 猎人海力布

文本解读

《猎人海力布》是一篇民间故事。讲的是猎人海力布救了龙王的女儿，龙王赠他一颗使他能听懂动物语言的宝石，但他不能说出动物的话，否则会变成石头。海力布从动物嘴里得知大山崩塌的消息，为了挽救乡亲们的生命，不惜说出秘密，变成了一块石头。这种热心助人、舍己为人的高尚品质令人敬佩。

课文的内容较多。先写海力布平时热心助人，然后写他救了龙王的女儿，得到一块宝石，使他听得懂动物的语言，再写海力布利用宝石，从鸟儿那里听到了可怕的消息，要乡亲们赶快搬走。最后为了解除乡亲们的疑惑，海力布把宝石的来历说了出来，乡亲们得救了，而他自己却变成了石头。全文归纳起来是两件事：一是救龙女得宝石，二是救乡亲变石头。本课语言通俗易懂，寓理、寓情于故事之中。围绕海力布“舍己救乡亲”这个中心，层层铺垫，引向高潮，故事性强，给人强烈的感染和教育作用，有利于提高学生的品德修养和审美情趣。

教材配有两幅插图，采用版画的形式。第一幅是海力布带着弓箭，旁边有一匹马，正准备去打猎。第二幅是海力布劝说乡亲们搬家的场景，为学生感受当时的情境提供帮助。

策略提点

一、学生已有阅读经验分析

在第一、第二学段中，学生曾学习过简要复述、完整复述。作为单元的第一课，应让学生初步学习创造性地复述课文的方法，知道主要人物的语言要保留，在不改变原文意思的前提下，运用补充、细化的方法，使故事更丰富、生动。同时，叙事类文章可以通过抓起因、经过、结果来概括，提取关键词句亦是概括的好方法。

二、阅读策略教学建议

基于文本特点，结合课后习题，着重选用联系策略，从学生已有经验出发，可着力引导：（1）借助情节梯、鱼骨图等图表概括；（2）抓住主要人物语言，联系生活经验、视频内容，把劝说过程讲清楚。

教学活动设计

一、教学目标

1. 正确认读 3 个生字，会写 12 个生字，掌握“酬谢”“叮嘱”“发誓”等 30 个词语。

2. 能借助情节梯等，提取主要信息，写一段话简介“海力布”石头的来历，感受人物热心助人、舍己为人的高尚品质。

3. 紧扣海力布的三次语言，小组合作，比较阅读，发现劝说的特点。视频引路，由扶到放，初步学习创造性地复述课文。

二、课前准备

PPT 课件，作业本。

三、教学过程

第一课时

本节课着重落实教学目标一、二。

板块一：链接旧知，明确目标

1. 引导学生说一说以前学过的汉族民间故事，如《西门豹》《除三害》等。出示课题，学生齐读。

2. 民间故事是在老百姓的口耳相传中流传下来的，（板贴：口耳相传）所以我们不但要了解它的内容，也要学着讲给别人听。我们来看单元导读页。这里有两个要求。（板贴：创造性）咱们就带着这两个要求，走进今天的课堂。

板块二：整体感知，学习字词

1. 自由读课文，读准字音，读通课文。

2. 检查初读：

酬谢、叮嘱、崩塌、发誓、重谢

千真万确、乌云密布、狂风怒号、震天动地、世世代代

（1）指名读，注意多音字重（zhòng）、号（háo）。

预设：学生容易把“狂风怒号”的“号”读错。可以出示字典中的字义，由学生据词定音。

（2）学生齐读。

板块三：借助图示，熟练概述

1. 回顾长文快读的方法。

2. 用这样的方法快速默读课文，看看写了海力布的哪几件事。

预设 1：学生把“海力布热心帮助别人”算作一件事情。这是人物的品质，并不是他做的事情。

预设 2：学生把“救出龙女”和“得到宝石”算作两件事情。引导学生看

一看、想一想：救出龙女，这件事情就结束了吗？

3. 找出与第一、第二个故事相对应的段落，概括故事情节，出示“情节梯”的格式。

（1）介绍“情节梯”：我们用简单的词句，概括出故事循序渐进发展的脉络，形成一个梯子，这就叫“情节梯”。

（2）借助“情节梯”，说清文章的主要内容。

4. 海力布给你留下了怎样的印象？最能反映他舍己为人品质的是第几个故事？

5. 聚焦第二个故事，还有什么办法能帮助我们梳理文章写作脉络呢？（根据学生回答，出示相关图示：思维导图、表格、鱼骨图等）自己结合第二个故事画一画。

6. 看着图示简要复述第二个故事。

板块四：加上开头，写好来历

1. 根据课文内容，给这块叫“海力布”的石头写一段话，简要介绍它的来历。

预设：学生容易直接写海力布救小白蛇的事情。

2. 出示开头两种形式：“海力布”这块石头是这样来的；我是一块名叫“海力布”的石头。

（1）学生自主书写。

（2）交流、评价。

第二课时

本节课着重落实教学目标三。

板块一：以读促述，初学方法

1. 读一读第二个故事，找一找海力布劝说乡亲的语言，画一画。

2. 出示海力布的三次语言，比较三次语言的不同点。

3. 指导朗读，读出语气：急切—急得掉下了眼泪—镇定。

第一次语言：注意标点符号，两个“！”——关注重要标点。

第二次语言：带着点无奈（发誓）。——加上动作神态。

第三次语言：做好决定，沉着冷静。——注意感情变化。

4. 四人小组第一次合作，演读三个不同的海力布，模仿他的动作、表情。

（1）出示评价标准：关注重点标点；注意情感变化；加上动作、神态。小组试读。

（2）小组的第四位同学根据评价标准给星。

5. 如果我们要讲好劝说的场景，海力布这个主角的语言要保留，还要请几个群众演员，可以是谁呢？他们会有什么表现？

（1）交流，评价标准：是否符合年龄、身份、生活经验、实际情况。

（2）重点指导老人的语言朗读。

（3）我们刚才讲了那么多，书里只用了一句话，即“海力布焦急地催促大家，可是谁也不相信他。”这叫“细化情节”。（板书：细化。）

6. 观看动画片片段，仔细观察海力布的表情、动作、语言。哪些情节你印象最深刻？

交流 1：改叙述性语言为人物语言。（板书：修改。）

交流 2：加入想法、动作、语言、神态。（板书：添加。）

7. 小组第二次合作：讲一讲，海力布劝说乡亲们赶快搬家的部分，把课文中的情景再现出来。

（1）出示评价标准：把握故事主干；细化情节；添加动作、神态、语言；修改叙述方式。

（2）小组试讲。

（3）展示，评价。

8. 小结：我们重点学习了海力布救乡亲变石头的故事，知道创造性复述要在保留主要人物语言的基础上，运用细化情节，添加语言、神态、动作的方式，这样才能使故事变得更生动。

板块二：发挥想象，练习复述

1. 第一个故事也很有意思，你能把它讲好吗？四人小组讨论：

①哪些是要保留的？

②可以细化、增加哪些内容，让故事更有意思？

2. 交流。

环境描写：龙宫的富丽堂皇、琳琅满目的宝石；

心理活动：龙王低头想了一会儿，他会想什么呢？

对话描写：海力布愿意接受这些报酬吗？他会怎么对小白蛇说？

3. 总结：为了让故事更生动，我们可以采用增加、修改、转换的方法。

4. 谁是“故事大王”？出示评价标准：

保留重点内容	★
发挥想象，用上“细化、增加”的方法	★
模仿人物表情动作	★

5. 学生展示，师生点评。

板块三：总结全文，升华情感

1. 当人们回到家乡，看到这块“海力布”石头时，会说些什么呢？

2. 人们世世代代纪念海力布，他的故事一直流传至今，你也可以回家把这个故事讲给家人、朋友听。

四、作业布置

同学们，我国的民间故事浩如烟海，有兴趣的同学可以去看看《中国民间故事》，还可以召开“民间故事推荐会”，推荐几个民间故事给同学。

（宁波市海曙区华天小学　王瑶）

11 古诗三首

文本解读

古诗三首中《示儿》《题临安邸》《己亥杂诗》都是爱国诗，透过精练情深的文字，体现了诗人对祖国的热爱。

《示儿》是南宋爱国诗人陆游临终前对儿子的遗嘱。陆游的一生，是爱国的一生，他的遗嘱表现出高度的爱国主义热忱。《题临安邸》是宋代诗人林升写在临安城一家旅店墙壁上的一首七绝，不但通过描写乐景来表哀情，使情感倍增，而且在深邃的审美境界中蕴含着深沉的意蕴。龚自珍所作《己亥杂诗》为自叙诗。龚自珍一生提倡变法改革，批评清王朝的腐败，洋溢着爱国热情。这三首古诗可以使学生从不同时代、不同诗人、不同角度的笔触中感受爱国主义情怀，从而激起古今相通的爱国情义。

策略提点

基于古诗文特点，从学生已学古诗的经验出发，结合单元整组特点，借助工具书、注释，解诗意，悟诗情，感受诗人的爱国情怀。

本课由三首古诗组成，可结合查找资料、同类诗文比较，体会课文表达的思想情感，宜充分发挥学生自主学习优势。同时，通过不同层次的诵读方式，反复诵读感悟，提高学生对诗歌的兴趣。

寻找字眼，读中想象，在学习中可以请学生借助课前查找的资料，对比同类诗文，在相互交流、相互补充、相互纠错中不断完善诗意，可通过句句相连，将诗句变成短文，满足学生的成就感。指导学生从不同语境中理解诗句意思和情感，从而让学生感受爱国主义的情怀，激起热情。

教学活动设计

一、教学目标

1. 会认“喑”“擞”等 6 个生字，会写“祭”“乃”等 8 个生字。

2. 有感情地朗读并背诵这三首诗，并能尝试通过注释、工具书、结合相关资料等学习方式理解这三首诗的内容和主旨。

3. 在拓展其他爱国主义诗歌、理解诗意基础上体会诗人的爱国主义情感，激发爱国情怀，学习韦恩图等图像化手段比较阅读古诗。

二、课前准备

PPT 课件，古诗的背景资料。

三、教学过程

第一课时

板块一：谈话导入，揭示诗题

1. 陆游是宋朝著名的爱国诗人，他写过很多首爱国诗篇，其中《示儿》就是最著名的一篇。

2. 介绍作者及时代背景。

3. 揭示诗题。

① 借助注释说说题目的意思。

② 质疑：看了诗题，你们想提出哪些问题？

预设：诗人想告诉儿子什么？什么时候告诉的？为什么告诉儿子？

③ 老师带来一段陆游书写《示儿》的背景故事，能帮助我们更好地理解诗意，来读读吧！（PPT 出示资料）

宋高宗赵构建立南宋，为官者贪图荣华富贵，对外求合，直到被元朝所灭，大好河山落于金兵铁蹄之下，难以收复。《示儿》为陆游的绝笔，是诗人的遗嘱。

今天就让我们一起走进这首诗歌，走进爱国主义诗人陆游对儿子最后的叮嘱，走进这位老人的心，看看陆游到底要对儿子说什么。

板块二：初读古诗，初感诗意

1. 带着刚刚提出的问题，自由读诗歌，要求：读准字音，把诗读正确，读通顺。

2. 回忆一下学习古诗的方法。

预设：知诗人、解诗题；抓字眼、明诗意；想意境、悟诗情；诵诗句、背诗文。

3. 请你们借助书后的注释或自己的工具书，自读诗句，了解诗意，先自己试着说一说诗的大意。

4. 小组选择黑板中提出的一两个问题进行交流。

预设：这首诗陆游想要告诉儿子什么？为何要告诉？体现了诗人怎样的思想情感？

板块三：抓住字眼，理解诗意

1. 请学生朗读古诗，并划分节奏。

2. 小组派代表交流提出的问题。

预设1：诗人为何要在临终前告知儿子？

死去元知万事空，但悲不见九州同。一个“悲”字写出了诗人真挚、深沉的爱国遗憾。

小结：这首诗之所以成为千古传诵的名篇，感动着一代又一代的人，是因为其间隐含着真挚深沉的爱国情意。

预设2：诗人要告诉自己儿子什么？

① “王师北定中原日，家祭无忘告乃翁。”这两句诗中，诗人的爱国情感体现在哪里？

② 除了能感受到诗人的爱国情感，你们还能感受到诗人的什么情感？

③ 小结：从“家祭无忘告乃翁”这句诗中，我们可以感受到诗人的爱国情感，即使死去，也会惦记收复失地。从“王师北定中原日”这句诗中，我们能看到诗人对于不能亲眼看到祖国统一的无奈。

板块四：创设情境，拓展延伸

1. 想象自己就是卧在病榻上的诗人陆游，配乐朗读古诗。

说一说：诗人在病榻上会想些什么？会对儿子说些什么？儿子是怎样回答的？

2. 合作有感情地朗读诗歌。

3. 补充，并朗读《秋夜将晓出篱门迎凉有感》《病起抒怀》《诉衷情》，感悟诗中的爱国情感。

第二课时

板块一：回顾学法，理解诗意

1. 请学生配乐背诵爱国主义诗歌，复习《示儿》。

2. 回顾学法：知诗人、解诗题；抓字眼、明诗意；想意境、悟诗情；诵诗句、背诗文。

我们用学习第一首古诗时学到的方法来学习后两首古诗《题临安邸》和

《己亥杂诗》。

3. 品读含义深刻的诗句。

预设：

西湖歌舞几时休？（对统治者的辛辣讽刺，作者的无奈。）

暖风熏得游人醉（暖风：温暖的风；上层社会的糜烂奢华之风。“熏”与“醉”写出了什么？）

直把杭州作汴州（直：简直。作：当作。这些人简直把杭州当成了自己的都城汴州。作者直斥统治者忘记国耻家仇的丑态，蕴含讽刺、愤怒及无穷的隐忧。）

4. 填空练习助理解。

《题临安邸》这首诗表达了作者对祖国（　　），对统治者（　　）。

预设：忧国忧民　对统治者的辛辣讽刺

5. 补充资料：“己亥”，本诗所指的“己亥年”是1839年。这一年，正是鸦片战争爆发的前一年，曾经强盛的大清帝国行将没落。腐朽的清政府对外卑躬屈膝，对内大肆打压，官吏贪污腐败，百姓民不聊生。这时候，龚自珍写下了我们要学的这首诗。

介绍作者：龚自珍，号定庵，清代人，近代思想家、文学家。行文独具风格，于蕴藉中洋溢着激情，于客观描述中寄托着深意，诗歌瑰丽奇幻，成就尤大。著有《龚定庵全集》。

板块二：比较阅读，感悟写法

1. 再读三首诗，概括写作方法。

2. 比较三首诗的异同，在韦恩图上呈现，全班交流。

3. 齐诵诗歌。

4. 拓展：读背《己亥杂诗》第五首。

浩荡离愁白日斜，吟鞭东指即天涯。

落红不是无情物，化作春泥更护花。

四、布置作业

1. 结合注释，查找相关资料，说说下列诗句表达了怎样的意思，抒发了诗人怎样的情怀。

王师北定中原日，家祭无忘告乃翁。

暖风熏得游人醉，直把杭州作汴州。

我劝天公重抖擞，不拘一格降人才。

2. 在网上搜一些关于爱国情怀的诗，选择自己喜欢的背下来。

3. 背诵、默写古诗。

（宁波市四眼碶小学　孙纯）

五年级上册

第四单元：比较策略

13 圆明园的毁灭

文本解读

本课描述了圆明园昔日辉煌的景观和惨遭侵略者肆意践踏而毁灭的景象，表达了作者对祖国灿烂文化的无限热爱，对侵略者野蛮行径的无比仇恨，激发人们不忘国耻、振兴中华的责任感和使命感。

课文语言简洁、结构严谨，构思颇具匠心。首尾呼应，题目是毁灭，但主要写它的辉煌，更能激起读者的痛心与仇恨。第一自然段概括阐明了圆明园的毁灭是中国乃至世界文化史上不可估量的损失，与文章的结尾提到的“这一园林艺术的瑰宝、建筑艺术的精华，就这样被化成了灰烬”相呼应，作者的痛惜、愤怒之情跃然纸上。第二至第四自然段详尽地介绍了圆明园的布局、建筑风格及收藏的珍贵文物，再现了圆明园当年的宏伟壮观。最后一个自然段用精练、准确的语言介绍了圆明园被毁灭的经过。文章前后内容紧密联系，一扬一抑，一美一惨，爱恨交织。圆明园的辉煌已成为历史的记载，引导学生读文、感悟、想象，在脑海中再现它昔日的景观是本文的教学重点，也是教学难点。文章的题目为《圆明园的毁灭》，而大部分篇幅却是描绘昔日的辉煌，要让学生体会到作者安排材料的匠心，这是教学的又一难点。教师要引导学生把阅读、感悟、想象结合起来，再现圆明园昔日的辉煌壮观，让学生记住屈辱的历史，增强民族使命感，激发热爱祖国灿烂文化的感情。

策略提点

基于文本特点，结合课后习题，着重选用图表比较等策略，从学生已有学习经验出发，可着力引导：（1）借助文中表示时间顺序的关键词学习列提纲，分段说说段落内容；（2）借助课后习题提示思考为何作者用大量篇幅描写圆明园繁华的场景；（3）在同类文比较中感受“对比和衬托”在文中的表现手法，激发振兴祖国的责任和使命感。

教学活动设计

一、教学目标

1. 会认“珑”“剔”等10个生字，会写“毁”“拱”等13个生字。掌握“毁灭”“众星拱月”等词语。

2. 有感情地朗读课文，把握课文内容。理解时间顺序等重点词句在文中的表达作用，从而体会作者的爱国情怀和痛恨侵略者的情感。

3. 了解圆明园辉煌的过去和被毁灭的经过，通过同类文比较感受“对比与衬托”的表现手法，激发学生热爱祖国文化的感情，增强振兴中华的责任感和使命感。

二、课前准备

PPT 课件，作业本。

三、教学过程

第一课时

本节课着重落实教学目标一、二。

板块一：激趣导入，整体感知

1. 引入：曾经有一座园林，花了150年的时间才建成，像仙境一般美丽，收藏了世界上最珍贵的历史文物，是当时世界上最辉煌最壮丽的园林，它就是圆明园。

圆明园为何受到如此的赞美？我们引以为傲的圆明园又经历了些什么？今天，我们就来学习《圆明园的毁灭》这篇文章，了解圆明园的昨天和今天。

2. 自读课文，画出不认识的生字、词语。边读边想：通过阅读，自己对圆明园有了哪些了解？

3. 小组交流，在交流中感悟课文。

4. 小标题概括：圆明园的建筑、历史文物、毁灭。（交流经验：关注段落中的总起句、过渡句。）

5. 为什么课文题目是《圆明园的毁灭》，作者却在第二至第四段用大量的笔墨写圆明园昔日的繁华呢？

板块二：聚焦“毁灭”，合作交流

1. 小组合作学习第五自然段。

（1）自读文段，感知文段主要内容。

（2）小组合作学习：你从文段中得到了哪些信息，有什么感受？

2. 小组汇报学习结果。

预设1：表示时间的词语。

① 第五自然段中出现的时间是1860年10月6日、10月18日和19日。讲述10月6日英法联军抢劫圆明园，10月18日和19日侵略者火烧圆明园。这两个时间点说明了侵略者所犯罪行，令人发指。

② 有感情地读一读让你感到愤慨、痛恨、痛惜的句子。

预设 1：他们把园内凡是能拿走的东西，统统掠走；拿不动的，就用大车或牲口搬运；实在运不走的，就任意破坏、毁掉。

① 把“凡是”“统统”去掉，比较原文好在哪里？体会用词的准确，同时体会英法联军的可耻。

② 相机引导有感情地朗读。

预设 2：大火连烧三天，烟云笼罩了整个北京城。我国这一园林艺术的瑰宝、建筑艺术的精华，就这样化为一片灰烬。

① 思考：圆明园中化成灰烬的是什么？（建筑艺术的精华、文化艺术的瑰宝、中华民族的尊严。）

② 圆明园就这样在三天的大火中化为灰烬，就这样不再真真切切地出现在我们的视野中，就这样只能浮现在我们的梦中。圆明园的毁灭仅仅是我们华夏儿女的损失吗？

3. 齐读第五自然段。

板块三：学习第二段，研读“繁华”

1. 我们感受到了圆明园痛彻心扉的毁灭，可为何作者只用了一段写毁灭，而用了大量的笔墨写它繁华的地方呢？让我们走近文字，继续一探究竟。

2. 学习第二自然段。

① 圆明园在北京西北郊，是一座举世闻名的皇家园林。“举世闻名”是什么意思？这个词说明了什么？

② 它由圆明园、万春园和长春园组成，所以也叫圆明三园。此外……众星拱月般环绕在圆明园周围。

出示圆明园的地理位置和分布情况图，进一步理解“众星拱月”的意思，分清哪里是“月”，哪里是“星”。

齐读这一段，了解圆明园的建筑风格。

板块四：拓展延伸，布置作业

1. 在网上搜集关于圆明园的资料，了解历史。

2. 继续阅读课文，背诵第五自然段。

第二课时

本节课着重落实教学目标一、二。

板块一：深入学习“繁华”，领悟写法

上一节课我们感受到了圆明园沉重、痛苦的毁灭，这节课我们继续来探究作者用大量笔墨描写繁华背后的用心。

1. 学习第三自然段“建筑风格”。

① 圆明园中哪些建筑给你留下了深刻的印象？边读边想象画面。

尝试填空背诵：（…）有（…）也有（…）有（…）也有（…）

② 园中不仅有民族特色的建筑，还有西洋景观。

代表我们民族特色的建筑，课文中列举了哪些？

课文中没有介绍的景观还有很多，你知道哪些，为何没有一一写出来？（为了使文章详略得当。）

学生合作背诵第三自然段。

小结：圆明园的建筑风格多种多样：不仅有民族建筑，还有西洋景观；不仅有金碧辉煌的殿堂，还有山乡村野的农居。

朗读课文，体会作者的欣赏、赞美、自豪之情。

2. 学习第四自然段，读出自豪与惊叹之情。

① “最珍贵的历史文物”有哪些？

② 上自先秦时代的青铜礼器，下至唐、宋、元、明、清历代的名人书画和各种奇珍异宝。

联系上下文，注意表示时间的词语，说说你的感受。

预设：运用时间顺序，点明圆明园收藏之丰富，同时也说明文物之贵重，其价值不可估量。

③ 圆明园中的文物到底有多么珍贵，它们究竟有着怎样的价值？

补充资料：其价值难以估量。仅圆明园内海晏堂前喷水台上的 4 个生肖铜首，2000 年的国际市场拍卖价就高达 9000 多万元人民币。

这些名人书画和奇珍异宝就曾经在我们的圆明园中。所以，它又是世界上最大的博物馆、艺术馆。

板块二：读文感悟，体会“对比与衬托”

1. 讨论交流：这篇文章题为《圆明园的毁灭》，而大量的篇幅却是描写昔日的辉煌，这样的谋篇布局好在哪里？

2. 指名读第一自然段。

（1）说说你对这句话的理解：圆明园的损失巨大，无法估量。

（2）这一句中连用了两个“不可估量”，你们的内心是怎样的感受？

3. 回读课题，再读第五自然段。

4. 小结：面对帝国主义的欺凌，面对风雨中圆明园的断壁残垣，振兴中华，自强不息，我们责无旁贷。

板块三：同类文比较，体会表现手法

《雨果就英法联军“远征”中国给巴特勒上尉的信》（节选）

人们常说：希腊有巴特农神庙，埃及有金字塔，罗马有斗兽场，巴黎有圣母院，而东方有圆明园。要是说，大家没有看见过它，但大家梦见过它。这是某种令人惊骇而不知名的杰作，在不可名状的晨曦中依稀可见，宛如在欧洲文明的地平线上瞥见的亚洲文明的剪影。

这个奇迹已经消失了。

有一天，两个来自欧洲的强盗闯进了圆明园。强盗洗劫财物，强盗在放火。似乎得胜之后，便可以动手行窃了。他们对圆明园进行了大规模的劫掠，赃物由两个胜利者均分。

我们看到，这整个事件还与额尔金的名字有关，这名字又使人不能不忆起巴特农神庙。从前他们对巴特农神庙怎么干，现在对圆明园也怎么干，不同的只是干得更彻底、更漂亮，以至于荡然无存。

我们把欧洲所有大教堂的财宝加在一起，也许还抵不上东方这座了不起的富丽堂皇的博物馆。那儿不仅仅有艺术珍品，还有大堆的金银制品。丰功伟绩！收获巨大！两个胜利者，一个塞满了腰包，这是看得见的，另一个装满了箱箧。他们手挽手，笑嘻嘻地回到欧洲。这就是这两个强盗的故事。

我们欧洲人是文明人，中国人在我们眼中是野蛮人。这就是文明对野蛮所干的事情。

（宁波市四眼碶小学　孙纯）

五年级上册

第五单元：比较策略

15 太阳

文本解读

本课是一篇精读课文，也是一篇科普短文。原人教版收录于三年级下册，统编教材将这一课文安排在五年级上册，选入时对其中的内容也进行了适当的修改删减。文章采用列数字、打比方、作比较等说明方法，介绍和太阳相关的一些知识，说明太阳和人类有着非常密切的关系。

课文内容分两大部分。第一部分分别从“远”“大”“热”三个方面介绍了太阳的有关知识；第二部分讲人类和太阳的密切关系。这两部分内容互相关联。正因为太阳那么大，温度那么高，距离我们又那么远，才能给地球送来适合人类生存的光明和温暖，我们生活的世界才会如此美丽可爱。

作为说明文单元的第一篇课文，运用多种说明方法来说明事物是本文写作上的重要特点。课文在介绍太阳时，运用列数字、举例子、作比较、打比方等多种方法，使一些抽象的或不好懂的知识显得具体、通俗、明了，这样描写太阳的特点给人留下了深刻的印象。不仅如此，还要让学生感受说明性文章的语言特点，即《太阳》一课语言的平实，描述的准确、清楚、有条理。

策略提点

一、学生已有阅读经验分析

这是五年级上册第五单元习作单元的第一篇课文。作为五年级的学生，对文章所运用的多种说明方法已有所了解，现在更多的是要关注运用说明方法的好处，即能说明抽象、复杂的事物，使它们变得通俗易懂。

二、阅读策略教学建议

基于文本特点，结合课后习题，从学生已有经验出发，可着重引导：（1）结合课文内容，体会所运用的说明方法的作用；（2）体会说明文语言准确、严谨、有条理性的特点；（3）学习用多种说明方法来介绍身边的事物。

教学活动设计

一、教学目标

1. 会读“摄”“殖”“炭”“疗”4个生字，会写“抵”“氏”“估”“殖”“粮”“炭”“区”“繁殖”“治疗”“杀菌”等生字词语，运用联系上下文、生活实际等多种方法理解“抵得上”“摄氏度”“煤炭”“杀菌”等词语的意思。

2. 通过品读说明文的语言文字，了解使用说明方法是为了将抽象、复杂的事物变得通俗易懂。

3. 通过感受太阳和人类关系的密切，能够说出这篇说明文语言描述准确、清楚、有条理之处。

二、课前准备

PPT 课件，有关太阳的影像资料。

三、教学过程

第一课时

板块一：交流预习，学习新词

1. 你们了解太阳吗？交流搜集的资料。

今天，就请同学们来做个小小科学家，通过学习课文，去揭开太阳的奥秘。（板书：太阳。）

2. 检查预习情况。

（1）同桌互听、互读、互评。

指名读，引导学生参与评价。出示句子：

太阳的温度很高，表面温度有五千五百摄氏度。

有了太阳，地球上的庄稼和树木才能发芽、长叶、开花、结果；鸟、兽、虫、鱼才能生存、繁殖。

埋在地下的煤炭，看起来好像跟太阳没有关系，其实离开太阳也不能形成，因为煤炭是由远古时代的植物埋在地层底下变成的。

太阳光有杀菌的能力，我们可以利用它来预防和治疗疾病。

（2）指导学生读准生字词语的读音。同时引导运用已学的多种方法理解词语“摄氏度”“繁殖”“煤炭”“杀菌”。

板块二：梳理段意，获取信息

1. 这是一篇科普说明文，一般一个自然段说明一个意思，我们阅读时概括出每个自然段的意思能更好地帮助我们读懂文章。

交流。

小结：弄清每段、每层说明的主要意思，是学习说明文和阅读科普读物的好方法。

2. 结合课后思考题交流：课文是从哪些方面介绍了太阳？太阳对人类有

哪些作用？（板书：特点、关系密切。）

3. 交流后将课文分成两大部分。

板块三：体会特点，习得方法

1. 了解太阳第一个特点。

（1）读描写太阳的段落，找出具体描写太阳的句子。

（2）感受“远”。

交流体会：太阳离我们很远。从“一亿五千万千米”“步行三千五百年”“坐飞机二十几年”感受到。

（3）比较体会。

两种表述，哪一种更好？为什么？

小结：精确的数字能让我们更具体地感受到地球到太阳的距离很远。这样的说明方法就叫作列数字。（板书：远、列数字。）

2. 探究学习太阳其他两个特点。

（1）小组讨论：太阳除了离我们很远，它还有哪些特点？找句子勾画关键词。

（2）班级交流。

除用具体的数字来说明太阳的温度高外，课文还举了一个什么例子？

小结：举例子的说明方法能使我们更生动地了解事物的特点。

3. 感悟语言特点。

（1）体味“差不多”。

到太阳上去，如果步行，真的要走三千五百年吗？

（2）小组交流。

就是坐飞机，也要飞二十几年。

一百三十万个地球的体积才能抵得上一个太阳。

小结：在说明文中，为了体现说明文语言的准确性和科学性，作者通常不会把话说得太绝对，这也是准确表达的体现，即该精确时精确，无法做到精确时，用表示估计的词语。

第二课时

板块一：朗读品味，聚焦“密切”

1. 找出太阳和人类的关系密切的句子，谈体会。

预设 1：读第四自然段句子。

指导：厘清太阳和植物、动物、人类的衣食住行之间的关系。相机理解“煤炭”跟人类生活的关系。

预设 2：找出句子说明云、雨、雪、风的形成和太阳的关系。

指导：圈画重点词，交流理解写这些自然现象是为了更好说明太阳和人类的关系密切。

预设 3：太阳的作用是预防和治疗疾病。

指导：联系生活实际说一说，更进一步感受关系的密切。

2. 小结：学习说明文要留意文中的信息，提取信息后还要加以整理、归并、概括。

板块二：关注表达，架构思维

1. 默读第四至第七自然段，交流写法特点。

预设 1：交流第四自然段，写法特点是按照“有了太阳怎么样……没有太阳怎么样”的顺序。

指导：抽学生看句式读“有了太阳……如果没有太阳”，引出一正一反的对比。顺势指导最后一段。

预设 2：用上“看起来好像……其实……因为……”的关联词把事物说清楚。

指导：读一读，品一品。说明文的语言值得细细品读，要想把事物说清楚，就要注意语言的逻辑性，用恰当的关联词是一个好方法。

预设 3：写太阳形成云、雨、雪、风时，是按照科学形成过程有顺序地介绍的。

指导：指名读每一种现象，思考能不能换顺序写，感受语言内在的逻辑性。

2. 思考最后一段在全文中的作用。

板块三：小结方法，迁移运用

1. 回顾小结：通过这节课的学习，我们了解了为了把抽象、复杂的事物说清楚，使它们变得通俗易懂，往往会使用一些说明方法，如列数字、作比较、举例子、打比方等，我们也学着用这样的方法来说明事物的特征。

2. 试写句子。

（1）分析。

例句：这个电视塔高 468 米，大约有 160 层楼那么高。

电视塔像一个待发射的火箭。

（2）试写。

运用多种方法来说明以下事物的特征。

猎豹奔跑速度惊人。

地球是渺小的。

3. 反馈交流。

（慈溪市横河中心小学　华颖）

16 松鼠

文本解读

《松鼠》是一篇文艺性说明文，也称科学小品，作者是法国作家布封。原人教版教材中为略读课文，统编教材中改为精读课文。

课文围绕第一句话从漂亮的外貌、驯良的性情和乖巧的行动特征这三个方面说明松鼠是一种“讨人喜欢”的小动物。作者首先从面容、眼睛、身体、四肢、尾巴和吃食姿势这几个方面具体写松鼠漂亮的外形特征，接着从松鼠的活动范围和活动时间体现其性格特征——驯良，又通过松鼠在各种情况下的表现来凸显其乖巧、极富灵性的行动特征，最后补充介绍松鼠的生育、换毛情况及喜欢洁净的特点。课文篇幅短小，却组织了较多的材料，适合引导学生提取信息并加以梳理。

与前一课平实性说明文《太阳》相比，本文在说明角度、表达方法、语言风格等方面有很大不同，在准确性说明的前提下，通过直接描述反映事物特点，还运用比喻、拟人的手法，生动形象地介绍了松鼠这一可爱的小动物，融合了知识性、科学性和趣味性，语言活泼，特点鲜明，极具文学色彩。如对松鼠尾巴的介绍十分形象，让人心生喜爱；在介绍松鼠的活动范围时通过“也不”“只”等词语，清楚明白地写出松鼠的活动区域和不扰人的特点；

写松鼠做窝时，用“先”“再”“然后”等表示顺序的词语和“搬”“放”“编扎”“挤”“踏”等一系列动词，将松鼠做窝这一系列复杂的过程写得有条不紊。这样的表达方式更贴近学生，可以指导学生通过直接描述把事物介绍清楚。

策略提点

一、学生已有阅读经验分析

这是五年级上册第五单元的第二篇课文。学生已经认识简单的说明文，并了解了基本的说明方法。但以单元形式集中出现还是第一次，且学生对科学小品或文艺性说明文的了解并不多，对此类生动活泼的说明文较为陌生。

二、阅读策略教学建议

基于文本特点，结合课后习题，从学生已有经验出发，继续学习比较策略，可着重引导：（1）围绕关键词，从课文中提取有关松鼠的信息，并分条写下来；（2）通过比较，发现文艺性说明文在表达上的特点及作用；（3）结合生活中的观察，仿照课文第四自然段写一写小动物的活动。

教学活动设计

一、教学目标

1. 会读“驯”“矫”等 11 个生字，会写“松鼠”“玲珑”等生字词语，运用联系上下文、生活实际等多种方法理解“驯良、机警、勉强”等词语的意思，并围绕关键词语，分条摘录课文中有关松鼠的信息。

2. 通过语句比较，体会课文语言的生动、活泼，感受作者对松鼠的喜爱之情，了解文艺性说明文表达上的特点及作用。

3. 联系生活中的观察所得，能仿照课文第四自然段的写法，有条理、有顺序地介绍一种小动物的活动。

二、课前准备

PPT 课件，作业本。

三、教学过程

第一课时

本节课着重落实教学目标一。

板块一：学习字词，初识轮廓

1. 出示谜面。

像鼠不是鼠，尾巴大又松。常在树上住，松果当食物。

谜面中有哪些关于松鼠的信息？（外貌、生活习性。）

2. 出示阅读材料。

松鼠体形细长，体长 20—28 厘米，尾长 15—24 厘米，体重 300—400 克。四肢细长，后肢更长，指、趾端有尖锐的钩爪。尾毛多而蓬松，常朝背部反卷。

松鼠喜欢单独在树上搭窝或利用树洞栖居，窝以树的干枝条及杂物构成，直径约 50 厘米。白天善于在树上攀登、跳跃，跳跃时用后肢支撑身体，尾巴伸直，一跃可达 10 多米远。它们主要以橡子、栗子、胡桃等坚果为食，也喜欢吃松籽，有贮藏食物的习性。松鼠的繁殖能力较强，一年 2—4 窝，孕期一个多月，每窝产 4—6 仔。

默读材料，谈谈你对松鼠的了解。

相机复习上一课中习得的说明方法。

3. 检查预习，学习重点字词。

（1）同桌分自然段互读课文，检查是否读正确、读通顺，读后讨论：松鼠是一种怎样的小动物？在课题旁摘录有关的词语。

（2）出示易读错的词语。

驯良　矫健　分权　苔藓　帆和舵

前爪　爪子　编扎　勉强

前一行重在读准生字字音，后一行重在读准多音字。联系已有经验理解“编扎”和“勉强”，指导读准字音。

（3）交流初读感受，发现松鼠特点。

交流摘录的词语：漂亮、乖巧、驯良、讨人喜欢、敏捷、机警、身体矫健、警觉……

相机指导正确书写。

齐读课文第一句：松鼠是一种漂亮的小动物，乖巧，驯良，很讨人喜欢。

查找工具书，联系上下文理解“乖巧”“驯良”。

板块二：梳理信息，掌握习性

1. 如果我们要给松鼠制作名片，需要了解哪些信息？

预设：名称、体形、食性、栖息、活动、繁殖……

2. 默读课文，在文中画出相关信息，并批注关键词。

3. 以第一自然段为例，了解“分条摘录”的方法。

分别有哪些信息？这些信息分别是关于哪一方面的介绍？

示范分条摘录。

4. 小组合作学习一。

（1）学习要求：① 组员交流信息，思考分别是哪一方面的介绍，在文中做好分条记录；② 结合从文中获得的信息，合作设计名片，记录员摘录；③ 汇报员准备介绍学习成果。

（2）小组学习成果展示汇报。

（3）小组修改名片。

板块三：运用信息，简介松鼠

1. 小组合作学习二。

（1）学习要求：①组长组织讨论以何种形式介绍松鼠；②组内借助名片试讲，相互补充，准备小组汇报。

（2）小组成果展示，学生互评。

小结：学习说明文要留意文中的信息，提取信息后还要加以整理、归并、概括。

第二课时

本节课着重落实教学目标二、三。

板块一：回顾信息，复现形象

1. 出示松鼠名片，师生合作简介松鼠。

2. 说说松鼠给你的印象。

板块二：比较语言，学习写法

1. 小组合作学习三。

学习要求：① 独立阅读阅读材料，在课文中找到和画线句子对应的语句，想想写法上有什么不同，做好批注；② 组内逐个交流，相互补充，及时做好记录，准备汇报。

2. 从上面三组对照中，你发现课文表达上的特点了吗？

小结：采用直接描述，恰当运用比喻、拟人的修辞手法，有顺序、有条理地介绍，还表达了作者的情感。

3. 像这样的语言在课文中还有不少，请任选一个语段，练习朗读。

4. 展示交流。

板块三：联系生活，迁移写法

1. 第四自然段集中写松鼠搭窝，特别描写了松鼠的动作，十分形象，请齐读。

2. 你观察过小动物的活动吗？如果让你也来写一写，你会从哪几个方面来介绍呢？

3. 仿照课文第四自然段写一段话。

4. 展示交流。

评价重点：有层次、有顺序地介绍；运用一些表示动作的词语介绍动物的活动；表达自己的情感。

5. 小结写法。

四、作业布置

推荐阅读布封的《自然史》。

（宁波慈溪市实验小学教育集团　施杞芸）

五年级上册

第六单元：联系策略

单元教学说明

一、人文主题与语文要素

本单元的人文主题为“舐犊情深”，语文要素为“体会作者描写的场景、细节中蕴含的感情”。

本单元共安排了精读课文《慈母情深》《父爱之舟》和略读课文《“精彩极了”和“糟糕透了”》，引导学生边读边想象描写的场景、细节，体会父母之爱。《口语交际：父母之爱》《习作：我想对您说》以及《语文园地》的“词句段运用”，要求学生联系生活中的类似经历感悟父母之爱，并“用恰当的语言表达自己的看法和感受”。

二、阅读策略说明

本单元着重练习“联系”的阅读策略，在三上、三下学习运用“联系”阅读策略理解词语、句子意思的基础上，学生进一步强化运用阅读策略的意识，习得联系生活体会情感的策略，表达自己的看法和感受，加强阅读与写作的练习。

三、策略教学内容与教学建议

本单元对“体会作者描写的场景、细节中蕴含的感情”做了有层次的安排，《慈母情深》重在学习“边读边想象课文中的场景”；《父爱之舟》重在学习“体会描写的场景、细节中蕴含的感情”；《“精彩极了”和“糟糕透了”》重在学习“如何看待父母的爱”。除此之外，在《语文园地》的“交流平台”板块中，也对本单元的语文要素进行了回顾与提升。

本单元的三篇课文都要求学生关注课文描写的场景、细节，品味蕴含其间的情感。教学中，教师要指导学生运用联系的阅读策略，通过联系体会情感，联系上下文、细节、场景体会情感，联系场景及含义深刻的语句体会情感，联系生活实际、结合比较体会情感，将本单元的语文要素落到实处。

《语文园地》有三个板块：“交流平台”“词句段运用”和“日积月累”。其中“交流平台”呼应了本单元的阅读策略，对“体会作者描写的场景、、细节中蕴含的感情”的策略进行了总结，教师可借助一些阅读资料，让学生在阅读实践中运用学过的这些策略，读后与同伴交流，总结方法。

“词句段运用”有三个内容：一是联系课文内容，体会结尾的特点；二是想象画面，体会场景描写的作用；三是读句子，想想成长中的“第一次”，写一段话。通过这样的练习，学生在语言实践中关注场景和细节，学习用恰当的语言进行表达。

四、教学时间安排

内容	第 18 课	第 19 课	第 20 课	口语交际	习作	语文园地
课时(h)	2	2	1	1	2	2

（宁波市镇海区乔梓学校　钟芬花）

19 父爱之舟

文本解读

这是一篇精读课文，是第六单元“舐犊情深”的第二课，是入选统编教材的一篇新课文。全篇采用倒叙的手法，从梦境开始，引入对往事的回忆；以从梦中醒来，泪湿枕边结束，首尾圆合。

文章所选取的都是些平凡小事，作者以时间为序，围绕父亲送“我”上学、带“我”报考学校这一重点，记录了许多看似平淡无奇的琐碎小事。主要有六个场景：父亲卖茧子给“我”买枇杷；父亲省钱让“我”住客栈；父亲逛庙会为“我”买豆腐脑，做万花筒；父亲雨天背“我”上学；父亲凑钱供“我”上高小；父亲用船送“我”考学，为“我”缝棉被。

文中四次写到姑爹的小船，以此贯穿全文，把种种往事连为一体，父爱与小舟不可分割。题目中的“父爱之舟”有虚实两重含义，“实”指父亲几次借用并载着我驶向人生一个又一个关口的那条小渔船，而“虚”指伴随我成长的浓浓的父爱之情。

文章的表达直白、朴素，而在平凡、琐碎的小事回忆中又渗透着父爱的深沉。

策略提点

一、学生已有阅读经验分析

这是五年级上册第六单元第二篇课文，在第一篇课文《慈母情深》学习中学生已经感受到母亲的无私、伟大。平时的阅读中学生读到父爱的文章不多，本文正好能满足学生情感上的需要。

二、阅读策略教学建议

基于文本特点，结合课后习题，着重选用联系策略，从学生已有经验出发，可着力引导：（1）概括“我”梦中出现的场景；（2）用自己的话说说对含义深刻语句的理解；（3）联系场景及含义深刻的语句体会情感。

教学活动设计

一、教学目标

1. 会读“茧”“栈”等 14 个生字，会写“蚕”“考”等 14 个生字，运用多种方法理解“客栈”“偏僻”“启迪”等词语的意思。

2. 默读课文，能用简洁的语言梳理我梦中出现的难忘场景。

3. 通过品读细节、资料拓展、练笔提升等方法感受细节与场景之中蕴含的深切父爱，并发现文章描写场景的特点。

二、课前准备

PPT 课件，学习单，作业本。

三、教学过程

第一课时

本节课着重落实教学目标一、二。

板块一：导入新课，展示预习成果

1. 揭示课题，齐读课题。

2. 课前同学们已经预习了课文，我们一起来看看学习单。

一	读文概括	“我”的梦中出现的场景	
二	文本与自己	自己的经历和个性	
		自己的家庭和亲人	
		自己的梦想与未来	
三	文本与文本	同一作家其他作品	
		作家或主人公传记	
		同时代作家的作品	
		不同时代作家作品	
四	文本与世界	电视、报纸新闻	
		自己所见所闻	
		纪录片	

3. 交流预习情况。

（1）读词语，初步理解意思。

（2）对比两份作业单，看第一、第二个场景的概括方式，指导概括简练。父亲卖茧子给“我”买枇杷；父亲省钱让“我”住客栈。

（3）四人小组交流讨论其他场景，全班确定其他场景：

父亲逛庙会为“我”习豆腐脑，做万花筒；父亲雨天背“我”上学；父亲凑钱供“我”上高小；父亲用船送“我”考学，为“我”缝棉被。

4. 概括主要内容。

板块二：联系自身经历，交流印象深刻场景

1. 默读课文，画出令自己感受最深的句子，结合课前的学习单第二部分，把自己的感受批注在旁边。

2. 交流分享。

（1）第一个场景。

重点关注：“心疼极了”“动心了”。

引导：我们只体会了父亲对孩子的爱，那么，这段文字里有没有体现出儿子对父亲的爱呢？

（2）第二个场景。

重点关注：“父亲觉得我太委屈了”“他就是不吃”“做万花筒”。

（3）第三个场景。

围绕父亲的节俭，学生自主交流感受。

（4）第四个场景。

重点关注：“新滋味”指的是什么？

（5）第五个场景。

重点关注：“抓紧时间”“弯腰低头”“分外明显”，感受父亲为“我”所做的一切中包含着他无声的爱。

3. 读课前学习单的第二部分，回顾自己平时感受到的父亲的爱，你对文中父亲的哪一处印象最深？谈谈感受。

板块三：激情升华，联系生活延伸

1. 文章是按照什么顺序记叙的？找找文章中相关的词语。

以时间为顺序，关键词：读初小——初小毕业时——考取了鹅山高小——报考无锡师范。

2.、从父亲身上我们感受到了平凡而又伟大的、深沉的父爱。从儿子身上，我们也感受到了爱和感激。

下节课我们将继续学习，品味作者独特的写作手法。完成学习单的第三、第四部分。

第二课时

本节课着重落实教学目标三。

板块一：回顾主要场景，联系上下文感受父爱

1. 回顾六个主要场景。

2. 其在写法上有什么特点呢？

（1）场景描写中有细节，细节与场景之中蕴含的情感。

（2）文章以梦境的形式回忆往事。

板块二：探究题目深意，运用多种方法联系

文章表达了父亲朴实又真挚的爱，为什么以“父爱之舟”为题？用波浪线画出与“舟”相关的语句，说说自己的理解。

1. 画句子，说说感受。

2. 突破重点句。

你觉得作者能画出这只小船吗？为什么？

预设1：可以，因为最后作者成为一个有名的画家，成为父亲的骄傲。

预设2：不能，因为父爱是不能用图画表现出来的，也表达不完整。

3. 明确深意。

文中四次写姑爹的小渔船，所以它是行文的线索。以小舟比喻父爱很贴切，在作者的人生之路上，父爱载他度过生活的艰难，到达理想的彼岸。这样的比喻形象而富有新意。

4. 如果让你来比喻一下父爱，你会怎么说？

仿说句子：父爱如清茶，滋润了我干渴的喉咙……

板块三：群文阅读延伸，拓展运用策略

1. 了解作者，关注作品。

本文的作者是吴冠中，通过课前的资料查找，我们交流一下对作者的认识，也可以谈谈和作者相关的其他作品。

2. 拓展阅读，迁移运用。

提供朱自清的《背影》、杨振宁的《父亲和我》、龙应台《目送》的节选，学生自主阅读。

3. 小组学习，组内交流。

有没有吸引人的细节描写？从中感受到了什么？与课文有何相似的地方？

4. 读了这些故事，我们发现这些故事相同的地方——突出了父亲的爱；运用场景和细节描写的表现手法。

5. 读关于父爱的名言。

板块四：场景加细节描写，促进读写联系

1. 选择一处体现父爱的场景，加入细节描写，表达一下对父亲的爱吧！

2. 课堂练笔，交流点评。

四、作业布置

请选择一项完成：

（1）写一篇读后感；

（2）结合课堂练笔，完成一篇关于父爱的完整文章。

（宁波市镇海区乔梓学校　钟芬花）

20 “精彩极了”和“糟糕透了”

文本解读

这篇课文的作者是美国作家巴德·舒尔伯格。原人教版教材将其作为“父母之爱”的一篇精读课文，统编教材将其安排为“舐犊情深”主题下的略读课文。

课文按时间顺序，先讲“我”七八岁时写了第一首诗，妈妈评价“精彩极了”，爸爸评价“糟糕透了”。显然，这时候“我”并不理解父母的心。再讲“我”几年后认识到父亲原先的评价是对的，受到母亲鼓励一直在写作，并且得到了父亲的肯定。最后讲“我”成年后取得了成就，深感自己有慈祥的母亲，又有严厉的父亲，非常幸运。作者以自己的经历说明，一个人的成长，既需要赞扬鼓励，又离不开严厉的批评。

这篇课文语言平实，既有鲜明的形象，又凝聚着感情，与学生的生活、情感体验十分接近。学生大多有类似的生活经历与情感体验，可以运用多方面联系的阅读策略，理解、领悟文本意蕴。

策略提点

一、学生已有阅读经验分析

这是五年级上册第六单元的第三篇课文，学生在第一篇课文的学习中感受了母亲的爱，在第二篇课文的学习中品味了父亲的爱，对独特的场景、细节中父母的爱已经有了很深的印象。

二、阅读策略教学建议

基于文本特点，结合本单元的语文要素，着重选用联系策略，从学生已有经验出发，可着力引导：（1）联系上下文体会作者对父母的描写中蕴含的情感；（2）借助与其他文本的比较体会父母特别的爱；（3）联系生活实际体会人物的情感。

教学活动设计

一、教学目标

1. 默读课文，了解本文篇章结构上的特点，借助时间词概括主要内容。

2. 品读场景、细节描写，联系上下文体会巴迪父母的情感，理解含义深刻的语句。

3. 联系生活实际，选用场景、细节表达自己父母的爱。

二、课前准备

教师准备 PPT 课件，学生准备记录生活中父（母）爱瞬间的照片。

三、教学过程

板块一：导入课题，整体感知

1. 揭示课题，齐读课题。

2. 学习提示：自由读课文，读准字音，读通句子，把难读的词语圈起来，思考刚才提出的问题。

3. 交流词语。

4. 了解主要内容。

关注时间词，圈一圈：记得七八岁的时候、几年后、现在、这些年来。

5. 发现篇章特点。

这样事、理融合着写的故事，我们学过的还有《落花生》《珍珠鸟》。

板块二：联系“交流平台”，合作探究

1. 出示“交流平台”。

	《父爱之舟》	《慈母情深》
场景	“我”与父亲逛庙会	/
细节	/	母亲掏衣兜，掏出一卷揉得皱皱的毛票，用龟裂的手指数着
感受	父子之间的温情	母亲工作的辛苦、挣钱的不易，“我”的羞愧和自责

2. 从哪些场景和细节中感受到父母之爱？读第一至第十四自然段，画一画句子，可以在旁边写下自己的想法。先自主学习，然后小组交流，选一两处填写表格。

	母亲表现	父亲表现
场景		
细节		
感受		

板块三：联系上下文，丰富文本理解

1. 交流场景。

场景 1：母亲在巴迪写了第一诗后夸奖他，两人一起等待爸爸的到来。

场景 2：爸爸回来后批评巴迪的诗，妈妈辩驳。

2. 交流描写母亲的细节。

（1）关注兴奋的神情、搂住的动作、语言的惊喜。读好句子。

（2）关注标点，体会问号表示的难以置信和表达两个感叹号的无比自豪。

巴迪的心情还经历了怎样的变化，找找关键词语。

交流板书：自豪感——满怀信心——等不及了——紧张极了——沉重——再也受不了了。

（3）读短句：“七点。七点一刻。七点半。”

短句突出时间过得漫长，以时间来反衬迫不及待，笔触非常细腻。

小结：不难发现，随着父亲的话语，巴迪的心情一落千丈。（板画心情图）小时候的巴迪难以理解为什么对待同一首诗父母竟有着截然不同的看法。

板块四：联系生活，表达自己的爱

1. 默读最后三个自然段，思考：巴迪长大后，又是如何看待这件事的？

2. 我们本单元还学习了课文《慈母情深》《父爱之舟》，比较一下，这篇课文与前两篇课文有什么相同之处，又有什么不同之处呢？

3. 我们的父母也在用自己独特的方式爱着我们。四人小组交流课前准备的表现父母之爱的照片，说说感受。

4. 全班交流，共同评价。

四、作业布置

1. 课外再找几篇描写父母“舐犊情深”的故事，读一读。

2. 选择体现父母之爱的一个片段写一写，关注场景和细节，写出自己的真实感受。

（宁波市镇海应行久外语实验学校　钟芬花）

五年级下册

多种策略阅读

5 草船借箭

文本解读

这是一篇精读课文，选自我国古代四大名著之一——《三国演义》第四十六回，原文是古白话文，故事情节曲折精彩，人物形象众多且富有个性。

草船借箭的故事发生在东汉末年，曹操、刘备、孙权各据一方。当时曹操刚刚打败刘备，又派兵进攻孙权，于是刘备和孙权联合起来抵抗曹操。刘备派诸葛亮去孙权那里帮助作战。这个故事就是在孙、刘联合抗曹的时候发生的。课文写周瑜由于嫉妒诸葛亮的才干，要诸葛亮在十天内造好十万支箭，借机陷害他。面对周瑜的有意为难，诸葛亮用妙计向曹操“借箭”，挫败了周瑜的暗算，表现了诸葛亮足智多谋、有胆有识、神机妙算。

课文以“借”为主线，按事情发展顺序进行叙述，前后呼应，增强了故事的完整性和严密性。故事将诸葛亮、周瑜、鲁肃等人物置于现实斗争的矛盾之中，通过言行及环境描写来刻画人物形象，推动故事情节的发展，这是《草船借箭》在表达上的一大特色。

策略提点

一、学生已有阅读经验分析

这是一篇古白话文，部分词语对于学生而言比较陌生，但文章故事性强，不影响学生对整体内容的理解。学生也可以借助资料了解相关背景，从而降低阅读理解的难度。

二、阅读策略教学建议

基于《义务教育课程标准（2011 年版）》第三学段目标中提出的“阅读叙事性作品，了解事件梗概，能简单描述自己印象最深的场景、人物、细节，说出自己的喜爱、憎恶、崇敬、向往、同情等感受”“初步领悟文章的表达方法”等要求，结合文本特点、课后习题，着重选取关联、组合、对比策略，从学情出发，着力引导：（1）借助情节梯说清故事内容；（2）关联人物对话和相关学习资料，体会人物形象；（3）通过前后对比阅读，对人物有进一步独特的认识。

教学活动设计

一、教学目标

1. 会读“瑜”等 14 个生字，会写“曹”等 15 个生字，运用联系上下文、生活实际和查阅工具书等多种方法理解“欣然”“都督”“隐讳”“布幔”“翎毛”“拜服”等词语的意思。

2. 在一些相关资料的补充下，借助“情节梯”概括故事的主要内容，梳理人物内在关系。

3. 依托关联、组合、对比等方法，立体感受人物特点。

二、课前准备

PPT 课件，作业本，相关的故事背景资料。

三、教学过程

第一课时

本节课着重落实教学目标一、二。

板块一：结合相关资料，扫除阅读障碍

1. 出示历史时间轴、三国地图和课后资料袋，了解故事发生的历史背景，谈谈对《三国演义》这本书的了解。

2. 揭示课题，学生齐读课题。

3. 根据学习单，反馈预习情况，扫除疑惑。

板块二：借助情节梯，理清故事内容

1. 默读课文，用“○”圈出交代故事情节的关键词句。

2. 同桌交流，归并、删减、补充、整合关键词信息，完成“情节梯”。

3. 全班交流，完善“情节梯”。

板块三：立足对话，借助资料，关注人物联系

1. 围绕“商议”，默读周瑜和孔明之间的对话，边读边想双方对话的意思，在文中批注关键词。

2. 男女生配合朗读，课件罗列两个人物的对话内容。

3. 读后交流，感受对话中周瑜对孔明的步步紧逼、套路之深、奸计之毒。

4. 质疑：为什么周瑜对孔明如此紧逼？两人之间莫不是有过节？课件出示相关资料。

5. 学生读资料，交流。

6. 除了语言能显现周瑜的心思，还有哪些关键词也能表现？

7. 面对周瑜的暗中陷害，孔明的言行有何特点？说明了什么？继续通过阅读《群英会蒋干中计》中周瑜对人才的嫉妒，以及孔明对周瑜所做之事的了然于心，来加深对人物的理解。

男女生再次配合朗读周孔之间的“对手戏”，把对人物的理解融入朗读中，加深对人物关系的理解。

第二课时

本节课着重落实教学目标二、三。

板块一：关联文本情节，关注人物心声

1. 上节课，通过学习周瑜和孔明之间的“对手戏”，我们了解到了人物语言中所包含的信息，并借助资料加深了对人物的理解。这节课，我们将继续走进人物内心，体会人物形象。

2. 小组合作，学习周瑜和鲁肃、鲁肃和孔明之间的对话，在文中做批注。

3. 交流阅读习得，引导学生关联着找、关联着读、关联着想。

4. 学习第三至第五自然段，继续引导学生关联呼应第二自然段，思考：从天时、地利、人和三个角度，找到相应的语句，探究借箭计划开展情况。

5. 引导学生关联人物鲁肃之“惊”、孔明之“笑”、曹操之“悔”、周瑜之“慨”，内化相关人物的心理活动，体会人物心声。

6. 交流。

鲁肃之“惊”——惊孔明之举如此神勇等；孔明之“笑”——笑出了大度、自信、神机妙算、英雄本色等；曹操之“悔”——悔糊涂一时等；周瑜之“慨”——慨技不如人、自负狭隘等。

7. 作者为什么要这样安排人物的语言和情绪呢？引导学生发现表达方式的特点和目的，即为中心人物孔明形象服务，无处不在凸显孔明之“智绝”。

板块二：整体认知人物，走向原著阅读

1.（出示京剧脸谱）写一写《草船借箭》中的人物评论。

2. 交流课前搜集的相关资料，进一步了解《三国演义》中的人物形象。

3. 总结：人物形象的评价也需要关联地评，多元地评。《三国演义》根据“七分实事，三分虚构”的史料处理原则，具有极强的艺术魅力，因此人物的评价也需要关联相关故事的背景资料进行客观的评价。

板块三：对比学习过程，总结学习方法

1. 第一节课前，我们讨论过课文中的人物，那么学了课文后，你对哪些人物有了进一步的了解？

2. 全班交流，相互补充信息，完善京剧脸谱中的人物评价。

3. 通过这篇课文的学习，你对阅读古典名著的方法有了哪些了解？

4. 交流：可以结合多方面的背景资料；需要关联性地分析人物等。

四、作业布置

1. 完成《课堂作业本》。

2. 有兴趣的同学可以运用关联、对比、组合等策略阅读原著。

（宁波市荷花庄小学　翁红园）

6 景阳冈

文本解读

这是一篇精读课文，节选自我国著名的古代长篇小说《水浒传》第二十三回，略有改动。全文约2400字，写的是广为流传的“武松打虎”的故事。课文记叙了武松在阳谷县的一家酒店内开怀畅饮后，趁着酒兴上了景阳冈，赤手空拳打死猛虎的故事，表现了武松豪放、勇武、机敏的英雄性格。

作者运用多种表达方法来刻画人物形象，武松既是英雄又是凡人。语言描写、动作描写、心理描写、环境描写等表达方法相互交替，形式多变，为人物形象增色不少。多重矛盾和巧妙伏笔的设置，也为情节的展开增添起伏；引人入胜的情节又不断升华了人物形象，两者相得益彰。

策略提点

一、学生已有阅读经验分析

学生通过阅读、影视、曲艺等途径对《水浒传》武松打虎等故事并不陌生。但是，学生对武松这个人物形象的认知停留在表层，存在一定的刻板印象。因此，如何通过探究多样化的表达方式来客观、辩证、全面地欣赏人物形象是本课学习的重点。

二、阅读策略教学建议

结合文本特点、课后习题，从关注人物形象的角度入手，通过品味多种表达方式，着力引导：（1）通过朗读、创境想象、换位体验等方法，感受人物形象，并能通过加上适当的语气、表情和动作等方式把对武松的人物理解转化成独特体验来进行由内而外的自我表达；（2）借助课后习题，通过“人物小辩论”锻炼鉴赏能力，对武松的人物形象能有全面立体的感知。

教学活动设计

一、教学目标

1. 会读“诡”等15个生字，会写“冈”等15个生字，运用联系上下文猜测、查阅工具书等多种方法理解“哨棒”“筛酒”“榜文”“大虫”“吓唬”“诡计”“踉踉跄跄”等词语的意思。

2. 默读课文，借助课后习题，梳理故事情节，对多样化的表达方式形成整体了解。

3. 深入探究多样化的表达方式，培养人物鉴赏能力，做到有理有据地介绍武松这个人物。

二、课前准备

PPT 课件，作业本，学习单。

三、教学过程

第一课时

本节课着重落实教学目标一、二。

板块一：检查字词预习，激发学习兴趣

1. 结合课后资料袋及阅读经历，畅聊名著信息、人物绰号等。

2.（出示武松的画像）从人物肖像入手，谈对他的“第一印象”。

3. 揭示课题，齐读课题。

板块二：梳理故事情节，练习用简洁的语言概括

1. 默读课文，遇到不懂的词语，如“筛酒”“哨棒”“晌午”“踉踉跄跄”等，可以用“猜一猜”的方法扫除阅读障碍。

2. 读完课文，独立完成课后练习第二题。

3. 全班交流故事情节：喝酒（第一至第四自然段）—上冈（第五至第七自然段）—打虎（第八至第十二自然段）—下冈（第十三自然段）。

4. 同桌之间尝试简要地说说故事的主要内容。

5. 选三位同学做交流，其余同学评价，逐步完善主要内容，做到语言流畅、内容简洁、条理清晰。

板块三：探究语言描写，把握人物形象

1. 再次浏览全文，谈一谈对武松在景阳冈赤手空拳打死老虎这件事，有什么初步的独特体会。

2. 在文中做好人物表达方式的批注，如语言、动作、环境描写等。

3. 小组讨论，相互补充，完善批注。

4. 全班交流，归纳表达方式的多样化，引导学生关注人物的“语言描写”这一常用的表达方式。

5. 探究文本在语言描写上的特别之处——“言语中的矛盾冲突”。

（1）分角色朗读第二至第四自然段中武松和店家的对话，其他学生边听边思考对话中的矛盾焦点。

（2）交流“话中意”。

（3）通过人物之间的对话，谈谈对武松有了哪些“新”认识。

（4）出示第六、第七两个自然段，对比武松和店家的一来一往的交互式语言描写，这两个自然段的语言描写有什么不同之处？（课件标红：“武松想”“细想”“自言自语”，引导学生发现这是一种人物的“内心独白”式的单向语言描写。）

（5）通过武松的独白，能感受到人物的什么特点？

（6）景阳冈小剧场：同桌合作再次演绎人物对话以及人物独白，把对人物的新认识注入演绎中。

（7）请两组同桌上台演绎，大家评价人物的语气、表情、动作是否符合个性特征。

第二课时

本节课着重落实教学目标二、三。

板块一：深入探究动作描写，继续了解人物形象

1. 这节课，我们继续学习课文，进一步认识武松。

2. 聚焦于动作描写方式，学习武松和老虎之间的交锋。

（1）学生扫读课文第九自然段，圈一圈老虎进攻的关键词：一扑、一掀、一剪；圈一圈武松防守的关键词：一闪、一闪、一闪。

（2）思考：为什么作者一直用“闪”这个动词，而不用“躲”“逃”“避”这些动词？评价这个动作描写的精妙之处。

（3）像这种抓住一个代表性动作——“闪”来进行动作描写，我们可以称之为“定格动作”或“特写动作”。

（4）用圈画、批注的方式，小组合作学习武松打虎的其他部分。

（5）全班交流，引导学生发现“打虎”的动作特点——“系列动作”或“连续动作”；“交互动作”或“交替动作”。

（6）景阳冈评书：尝试以评书的方式来讲述武松和老虎之间的搏斗过程，注意要使用适当的语气、动作和表情，把惊心动魄的打虎过程演绎出来。

（7）请两个学生上台，大家评价同学的语气、表情、动作是否将“打虎”过程讲得绘声绘色。

板块二：举行“角色小辩论”，多角度评价人物

1. 出示课后练习第四题，引导学生通过本课的学习，有理有据地评价武松这个人物形象。

2. 学生交流，清晰有条理地说出自己所持观点的理由，相互倾听，相互补充。

3. 小结：通过对武松这个人物的赏析，我们看到了“英雄”的一面，也看到了“凡人”的一面。相比原来对武松的印象有了新的认识、新的理解。这也是《水浒传》这部经典作品带给我们的文学享受。

板块三：对比阅读延伸，拓展运用策略

1. 提供《水浒传》中的《鲁提辖拳打镇关西》和《林冲棒打洪教头》两则阅读材料，迁移学习关注人物形象的策略。

2. 小组学习，组内交流。通过对文本中多种描写方式的圈、画、做批注，了解鲁提辖和林冲这两个人物形象。

3. 全班交流，相互评价。请两个学习小组交流阅读材料，其余同学仔细听，并进行相关内容的补充或者纠正。

4. 小结：读了《水浒传》中的英雄人物故事，我们发现这些名场面的描写都有一些相同的地方。如对人物的描写集中在语言和动作上；精准到位的用词，一呼一应的交锋，使打斗场面精彩至极；情节之所以吸引我们的眼球，原因还在于作者设置的各种矛盾上；对人物形象的认识，要从多个角度的客观实际出发……

四、作业布置

1. 完成《课堂作业本》的练习。

2. 阅读原著，写一则水浒人物简评。

（宁波市荷花庄小学　翁红园）

五年级下册

第七单元：比较策略

单元教学说明

一、人文主题与语文要素

本单元的语文要素为“学习多方面描写景物”“了解课文是从哪几角度把景物展现出来的”。

本单元共安排了三篇课文，有《威尼斯小艇》《牧场之国》和《金字塔》，学习“多方面描写景物”，从而激发学生阅读的主动性，训练思维，提高课堂教学的有效性。除此之外还有《习作：中国的世界文化遗产》及《语文园地》。

二、阅读策略说明

本单元是继五年级上册第七单元“比较”阅读策略之后出现的第二个关于“比较”阅读策略的单元，着重练习“多方面描写景物多角度比较，深入理解景物特点以及人与景物联系的方法”，进一步强化运用阅读策略的意识，习得提高比较阅读策略，有效提升阅读效率，为成为主动的阅读者奠定基础。

三、策略教学内容与教学建议

本单元对“多方面描写景物”做了有层次的安排，《威尼斯小艇》重在学习“景与人，动态与静态”；《牧场之国》重在学习“自然之景与人们的活动”；《金字塔》重在学习“互文印证”，从找文本，到习方法，悟用处，最后迁移运用，从而多角度比较景物特征、人与景物的联系及作用，体会比较阅读策略的独到之处。《语文园地》“词句段运用”板块还要求学生就某一景物写出由动到静的过程，体会语句的妙用，加强多方面描写景物的能力。

本单元的三篇课文以“异国风情”为主题，打开了一扇异国文化的窗口，向学生展示一幅幅多姿多彩的异国风情画卷。同时三篇课文也是揣摩作者是怎样写出景物风情特点的典范，教师要引导学生学习运用作者的写作方法，通过各种途径尽可能多地搜集资料，以丰富对异域风情的感受。教学时，除让学生尊重世界多样文化，感受审美情趣的陶冶外，也要帮助学生巩固景状物类课文的阅读经验，多角度比较，理解写作内涵，提升阅读策略，训练阅读思维。

《语文园地》有三个板块：“交流平台”“词句段运用”和“日积月累”。

其中“交流平台”是对语句的积累，对“多角度描写景物”的比较阅读很有帮助，教师可借助一些练习，再次让学生在阅读中有意识地积累把动态描写、静态描写、景与人的活动描写等，多与同伴交流，为多角度比较阅读策略奠定基础，

“词句段运用”学习由静到动地描写情景，体会关键词语对表达景物特点的作用，这是单元阅读策略的再巩固。通过这样的拓展练习，学生在语言实践中经历多角度阅读，多角度体现景物之美的思维过程。

四、教学时间安排

内容	第 17 课	第 18 课	第 19 课	口语交际、习作	语文园地
课时（h）	2	2	1	2	2

（宁波市泗洲路小学　吕敏）

17 威尼斯的小艇

文本解读

本单元着重学习“多方面描写景物多角度比较，深入理解景物特点以及人与景物的联系的方法”，本课作为本单元的第一课，旨在学习描写景物、人物的多种方法，为后续的学习做铺垫。

课文语言简洁明快，善于抓住事物特点。写小艇特点的句子逻辑关系紧密，文字极其简约。在表述小艇的外形特点和行动特点时，利用熟知的事物，引发相似性联想和想象，为我们提供了学习表达运用的范例——在描写事实的同时，由事实展开联想。同时，这也是一种阅读策略，读文章的时候根据熟悉的事物联想小艇的样子，通过想象走进文本。

描写船夫的一段结构清晰，围绕总起句"船夫的驾驶技术特别好”列举了儿种特殊情况下的“操作自如”，不仅有正面描写，还有侧面烘托，生动地描写出船夫驾驭小艇十分娴熟，得心应手。

为了更深入地阐释艇人、城的关系，作者不仅写了小艇为日常奔波的威尼斯人服务，还写了小艇是人们娱乐休闲时不可缺少的部分。小艇的开与停，决定了城市的动和静，形成鲜明的对比，展现出威尼斯独特的美。

本课旨在利用文字比较、图文结合比较、互文比较等方式，帮助学生学习并运用比较阅读策略。

策略提点

一、学生已有阅读经验分析

这是五年级下册第七单元学习“多角度描写景物”比较阅读的第一篇课文，需要为整个单元的学习打好基础。课文既是学习景物、人物描写的好材料，还是学习动静结合方法的素材，五年级的学生对于学写景物不陌生，已经知道如何按一定顺序突出某一特点来写景物，但对于抓住事物特点，在陈述事实的基础上用恰当的比喻写自己的想象，还有待学习。关于侧面描写与正面描写相结合的方法，学生已不是第一次接触，但对于动静结合的描写还十分陌生。

二、阅读策略教学建议

基于文本特点，结合学段、单元目标和课后习题，着重选用比较策略和联想策略，可着力引导：（1）感知小艇的特点，感受威尼斯独特的风情；（2）学习并初步运用抓住景物特点用“特点＋比喻”的方法；（3）通过图文比较，学习正面描写与侧面描写、静态与动态相结合的方法；（4）通过“阅读链接”开展比较阅读，培养文本分析能力。

教学活动设计

一、教学目标

1. 会读“艇”“艄”“翘”“拐”“姆”“祷”等9个生字，会写“尼”“斯”“艇”“翘”“垫”“帘”“拐”“姆”等13个生字。

2. 把握课文大意，感知小艇的特点，感受威尼斯独特的风情，了解小艇与威尼斯的关系。

3. 学习作者抓住特点用“特点＋比喻”来写的方法，学习正面描写与侧面烘托、静态与动态相结合等比较方法，并初步运用前者。

二、课前准备

PPT 课件，练习纸。

三、教学过程

第一课时

本节课着重落实教学目标一、二。

板块一：揭题导入，整体感知

1. 播放视频，猜猜这是哪个城市，有什么特点。板书课题。

2. 初读课文，要求读准，读通，边读边思考课文围绕小艇写了哪些内容。

板块二：两次比较，学习用“特点＋比喻”的方法写特点

1. 作者是怎样写小艇的重要的？

朗读有关句子。

2. 威尼斯小艇到底有什么特别的地方呢？读第二自然段，圈关键词。

指导朗读，指名读、齐读。

3. 文字比较：比较句子，你发现了什么？（让学生自己通过比较发现比喻的优势。）

作者用比喻句写出了自己的联想。前半句在写作者看到的特点，后面部分都在写作者根据事实联想到的特点。

指名读、齐读，感受画面。

4. 图文结合比较：看着几幅图，对照文字，你发现作者写作的顺序了吗？

由整体写到局部，由静态写到动态。（配乐齐读。）

5. 小结写法：马克·吐温就是这样，抓住特点，按一定顺序，在叙述事实的基础上，用比喻写出自己的想象，使我们读着读着也在脑海中产生了美好的联想。

板块三：迁移运用：小练笔

1. 我们来试着挑战一下吧！按从整体到局部的顺序，你能说说图中事物的特点吗？（课件出示：多肉图。）

2. 同学们，你能试着运用这样的方法，来写一写吗？拿出练习纸，任选一题完成，限时三分钟。

练习 1：

八仙桌 __________，边长有一米多，高七十五厘米，有点儿像一块豆腐。四条桌腿笔直细长，犹如 ______________________。四张长方形小凳子端端正正地放在四周，仿佛 ______________________。

练习 2：

桃树树干矮小粗壮，细长的树枝向上延展，看起来就像 _____________。桃花 _____________，如同散落凡间的繁星。一阵风吹过，仿佛 ____。

评价反馈：八仙桌片段是按从内到外的顺序写的，桃树片段是按从整体到局部，从静态到动态的顺序写的。

3. 请大家在课后用一段话，写写令你印象深刻的某处景或某个物，用上“特点 + 联想”的写作方法，写出层层递进之感。

4. 课堂总结。

第二课时

本节课着重落实教学目标三。

板块一：前后比较，学习“正面描写 + 侧面烘托”的方法

1. 默读第四自然段，思考这段话是围绕哪一句话来写的呢？

请大家找找船夫行船会遇到哪些困难呢？

2. 还有哪里能看出船夫的操纵自如呢？说说你的感受。

联系上下文比较，你发现作者的写作秘密了吗？

引导学生发现“正面描写 + 侧面烘托”的写法并小结：像这样通过对周围人物或环境的描绘来表现所要描写的对象，使其鲜明突出，叫侧面烘托。而前三句直接描写船夫驾驶技术高的句子都是正面描写。正面描写与侧面描写相结合，能使人物的特点更加突出。

3. 老师用三种颜色把这段内容分成了三部分，你知道为什么吗？（先总写驾艇技术高超，再正面写，最后侧面烘托。）

4. 学生分组朗读，教师小结。

板块二：前后比较，学习动静结合的方法

1. 读第五、第六自然段，采访威尼斯居民，完成表格。

时间	人物	干什么
	商人	
	青年妇女	
	保姆带着孩子	
	老人	
	……	
晚上	看完戏的人们	
	……	

通过采访，你发现了什么？

2. 比较写白天的部分与写黑夜的部分，在描写方法上有什么不同吗？

3. 写法指导：一白一黑、一闹一静，这是运用动静结合的方法写出了小艇白天在闹中穿行、夜晚在静寂中停靠的独特景致。

4. 学生齐读，感受写法。

板块三：拓展比较，欣赏《威尼斯之夜》《威尼斯》节选

1. 读读“阅读链接”，想一想在介绍威尼斯时，两位作家在表达上有什么相似之处？和课文相比，这两篇文章又有什么不同呢？

2. 总结回顾，谈谈感受

回顾这篇课文，有什么收获？谈谈自己的想法、感受和心情。

（宁波市泗洲路小学　张瑾瑾）

18 牧场之国

文本解读

在人教版教材中，本课选编在四年级下册第六单元，为略读课文，旨在通过阅读感悟异国田园风光，让学生积累佳句词段。而在统编教材中，本课选编在五年级下册第七单元，为精读课文，人文主题为“了解世界各地丰富多彩的自然、人文景观的魅力”，语文要素为“体会静态描写与动态描写的表达效果”。根据年段的特性，在阅读目标及阅读策略的指导方面有了较大的变化。

本文主要描写了荷兰美丽、幽静的牧场风光。文章第一自然段总领全文，第二至第四自然段具体描写了神态各异的花牛、膘肥体壮的骏马，以及羊、猪、鸡在辽阔无垠的草原上自由、悠闲地生活的场景。第五自然段描写了傍晚时分人们给奶牛挤奶、满载奶桶的车船不断驶出，忙碌却也不急不燥的和谐场景，以及天黑后的寂静。教学中，我们可以通过比较自然之景与人物活动的不同描写，比较白天与夜晚牧场的不同描写来多角度了解荷兰的特点。

本文语言优美舒缓，富有情趣与节奏，比喻、拟人是本文语言上的一个突出特点。教师可引导学生通过比较不同修辞的妙用，进一步加深对荷兰牧场的印象。

策略提点

一、学生已有阅读经验分析

本单元是继五年级上册第七单元“初步体会课文中的静态描写与动态描写”这一“比较”阅读策略之后出现的第二个关于“比较”阅读策略的单元，旨在体会静态描写与动态描写的不同表达效果。学生已经感知过多角度比较分析阅读凸显景物特点的方法，为本单元课文学习打下了一定的阅读基础。

二、阅读策略教学建议

基于文本特点，结合学生已有经验，着重选用比较策略，着力引导：（1）比较四幅不同的荷兰牧场风光图了解荷兰特点；（2）抓重点词句，从不同角度比较体会宁静、悠闲的牧场风光；（3）对比分析不同的选材内容，理解“这就是真正的荷兰”这句话的深刻含义。

教学活动设计

一、教学目标

1. 会读“榇”“眺”“膘”等8个生字，“满载”“牛圈”“牲畜”3个多音字组成的词语，会写“毡”“仪”“尊”“眺”等15个生字，运用联系上下文、生活实际等多种方法理解“镶嵌”“公爵”“仪态端庄”“膘肥体壮”等词语意思。

2. 通过品析比较自然之景和人物活动及白天牧场与夜晚牧场的不同描写，感受荷兰独特的牧场风光之美。

3. 有感情地朗读课文，体会动物与人、环境和谐统一的美好意境，理解“这就是真正的荷兰”的深刻含义。

二、课前准备

PPT 课件，作业本。

三、教学过程

第一课时

板块一：理解词义，整体感知

1. 图片欣赏，揭示课题。

2. 板书课题，齐读课题。

3. 读准字音，理解词义。

引导运用已学的多种方法理解词语“镶嵌”“公爵”“仪态端庄”“膘肥体壮”。

4. 选择其中几个词语，根据课文内容，组织成一句话，介绍牧场之国。

在______________________的草原，______________________。

板块二：借助中心句，比较发现不同角度的牧场风光

1. 找出总起句。

2. 比较发现不同的牧场风光。

围绕着“牧场之国”，作者如何展现荷兰的异国风情呢?

3. 反馈总结。

板块三：品析静态描写，比较感受白天牧场特色

1. 出示句子：这就是真正的荷兰。

这句话在文中反复出现了四次，那真正的荷兰究竟是怎样的呢？让我们先走进白天的荷兰牧场。

2. 真正的荷兰——奶牛的天堂，安静和谐。

（1）（出示图文）看看图片，读读文字，你觉得图上最吸引你的是什么?

要求：分别画出相关语句，并想象画面，有感情地朗读。

（2）除了奶牛，图片上还有什么也吸引了你？说说吸引你的理由。

（3）带着你的喜欢和陶醉之情边欣赏图片边读这段文字。

（4）小结：不同的景物，同样景物的不同描写角度都呈现出牧场之国的安静和谐！多么安静和谐的画面，这就是真正的荷兰——奶牛的天堂，安静和谐。

3. 真正的荷兰——骏马的世界，自由驰骋；牲畜的王国，悠然自得。

（1）回顾刚才的学习，我们是如何理解真正的荷兰的呢？

反馈小结：按“边赏图边读文——选择喜欢的内容圈画关键词句——细细品读，比较想象——感悟画面”的路径。

（2）小组学习：按照学习第二自然段的方法，任选第三、第四自然段的其中一段，走进其他牲畜，去体会真正的荷兰是怎么样的？

提示：我们研读的是第 ______ 段，描绘的是 ____________ 画面。我们从“__________________”这个词语中感受到 __________________；我们从“__________________”这个句子中感受到 __________________。我明白了，真正的荷兰是 __________________。

（3）汇报交流。

第二课时

板块一：品析动态描写，比较不同事物感受夜晚牧场的特色

1. 回顾学法，开启下文阅读。

2. 出示图片，说说这是一幅怎样的画面？

3. 思考：分别找出描写人、奶牛、牧场共同点的词语，说说你的体会。

人——默默无言；奶牛——严肃沉默；牧场——一片寂静。

4. 比较白天的牧场，有了人、车、船的活动，为什么牧场仍显得一片寂静呢？从哪些地方能读出它们之间的和谐融洽？

反馈小结：通过对比不同的描写可以发现，本文就是通过以动衬静的方法体现荷兰的安静祥和。

板块二：拓展视野，迁移运用写法

1. 归纳写法。

2. 迁移运用。

其实，“水之国、花之国”也是真正的荷兰，让我们一起来欣赏一些画面，仿照课文从不同方面把荷兰的特点介绍给大家吧，要求用上恰当的比喻、拟人等修辞方法。

这就是真正的荷兰！________________________________

____

这就是真正的荷兰！________________________________

____

这就是真正的荷兰！________________________________

____

3. 全班交流，互相评价。

四、作业布置

继续搜集描写各国风光，或具有民族特色的自然景象的文章，借助习得的比较策略来品读、感受、积累。

（宁波市泗洲路小学　王莹）

19* 金字塔

文本解读

这是一篇略读课文，由两篇短文构成。《金字塔夕照》是穆青 1982 年所作的一篇优秀的通讯稿，课文只是节选。《不可思议的金字塔》从数据和对金字塔建造的推测，向大家科学地呈现了金字塔的雄伟和劳动人民的智慧。

《金字塔夕照》描写的是夕阳西下下金字塔的独特迷人风情。作者围绕“金”字，细致而有感情地描写了夕阳下的古金字塔的神圣、庄严。作者的写作手法巧妙，情感炽烈真挚感人。《不可思议的金字塔》介绍了金字塔的地理位置，从最大的金字塔说起，介绍了金字塔的重量、体积和塔底面积，陈述了作者对金字塔建造过程的推测，科学地呈现金字塔的雄伟和劳动人民的智慧。

两篇课文语言流畅、结构清晰，从不同角度反映了金字塔的雄伟，表现了作者对金字塔和劳动人民智慧结晶的赞叹。两篇文本对照学习，可以帮助学生多角度学习对一个景物不同角度的描绘和欣赏，文本相互印证，更能凸显景物的特征，从而拓展阅读思维，促进对内容的理解。

对于五年级学生来说，读懂文本应该不难，但对于理解作者的意境有一定难度，对照阅读两篇同一景物的课文还是第一次。教师应引导学生通过比较、感悟，理解作者对金字塔的不同情感，进一步抓住其描写景物特征的共同点，甚至可以阅读更多描写金字塔的文章多角度、全面地了解金字塔，说说自己认识的金字塔。

策略提点

一、学生已有阅读经验分析

这是五年级下册第七单元学习的第三篇课文，在四年级及本单元前两篇课文学习的基础上，学生已经学习了景物描写要抓住景物特征，了解了描写顺序及方法。同时在 17 课的阅读链接中，学生也初步感受了不同作者对同一景物不同风格的描写，对运用比较的阅读策略及不同文本的相互印证有初步印象。

二、阅读策略教学建议

基于文本特点，结合课后习题，着重选用比较策略，从学生已有经验出发，可着力引导：（1）借助文本读懂课文；（2）借助课前学习提示学习课文内容上的相互印证；（3）在比较写作方法及反应的情感的基础上，联系实际用自己喜欢的方式介绍金字塔。

教学活动设计

一、教学目标

1. 会读“熠”“愧”“遐”“幽”“黏”“淤”“湛”等 11 个生字，运用联系上下文、生活实际等多种方法理解“雄浑”“思绪激荡”“熠熠发光”“遐想”“幽思”“泛滥”“淤泥”“精湛”等词语的意思。

2. 在根据课文内容，找找短文中相互印证的内容，比较两篇短文的相同及不同之处，感受作者对金字塔及劳动人民的赞美之情。

3. 用自己喜欢的方式介绍金字塔。

二、课前准备

PPT 课件，相关金字塔资料。

三、教学过程

板块一：运用多种方法，理解词语含义

1. 揭示课题，学生齐读课题。

这篇课文与以前不同，它是由两篇短文构成的。

2. 课前同学们已经预习了课文，下面来检查预习情况。

（1）互听互读互评抽读课文，指导读准生字词语的读音，多种方法理解词语“雄浑”“思绪激荡”“熠熠发光”“遐想”“幽思”“泛滥”“淤泥”“精湛”的意思。

（2）指名读读自己觉得难读的句子。

板块二：运用比较方法，理解课文内容

1. 再读两篇课文，找找表示金字塔特点的词句，用喜欢的方式画出来。

（学生用线段、符号、标注等方式边读课文边标识读后感受。）

2. 围绕金字塔雄伟壮丽的特征，PPT 出示相应的词句，学生交流、体会作者的心境。

（1）在金色的夕阳下，金色的田野，金色的沙漠，连尼罗河的河水也泛着金光。而那古老的金字塔啊，简直像是用纯金铸成的。

（用一连几个“金”字，呈现在大家眼前的是一个金色的世界，金字塔在夕阳的映衬下，更加壮丽辉煌。）

（2）远远望去，它像漂浮在沙海中的三座金山，似乎一切金色的光源，都是从它们那里放射出来的。你看。天上地下，黄澄澄，金灿灿，一片耀眼的色调，一幅多么开阔而又雄浑的画卷啊！

（夕阳照耀下，金字塔周边呈现出一派奇丽的景象。）

（3）如今，当我来到金字塔下，望着这人间的奇迹，更禁不住思绪激荡。我不知道“金字塔”这个汉文译名，最早是怎么得来的。究竟是出于象形，还是会意？无论出于哪一种考虑，我认为都是绝妙的。说它象形，你看它多想一个“金”的汉字；说它会意，几千年来，在人们的心目中，金字塔不愧是熠熠发光的珍宝，人类劳动和智慧的结晶，它无疑比金子还要贵重。

（交代了“金字塔”译名的由来，更赋予它珍贵和神秘的色彩，也表现作者对其的惊叹。）

（4）那一片迷人的金色，简直把你融化进一个神奇的境界，使你充满豪迈的感受，引起无边的遐想，不由自主地产生一种怀古的幽思……

（金字塔在夕照下的景象，让人联想翩翩，沉浸其中。）

（5）建于公元前2700年左右，在1889年巴黎埃菲尔铁塔建成以前，胡夫金字塔一直是世界上最高的建筑物。

（交代了胡夫金字塔外观和结构上的特点。小结说明方法：作者运用作比较、列数字、举例等方法拉近了我们与遥远的金字塔的距离，使我们对金字塔的宏伟和精巧有了更深的了解。）

（6）共用230万块石头建成，平均每块重2.5吨。整个胡夫金字塔相当远50层楼高，面积有126个篮球场那么大，体积是1万多个教室的总和。

（7）塔身是由一块一块的石头叠加而成的，中间没有任何水泥之类的黏着物。每块石头都磨得很平，至今仍很难用一把锋利的刀刃插入十块之间的缝隙。

（建造金字塔是一项非常浩繁的工程，花费的心血和汗水是无法计算的，仅从古埃及人民运石头、垒石块这两件事，就足以表现埃及人民的勤劳和智慧。）

请同学们选择其中一句，读出自己的惊叹、赞美之情。

结合提示语，运用联系上下文、结合图片等多种方法介绍金字塔。

板块三：借助学习单提示，找寻相互印证的内容

1. 第三次读课文，抓重点词句寻找相互印证的内容。

读一读两篇课文中表现金字塔特征的词句，通过表格中前后文本的比较和描写手法的不同，你会在其中哪部分内容找到共鸣？

课文	重点词句	景物特征	描写方法	作者感受
《金字塔夕照》				
《不可思议的金字塔》				

着重引导感悟融情于景、运用想象的手法凸显金字塔的神圣、庄严，歌颂人类的伟大创作。

指名说，师生补充、评价。

预设 1：

<table>
<tr><th>课文</th><th>重点词句</th><th>景物特征</th><th>描写方法</th><th>作者感受</th></tr>
<tr><td rowspan="2">《金字塔夕照》</td><td>金色……
金色……</td><td>辉煌</td><td>直接描述</td><td>赞美</td></tr>
<tr><td>熠熠发光、比金子还要贵重</td><td>神奇</td><td>联想</td><td>惊叹</td></tr>
<tr><td rowspan="2">《金字塔夕照》</td><td>白昼——耀眼的色调、开阔而又雄浑的画卷</td><td>神奇</td><td>直接描述</td><td>豪迈</td></tr>
<tr><td>月夜——怀古的幽思</td><td>神秘</td><td>联想</td><td>神往</td></tr>
</table>

小结：同一文本中内容相互印证，运用不同写作方法来描述，进一步说明金字塔的雄伟。

预设 2：

课文	重点词句	景物特征	描写方法或说明方法	作者感受
《金字塔夕照》	三座金山、天上地下、一片、一幅……	雄伟	直接描述、联想	赞美
《不可思议的金字塔》	体积…… 面积…… 塔基现边长……	高大	列数字	惊叹

小结：不同文本中，作者运用不同手法，反映了金字塔的雄伟和对劳动人民智慧的赞美之情。

预设 3：

《金字塔夕照》：运用景物描写、译名传说等不同角度描绘金字塔的神圣。

《不可思议的金字塔》：借用课文右边的学习提示，一次又一次地追问，帮助学生进一步体会金字塔的雄伟、劳动人民的智慧。

小结：不同文本不同体裁，采用不同的表现形式，让读者从不同角度体会金字塔的雄伟。此外，还可以从整体与局部、人与景物的联系、不同景物的联系等角度多方面体会金字塔给人的多种心理感受。

2. 体会相互印证作用：不同作者用不同风格，独特地多角度呈现景物特征，让读者对景物了解全面，印象深刻。

3. 说说你以前有没有学过不同作者描写同一事物或景物的作品。（学生回顾、欣赏相关文本，比较介绍角度。）

板块四：练习多方面介绍景物，拓展运用比较策略

1. 拓展阅读，迁移运用。

《金字塔夕照》《不可思议的金字塔》两篇课文从不同角度描写同一景物，

风格迥异，却都是为了凸显金字塔的雄伟壮丽。其实，关于金字塔，还有很多文人也从不同角度表达了自己的情感，现在我们来欣赏一下《埃及的金字塔》《埃及的胡夫金字塔》两篇文章（内容略）。

（出示“阅读链接”，学生自主阅读。）

2. 请运用刚学到的相互印证的阅读策略，来谈一谈感受吧。（四人小组内交流所得，全班交流，互相评价。）

请一组同学交流一下刚才阅读的收获，其余同学仔细听，读相同内容的同学可以补充或者纠正。

4. 总结：读了这些文章，你是否发现描写同一事物、景物的作品由不同作者写也会有相同的地方——

预设：

我们读此类作品的时候就可以用互相印证的策略来理解文本，拓展自己的视野。

四、作业布置

1. 用自己喜欢的方式介绍金字塔。

2. 有兴趣的同学可以运用比较策略，阅读课外的文章。

（宁波市泗洲路小学　吕敏）

语文园地七

教学活动设计

一、教学目标

1. 回顾单元课文中的多种写法，提高自己的审美情趣。

2. 根据提示，选择一个场景，学习由动态写到静态的方法。

3. 品味重复颜色词的表达作用，积累古诗词。

二、课前准备

多媒体课件。

三、教学过程

板块一：回顾交流，学以致用

1. 学习“交流平台”。

（1）按顺序读读“交流平台”的四段话，哪一段话提炼出了本单元课文中用过的写法呢？

（2）同桌讨论：课本中还举了三个景物描写与人物描写相结合的例子，请选择其中最深刻的一个和你的同桌讨论一下吧。

（3）课文中不是直接写人，但也能感受到人物活动的句子，你还能举出其他例子吗？

小结：景物在自然中必然有变化，人物在活动中也有动、静。抓住景物、人物的静与动，把这个过程写出来，就像能流动的电影画面！

2. 学习“词句段运用”。

（1）下面几句话写出了由动到静的过程，请仔细读读，圈画出表示“动态”的词句，用横线画出表示“静态”的词句。

（2）由动态写到静态的过程中，可以用上哪些连接词呢？

（3）选择其中的一个场景，思考几分钟，用几句话说说从动态到静态的过程。（出示三个场景：放学后的校园、群鸟飞过的湖面、火车进站之后。）

学生试说，教师指导。

（3）学生练写，师生互评。

板块二：揣摩词句，积累古诗词

1. 揣摩词句。

（1）读一读下面三段话，注意加点的词语，发现了什么？

（2）读第一自然段，思考颜色形容的都是同一个事物吗？再看后两段，描写“纯白”这段给你怎样的感觉？描写“绿”这段与上面两段，有何不同吗？

2. 积累古诗词。

（1）朗读《乡村四月》，正音，划分节奏。

（2）简单介绍作者。

（3）看着画面，结合注释，试着说说诗句的意思。

（4）诗中“有声有色，有静有动”，你发现了吗？

（5）请会背的学生试背，齐读、齐背。

（宁波市泗洲路小学　张瑾谨）

六年级上册

第一单元：比较策略

2 丁香结

文本解读

《丁香结》是宗璞先生笔下一篇写花的散文。这篇课文由“赏花”和“悟花”两部分构成。先写作者在城里、城外、斗室外赏丁香花，从形状、颜色、气味多角度地描绘丁香花；再介绍什么是丁香结，接着介绍作者由丁香结产生的许多联想：联想到古人关于雨中丁香结的诗句，体会到了丁香花暗喻愁思；联想到许多生活中不顺的事，并将丁香结和人生联系在一起，最后得出人生感悟：“所以丁香结年年都有。结，是解不完的；人生中的问题也是解不完的，不然，岂不是太平淡无味了么？”短短的一句话展示出作者在生命面前的从容、豁达。

课文语言清丽优美，却发人深省，由赏花到悟花贯穿全文始终。其中作者从所描写的事物展开联想的方法，不仅是作者写这篇散文的亮点，更是我们学习这篇课文的切入点。教师可以试着让学生学习作者从所描写的丁香结展开联想的方法，从而习得阅读时能从所读的内容想开去的方法，这样可以帮助学生真正地走进文本，细细品味文字，深刻感悟作者所要表达的人生真谛。

策略提点

一、学生已有阅读经验分析

这是六年级上册第一单元的课文，着力培养学生阅读时能从所读的内容想开去的能力。在统编教材三年级下册和四年级上册第一单元，学生已经学习过边读边想象画面的方法，那么对于高年级学生来说，应重点引领其在联想时融入或寄托自己的情感。

二、阅读策略教学建议

基于文本解读和学情分析，着重选用比较策略：（1）借助比较小标题，了解课文大意；（2）比较从不同角度描写同一景物的方法；（3）比较古人寄寓在丁香结中的情感，学习作者豁达的胸怀；（4）借助比较策略，习得并运用阅读时能从所读的内容想开去的方法。

教学活动设计

一、教学目标

1. 借助多种方法，会写“缀”“幽”“薄”等生字，读准“参差”“单薄”“笨拙”等词语，理解“幽雅”“斗室”等词语的意思；借助比较小标题，了解课文大意。

2. 品读优美语言，学习多角度描写同一景物的方法，比较古人寄寓在丁香结中的情感，学习作者豁达的胸怀。

3. 借助比较策略，学习联想的方法，习得并运用阅读时能从所读的内容想开去的方法。

二、课前准备

PPT 课件，预习单。

三、教学过程

第一课时

本节课着重落实教学目标一、二。

板块一：预习反馈，解决字词

1. 反馈字词，读准读通。

预设 1：

难读的词语：参差、单薄、笨拙。

指导：读准多音字“参差”“单薄”的读音，强调“拙”的读音。

预设 2：

难理解的词语：幽雅、斗室、盘花扣。

指导：借助图片理解“斗室”“盘花扣”，比较“优雅”和“幽雅”的区别。

预设 3：

难写的字：幽、薄。

指导：写好“幽”的笔顺，理解“薄”的结构。

2. 比较小标题，概括主要内容。

（1）比较预习单中的小标题，反馈交流。

（2）教师小结：赏花（第一至三自然段）—悟花（第四至六自然段）。

板块二：朗读感悟，品读语言

1. 聚焦于赏花，学习语言。

自由朗读课文第一至第三自然段，思考：作者写了哪几个地方的丁香花，又是怎么样的？用“______”画出描写丁香花的句子。

（1）同桌交流。

（2）学生反馈。

预设：城里、街旁、城外、图书馆北面、斗室外。

2. 品读语言，指导朗读。

（1）PPT 出示描写丁香花的句子。

① 选择自己喜欢的句子，自由读一读。

② 交流感受：读了之后，丁香花给你留下了什么样的印象？

预设：美丽、可爱、芬芳、调皮……

③ 同桌互读。

（2）重点指导第一句。

① 指名读。

② 提问：作者是从哪个角度来写城里的丁香花？

预设：数量、颜色、样子。

③ 指导朗读。

（3）小组合作学习第二、第三句。

① 出示合作任务：分配组员读好句子；思考：作者是从哪些角度描写城外和斗室外的丁香花的？组内评比出“最美朗读者”。

② 请几个小组汇报交流，并比赛朗读，评比出班级“最美朗读者”。

指导：为什么在夜色中也能分辨出丁香呢？（正是那淡淡的幽香。）

“檐前积雪”指的是什么？（丁香花。）

为什么说“那十字小白花，那样小，却不显得单薄”？（丁香花虽然微小却繁多，单个的固然单薄，可是众多的花聚到一起就形成许多簇，使整棵树耀眼夺目。）

3. 积累语言，摘抄句子。

板块三：比较感悟，体会豁达

我们跟随作者宗璞初步领略了美丽的丁香花，丁香花的形象已经深深印刻在我们的心里。那作者又从丁香结身上得到了怎样的人生感悟呢？

1. 默读课文第四至第六自然段，用波浪线画出古人和作者对丁香结的不同感悟的句子。

2. 学生反馈交流。

预设：

① 它们负担着解不开的愁怨。

② 结，是解不完的；人生中的问题也是解不完的，不然，岂不太平淡无味了么？

3. 品读诗句，感悟愁怨。（出示课后诗句。）

① 吟诵诗句，指导朗读。

② 学习“雨中的丁香”

③ 小结：古人寄托在丁香结上的情感是愁思，是忧怨。

4. 介绍作者，感悟豁达。

① 介绍作者的生平事迹。

② 提问：在作者心里，丁香花象征着什么？

预设：生活不可能总是一帆风顺的，丁香花象征着每个人一辈子都有许多不顺心的事，一件完了一件又来。正是因为有了这些永远也解不完的结，我们的人生才充满乐趣。

5. 小结：作者用古人寄托在丁香结上的情感，以豁达的胸襟为今天的读者开拓了一个“丁香结”全新的艺术境界，怪不得作者把这篇散文取名为“丁香结”，原来丁香结不仅是丁香花的花蕾，而且寄托着作者深深的人生感悟呢！

第二课时

本节课着重落实教学目标三。

板块一：联系旧知，导入新课

1. 出示图片，联系旧知。

2. 聚焦“象征”，导入新课。

通过上节课，我们知道了作者用丁香花象征了人生中遇到那些不顺心的事，比如挫折、困境等。这些课文都有一个相同点，那就是采用象征手法。那么今天我们再来比一比，它们还有哪些相似点？

板块二：聚焦于“联想”，比较语段

1. 出示《梅花魂》和《丁香结》语段，从内容和写法两个角度比较它们的相似点。

（1）“是啊，莺儿，你要好好保存！这梅花，是我们中国最有名的花。旁的花，大抵是春暖才开花。她却不一样，愈是寒冷，愈是风欺雪压，花开得愈精神，愈秀气。她是最有品格、最有灵魂、最有骨气的呢！几千年来，我们中华民族出了许多有气节的人物，他们不管历经多少磨难，不管受到怎样的欺凌，从来都是顶天立地，不肯低头折节。他们就像这梅花一样。一个中国人，无论在怎样的境遇里，总要有梅花的秉性才好！”

（2）“丁香结，这三个字给人许多想象。再联想到那些诗句，真觉得它们负担着解不开的愁怨了。每个人一辈子都有许多不顺心的事，一件完了一件又来。所以丁香结年年都有。结，是解不完的；人生中的问题也是解不完的，不然，岂不太平淡无味了么？”

2. 四人小组合作完成表格。

	《梅花魂》	《丁香结》
内容	都是写花	
写法	1. 象征中华民族有气节的人 2. 联想到几千年的人	1. 象征生活中的逆境和挫折 2. 联想到诗词和生活

3. 总结方法，学习迁移。

联想可以想到古人的诗句、自己生活中的事，还可以联想到历史中的人或者生活中的人呢！

4. 尝试迁移，习得方法。

请选择你喜欢的一种植物，写一个小片段，尝试联想到某句诗，联想到某些人，联想到某件事，写出属于自己的独特人生感悟。

梅花　兰花　菊花　竹子　松树……

____

____

____

5. 交流评价。

板块三：阅读延伸，课堂小结

1. 阅读拓展。

宗璞先生写过许多关于花的散文，有《好一朵木槿花》《紫藤萝瀑布》《花的话》《露珠儿和蔷薇花》《吊竹兰和蜡笔盒》《二十四番花信》……她写的花没有高低贵贱之分，反而在她的笔下那些普通的花朵都会呈现出顽强不屈的生命力。透过花的意象，我们可以看出她积极的人生态度和独特的人格魅力。课后有兴趣的同学可以去读读。

2. 课堂小结。

我们要以豁达的态度对待生活中的“结”，此外，我们还学会运用联想的方法，从其他花中获得新的人生感悟，真是收获满满！

（慈溪市掌起镇古窑小学　许维维）

六年级上册

第三单元：有目的地阅读

9 竹节人

文本解读

这是六年级上册第三单元的第一篇精读课文。本单元要求学生“有目的地阅读”。单元导语是著名作家杨绛先生的一则名言：读书好比串门儿——隐身的串门儿。其强调了读书要有目的，由浅入深，慢慢琢磨，必能达到一定的造诣。

《竹节人》是一篇散文，作者通过回忆“做竹节人”“玩竹节人”的过程与感受，表达了对童年生活的眷恋。特别是描述老师也加入“玩竹节人”的行列这一童年趣事，将玩竹节人的乐趣推向了高潮，使读者也产生了强烈的动手制作的冲动，有效体现出“通过事物表达自己真实情感”这一语文要素。

作为阅读策略单元“有目的地阅读”的第一课，《竹节人》在课前导读中直接提示三个阅读任务：“写玩具制作指南，教别人玩这种玩具”“体会传统玩具给人们带来的乐趣”“讲一个有关老师的故事”。教师宜用任务引导学生根据不同的阅读目的关注内容，选用恰当的阅读方法来完成阅读任务。

策略提点

一、学生已有阅读经验分析

本单元属于阅读策略单元，要求学生“有目的地阅读”。单元的编写秉承了前面“预测”“提问”“提高阅读速度”这三个策略单元，要求学生在扎实掌握三个阅读策略的基础上，进行有目的的阅读。

二、阅读策略教学建议

基于文本特点，结合课前导语中提示的三个阅读任务，根据课后三位同学的交流示例，从已有经验出发，可着重引导学生确定阅读目的，并根据阅读目的选择阅读方法：（1）速读全文，找到“写玩具制作指南，教别人玩这种玩具”的相关内容，再仔细读；（2）速读全文，特别注意“我们投入地做玩具、玩玩具”的部分，体会玩具带来的乐趣；（3）抓住故事的起因、经过、结果，完成“讲一个有关老师的故事”这一阅读任务。

教学活动设计

一、教学目标

1. 自主学习“豁”“凛”等 16 个生字，随文读准 20 个难认的字，联系上下文理解“俨然”“攒着”“作鸟兽散”等词语的意思。

2. 正确、流利、有感情地朗读课文，学习“有目的地阅读”，以小组合作的方式确定学习任务，选择恰当的阅读方法进行阅读。

3. 小组汇报，根据“不同的阅读目的，选用恰当的阅读方法”表达看法。

二、课前准备

PPT 课件，竹节人的制作视频。

三、教学过程

第一课时

本节课着重落实教学目标一、二。

板块一：初读课文，形成任务

1. 读书交流。

（1）读书交流：最近同学们都在读什么书？对书中什么内容最感兴趣？是怎么读的？

（2）认识策略：围绕感兴趣的内容，选择合适的阅读方法去阅读，是一种阅读策略——有目的地阅读。（板书：有目的地阅读。）

2. 初读课文。

（1）导入新课：今天，我们就要运用阅读策略来学习《竹节人》这篇课文。（板书课题：竹节人。）

（2）预习反馈：说一说你印象最深的是什么。

板块二：关注导语，明确任务

1. 聚焦课文导语。

同学们在读课文的时候，有没有发现今天所学的课文与我们平时所学的课文不同的地方？

预设：课文前面有导语；课文后面有小伙伴也提出了这样的问题。

2. 发现阅读任务。

（1）了解阅读任务。

请同学们自由读课文前面的这段导语，这段话告诉我们什么？

预设：写玩具制作指南，教别人怎么玩这种玩具；体会传统玩具给人们带来的乐趣；讲一个有关老师的故事。

（2）理解阅读任务。

这三个阅读任务，我们该怎么样去理解它们呢？

任务一：写竹节人的制作过程和玩法；任务二：体会竹节人给我们带来的乐趣；任务三：讲一讲老师玩竹节人的事儿。

（3）有目的地阅读。

继续读课文前面的导语，还知道了什么？

预设：同一篇课文，关注的内容不同，采用的阅读方法也就不同。这就是“有目的地阅读”。今天，我们就要用这种阅读策略，以小组合作的形式，来完成这三个任务。

板块三：小组合作，选定任务

1. 组内讨论，选择任务。各小组任务选择反馈。

2. 组内讨论，选择方法。

现在你们打算怎样完成组内所选的任务？组内再次讨论、交流。在学习单上简要记录采用的阅读方法。

3. 关注课后，完善方法。

课后有三个同学也交流了他们的阅读方法。自由地读一读、看一看、想一想：他们是怎么读的？学习了他们的阅读方法，我们可以怎样调整？

4. 小组汇报，展示方法。

该怎样完成这三个任务？小组汇报，其他小组仔细倾听，选择相同任务的小组可以补充。

第二课时

本节课着重落实教学目标二、三。

板块一：照学习单，开展学习

1. 独立阅读，彰显个性。

对照自己小组上节课学习单上的阅读目的、阅读方法，先自己快速地完成。

2. 组内合作，补充完善。

将自己的学习成果与组内同学交流，小组内评出一份最优秀的成果。

继续完成评选出的这份学习单，一个同学记，其他同学组内交流自己的学习成果，完善学习单。

3. 借助学习单，准备汇报。

小组合理分配，准备借助学习单进行班级汇报。

板块二：小组反馈，展示成果

1. 反馈任务一，讲一讲竹节人的制作和玩法。

（1）任务一阅读反馈。

请一个学习小组反馈阅读任务一，学生反馈完后，请组内同学补充，再请班级同学补充。

教师引导学生抓住关键词、关键句，提示在表述的时候要绘声绘色。

再请一组学生反馈阅读任务一，关注提醒的内容是否落实。

（2）请学习小组交流组内合作的步骤。

预设：学生各自分配任务、各自完成任务、结合组员学习成果。

（3）视频展示竹节人的制作方法。

随着时代的发展，竹节人在材料和制作方法上也有了一些改进。我们一起来看一下。（播放竹节人制作的视频。）

这么有趣的竹节人，作为新时代的青少年的我们应当继承和发扬这种传统艺术。

竹节人现在会做了，也会玩了。大家玩得很高兴，老师也在玩。老师玩竹节人的故事，哪个组愿意讲一讲？

2. 反馈任务三，讲一讲有关老师的故事。

（1）任务三阅读反馈。

请一个学习小组抓住起因、经过、结果反馈阅读任务三。

组内同学补充后，再请班级同学补充。

（2）体会老师玩的乐趣。

引导学生将故事讲完整。

3. 反馈任务二，让学生讲一讲竹节人给我们带来的乐趣。

（1）任务二阅读反馈。

请一个学习小组抓住一次“乐趣”反馈阅读任务二。

（2）体会玩竹节人的乐趣。

根据学生反馈，抓住“做竹节人的乐趣”“玩竹节人的乐趣”“创新玩竹节人的乐趣”这三个方面来小结。

板块三：自主选择，拓展运用

1. 独立学习，尝试运用。

现在我们选择与刚才小组合作不同的阅读任务，独立进行有目的的阅读。可以把自己的阅读方法及阅读成果记录在学习单上。

（1）介绍制作指南及玩法。

谁愿意做竹节人的传承人，向大家介绍竹节人的制作指南和玩法？

（2）介绍竹节人带来的乐趣。

向大家介绍一下这个竹节人带来的乐趣。

（3）讲老师与竹节人的故事。

老师与竹节人之间发生的故事，也请一位同学来讲一讲。

2. 拓展运用，尝试实践。

课外，我们也应该根据不同的阅读目的，选择不同的阅读方法进行阅读。向大家推荐《捅马蜂窝》《独享“体罚”的秘密》等文章，相信学会“有目的地阅读”后，同学们会更加热爱读书。

四、作业布置

课外找《捅蜂窝》《独享“体罚”的秘密》等文章，尝试有目的地进行阅读。

（慈溪市阳光实验学校　宓芳羽）

10 宇宙生命之谜

文本解读

这是六年级上册第三单元第二篇精读课文。本单元属于阅读策略单元，要求学生“有目的地阅读”。

《宇宙生命之谜》是一篇科普性说明文，紧紧扣住“谜”来组织材料，探讨宇宙生命之谜，主要介绍了科学家对“地球之外的太空中是否有生命存在”这个问题的研究和探索。课文可分为三个部分，首先提出问题：地球之外的太空中是否有生命存在？接着分析问题，从两个方面展开：一是太阳系其他行星；二是火星。最后得出结论：到目前为止，地球之外是否有生命存在，仍然是一个谜。关于“宇宙生命之谜”这个科学话题，小学生往往有极大的热情和兴趣，不管是课题还是前言，都让他们有了探究问题的强烈冲动。因此本文从这个问题出发进行探究和阅读，用任务引导学生根据阅读目的关注内容。

文章的内容是由“谜”开始到“谜”结束的科学研究，这样的结构让学生一步步以“解谜”的方式走近真相，激发了阅读兴趣。当然，不仅整篇文章浑然天成，段与段之间也通过每段开头的句子相呼应，增强逻辑性。教学可通过小组整合和自主阅读帮助学生围绕问题不断推进阅读，了解说明文的逻辑性和严谨性。

策略提点

一、学生已有阅读经验分析

本单元属于阅读策略单元，要求学生“有目的地阅读”。本课强调了读书要有目的，由浅入深，慢慢琢磨，必能达到一定造诣。

二、阅读策略教学建议

基于文本特点，结合课文旁批、课后习题，从已有经验和上节课初步学会的阅读方法上进行迁移运用，引导学生围绕阅读目的选择阅读方法——有选择、找重点，不断思考推进阅读：浏览全文，找出“地球之外的天体是否存在生命”的相关内容，圈画关键词句，细读重要部分，并根据文章结构不断思考，推进阅读。

教学活动设计

一、教学目标

1. 会读“沧”“粟”等 10 个生字，会写“谜”“嫦”等 10 个生字，正确认读“发达”“理论”等词语，联系上下文理解词语的意思。

2. 正确、流利、有感情地朗读课文。学法迁移，借助旁批和多种阅读方法，进行有目的的阅读，解决“地球之外的太空中是否有生命存在”的疑惑。

3. 通过自主阅读、小组合作，初步掌握“有选择、有重点，不断思考推进阅读”的阅读方法。

二、课前准备

课件，学习单。

三、教学过程

第一课时

本节课着重落实教学目标一、二。

板块一：揭题导入，形成任务

1. 学法回顾。

2. 初读课文。

（1）《宇宙生命之谜》中的“谜”是什么呢?

（2）继续运用有目的阅读策略学习《宇宙生命之谜》，齐读学习任务。

板块二：初读课文，整体感知

1. 指导学生根据阅读目的，整体把握课文内容，理清课文脉络。

全文围绕“地球之外有没有生命存在”展开说明。阅读全文，说说课文可以分成几部分？概括各部分的主要内容。

2. 根据学生的交流分享，概括为：

① 第一部分（第一自然段），提出任务：从古至今地球之外有没有生命一直是一个吸引人的问题。

② 第二部分（第二至第九自然段），探讨任务：宇宙有没有生命?

③ 第三部分（第十自然段），得出结论：至今没有在地球之外找到生命，但是仍然相信有生命存在。

板块三：再读课文，细化任务

1. 关注提示，了解方法。

（1）读提示，想想告诉我们什么。

在初步学会“有目的地阅读”后，这堂课我们还要找出重点内容，选择恰当的阅读方法进行阅读。

2. 初用方法，细化任务

默读课文，找出关于“地球之外的太空中是否有生命存在”这一任务的重点内容，把相关句子画下来。读后同桌交流。

3. 整合内容，归纳主任务下的三个阅读目的。

阅读目的	阅读方法	关注内容
理论上其他星球是否存在生命？		
科学家是怎样判断其他星球有没有生命的？		
火星上是否有生命存在？		

板块四：小组合作，选定内容

1. 根据上节课学过的方法，围绕“地球之外是否有生命存在”这一任务，小组内四人进行分工，每人分别选择一个阅读目的进行讨论，简要记录阅读方法。

2. 组内讨论，选定方法并简要记录。

3. 小组汇报，展示任务方法。

第二课时

本节课着重落实教学目标二、三。

板块一：开展学习，有重点有选择地读

在上节课初步了解“有目的地阅读”——围绕任务找出重点、选择恰当的阅读方法进行阅读的基础上，本节课进行实践运用。

1. 自主阅读，彰显个性。

（1）围绕“地球之外是否有生命存在”这一任务，分别选择一个阅读目的细读，选择恰当的阅读方法，找出相关内容，继续完成上节课还未完成的学习任务。

（2）小组内尝试汇报。

（3）对照自己小组上节课学习单上的阅读目的、阅读方法，选择恰当的图表，梳理任务下的关键信息。

2. 组内合作，补充完善。

3. 整合学习单，准备汇报。

板块二：小组反馈，展示成果

反馈任务：地球之外的太空中是否有生命存在？

（1）反馈阅读目的一：理论上其他星球是否存在生命？

预设：根据思维导图罗列宇宙无限和有类似地球的行星这两点内容。得出结论：理论上地球之外的天体是有生命存在的。

引导：提取关键信息细读。

（2）反馈阅读目的二：太阳系除地球和火星之外的六大行星是否有生命存在？

预设：画出第三、自然段关于四个条件的关键句，提取这些行星的关键信息，利用思维导图一一排除。得出结论：这些星球上是不存在生命的。

引导：抓住关键词。

（3）反馈阅读目的三：火星上是否有生命存在？

① 提取第五自然段地球和火星做比较的关键信息，利用表格比较法反馈。得出结论：火星上有可能存在生命。

引导：细读重要内容，提取关键信息。

② 聚焦第六至第八自然段，采用“观察的现象—产生的猜测—近距离观测发现”的探究步骤进行反馈。得出结论：火星表面没有生命存在，而火星的岩层中是否存在有待进一步研究。

（4）小结：地球之外是否存在生命还是个谜。

板块三：疑中提升，推进阅读

1. 疑中阅读，了解写作顺序。

读交流的这些句子，根据文章的逻辑关系，你发现了什么？

预设：第五至第八自然段的第一句分别有“还”“为了揭开”“还进一步”

等词语，都表明这些段落的关系是层层递进的。

评价：这些段落有联系，有顺序，我们也可以有顺序地阅读，不断思考推进，还可以把写作顺序用到成果整合上。

2. 出示要求：

（1）组内再次交流合作阅读，组长整合，设计串联词；

（2）小组内尝试汇报。

不断推进思考阅读并有顺序地进行整合，组长设计串联词，组内成员辅助，继续完成和完善。

3. 反馈任务：地球之外的太空中是否有生命存在？（重在关注小组如何整合反馈内容。）

4. 根据学生反馈和评价，抓住课文内容和“有选择、找重点，不断思考推进阅读”的阅读方法进行小结。

板块四：交换选择，拓展提升

1. 同桌学习，提升运用。

运用刚才的方法选择与刚才不同的阅读目的进行阅读，读后同桌整合成果，一人准备汇报。

2. 介绍文章是怎样一步一步解决“地球以外的天体是否有生命存在”这个疑惑的。

四、作业布置

1. 推荐《只有一个地球》《外星生命或已经灭绝》等文章，有目的地进行阅读。

2. 选择课后习题的一个问题，进行有目的的阅读探究。

（慈溪市崇寿镇中心小学　邹诚裔）

11 故宫博物院

文本解读

这是一篇略读课文。作者围绕“故宫博物院”，选取了文字、官方网站图、平面图等多种形式的材料，组合成这篇信息量庞大的课文。

材料一介绍了故宫博物院的布局，着重介绍了城墙、三大殿、后三宫等处。材料二讲述了修复太和殿的历史。材料三出示了故宫博物院网站图，展示了“开放与服务”中的相关内容。网站中还有“开放时间”“票务政策”“游览须知”等相关页面。材料四是来自故宫博物院官网中的平面示意图，从图上可以清晰地看到各个游览点所在的位置，供游人更加直观地知晓方位、确定路线。

六年级的学生虽然已经具有较强的阅读和理解能力，但是由于这篇课文的组成形式较为新颖、信息量较大，仍存在一定的学习难度。所以“有目的地阅读”，不仅是种阅读策略，也是学习这类文章的必要技能。

有目的地阅读可以提高阅读的效率，尤其面对像本文一样信息量庞大的文字，能够使读者迅速提取需要的信息并使用。本篇课文可以教给学生根据目的选择阅读材料、提取信息的方法，从而完成阅读任务。

策略提点

一、学生已有阅读经验分析

这是六年级上册第三单元的第三篇课文，在之前及本单元前两篇课文学习的基础上，学生已经基本知道如何根据自己的阅读目的去选择内容。

二、阅读策略教学建议

基于文本特点，结合单元语文要素，从学生已有经验出发，可着重引导：（1）提取关键信息，概括材料内容；（2）根据不同任务选择所需材料；（3）学会带着目的去阅读，提高阅读效率。

教学活动设计

一、教学目标

1. 运用提取关键词等方式概括每则材料主要内容。

2. 根据课前提示的不同任务，选择所需材料进行有目的地阅读。

3. 学会从文字和图片中提取并整合信息，完成画路线图任务；通过阅读文字材料，内化语言，完成讲解景点任务。

二、课前准备

PPT 课件。

三、教学过程

板块一：浏览课文，感受特点

1. 揭示课题，学生齐读课题。

2. 浏览课文，发现不同。

快速浏览课文，思考：与平时的课文相比有哪些不同？

预设：由四则材料组成；图文结合，形式多样；有官网首页图；课题后提示了阅读任务……

3. 关注阅读任务。

为家人计划故宫一日游，画一张故宫参观路线图；选择一两个景点，游故宫的时候为家人做讲解。

板块二：熟悉材料，明确内容

1. 快速浏览每则材料，思考分别写了什么。

预设：

材料一：故宫博物院的布局；故宫博物院的各种建筑；故宫博物院的景点和作用……

材料二：重修太和殿的历史故事；太和殿经历了着火以及重修……

材料三：故宫博物院官网首页内容；故宫博物院的游览须知；故宫博物院的参观路线……

材料四：故宫平面示意图。

2. 交流学生读懂的内容，达成共识。

注意提取信息的准确性、全面性，在交流过程中整合信息，请学生将关键词写到黑板上。

反馈：材料一写故宫博物院的布局，材料二写重修太和殿，材料三写游览须知，材料四写故宫平面示意图。

板块三：根据任务，有目的地学习

任务一：为家人计划故宫一日游，画一张故宫参观路线图。

1. 读材料，确定游览景点。

2. 学生展示学习单，交流。

预设：学生都会选择三大殿，说明理由。

（1）三大殿花了很大篇幅介绍。

（2）三大殿位于中轴线上，位置很重要。

（3）影视作品中出现过，想要了解。

3. 补充景点。

除了三大殿，还想去哪里看看？

预设：后三宫、御花园……

4. 补充信息，完善路线图。

（1）根据自己的需求确定景点后，还需要补充哪些信息？

预设 1：游玩须知、游玩路线等。

预设 2：材料一中移步换景的介绍，材料三中的入口、出口，材料四中从午门进沿中轴线走……

反馈：读懂了材料也就读懂了参观路线。

（2）关于“游览须知”，是从哪里获知的？

预设：官网信息

小结：结合信息，完成你想带家人参观的路线图。

5. 学生展示。

任务二：选择一两个景点，游故宫的时候为家人作讲解。

（1）根据目的，选择材料。

预设：材料一中的介绍、材料二中有关太和殿的历史故事、材料四中的位置。

（2）同桌间交流，讲解景点。

（3）向外拓展。除了课文中的材料外，还可以借助网络，搜索相关信息补充介绍。

小结：从课内走向课外，学会根据自己的目的选择和阅读材料。

板块四：畅谈体验，小结收获

1. 交流收获。

2. 总结课堂。

四、作业布置

课后实践自己选择的任务。

（慈溪市实验小学教育集团　严涛）

六年级上册

第四单元：比较策略

单元教学说明

一、人文主题与语文要素

本单元的人文主题为“美好品质”，语文要素为“读小说，关注情节、环境，感受人物形象”“发挥想象，创编生活故事”。

本单元共安排了三篇课文，有精读课文《桥》《穷人》和略读课文《在柏林》，引导学生通过“关注情节、环境，感受人物形象”有效阅读小说。除此之外，还有《口语交际：请你支持我》《习作：笔尖流出的故事》以及《语文园地》《快乐读书吧》。

二、阅读策略说明

本单元为小说单元，编选了微型小说《桥》《在柏林》、短篇小说《穷人》三篇课文，还提及中国古典小说《三国演义》、自传体长篇小说《童年》、中篇小说《小英雄雨来》、日记体小说《爱的教育》等。通过对不同类型小说的阅读，学生初步建立小说这一文体概念，并明白“小说大多是虚构的，却又有生活的影子”。教学中，教师要注重“关注情节、环境，感受人物形象”这一阅读小说的策略，引导学生关注人物形象，发现塑造人物形象的方法，而不过分强调“小说”这一文体。

三、策略教学内容与教学建议

小说以塑造人物形象为中心，通过故事情节叙述和环境描写反映社会生活。人物、情节、环境是小说的三要素。“关注情节、环境，感受人物形象”既是判断小说的依据，也是阅读小说的策略。本单元塑造的老支书、桑娜和二战中的百姓形象鲜明、饱满，要引导学生首先关注故事情节的曲折性，其次要关注环境描写对人物描写与形象塑造所起的作用。每篇小说中除常见的人物描写的方法之外，还安排了几个教学重点：《桥》重在感受雨、洪水和桥等环境描写对表现人物所起的作用；《穷人》重在感受人物对话和心理活动对表达人物品质所起的作用；《在柏林》重在感受通过“抖包袱”将情节推向极致从而凸显战争主题的微型小说常用写法。教学时，教师要组织学生通过感受人物形象掌握小说的写法，尤其关注情节与环境，进一步感受人物形象，了解情节与环境对塑造人物所起的作用，为学生“发挥想象，创编生活故事”打下基础。

《语文园地》中，“交流平台”安排集中梳理理解小说人物形象的方法；“词句段运用”引入《三国演义》点明情节对塑造人物形象的直接关系，又安排心理活动的仿写尝试凸显人物品质的方法；“日积月累”中《回乡偶书》可通过想象创作编写诗人当时的境况以进一步加深对环境、对话、心理等作用的认识。《习作：笔尖流出的故事》要求学生虚构、创编故事，建议在《快乐读书吧》的小说导读结束后进行。

四、教学时间安排

内容	第 12 课	第 13 课	第 14 课	口语交际	习作	语文园地	快乐读书吧
课时（h）	2	2	1	1	2	1	1

（宁波市奉化区西坞街道中心小学　卓旭皓）

12 桥

文本解读

这是一篇只有618字的小小说。小说满怀深情地塑造了一位普通的老共产党员的光辉形象，面对狂奔而来的洪水，以自己的威信、沉稳和果断的指挥，将村民们送上跨越死亡的生命桥。本文在表达上有以下三个突出的特点：第一，构思新颖别致，设置悬念，达到了震撼人心的艺术效果；第二，多用简短的句、段，渲染紧张的气氛；第三，大量运用比喻、拟人等修辞方法，增强表现力。

课文语言通俗易懂，但蕴含于字里行间的感情深沉而热烈。文本没有一处描写人物的内心世界，人们面对山洪只是“逃窜”。老汉面对疯了似的村民也是“下命令”，发现违反纪律的儿子也是通过动作和声音来表现人物品质。因此，揣摩人物的内心世界，会促进学生对文本的深刻理解。

策略提点

一、学生已有阅读经验分析

这是六年级上册第四单元第一篇课文。学生已经在平时课外阅读中接触过小说，初步了解小说有故事情节这一特点，但对小说的基本要素并不清楚。因此作为本单元的第一篇课文，应该让学生初步了解读小说应该关注的基本要素，感受小说塑造的人物形象。

二、阅读策略教学建议

基于文本特点，结合课后习题，着重选用比较策略，着力引导学生进行以下几次比较：（1）联系课后题，通过短句的比较，发现文章环境描写的特色及作用；（2）链接课外文本，比较感受老支书的高尚品质；（3）借助课后题，通过比较，初步了解小小说“意料之外，情理之中”的结尾处理方式及效果。

教学活动设计

一、教学目标

1. 认识“咆”“哮”“党”“淌”“哑”“揪”“呻”“废”8个生字，读准“没”“似”“奔”“倒”等多音字。

2. 有感情地朗读课文，读好短句。通过比较，发现文章环境描写的特色及其对于推动小说情节发展的作用。

3. 链接课外文本，比较、感受老支书的高尚品质。

4. 通过群文阅读，比较、整合信息，初步了解小小说“意料之外，情理之中”的文体特点；通过对比感悟，逐步发现小小说意外结局的巧妙之处。

二、课前准备

PPT 课件，一组课外链接的小小说。

三、教学过程

第一课时

本节课着重落实教学目标一、二。

板块一：结合语境，比较辨析多音字。

1. 揭示课题，学生齐读课题。

2. 辨析、读准多音字。

板块二：读好短句，比较发现环境描写的作用

1. 画出课文中描写洪水的句子。

2. 这些句子有哪些共同特点？

小结：这些句子很短，是对当时环境的描写。（板书：环境描写。）

3. 在这些句子中，哪些词语给你留下了深刻的印象，说说你的感受。

4. 重组句子，比较感受短句营造紧张气氛的艺术效果。

小结：这样的短句，这样的单句成段，营造出了当时面对危险时的紧张气氛。我们可以想象此时此刻的村民是多么惊慌恐惧。

第二课时

本节课着重落实教学目标三、四。

板块一：课外链接，比较研究小说人物形象

1. 跳读课文，找出文中描写村民慌张、恐惧的句子，谈谈你的感受。

2. 思考讨论：这篇文章重点是写环境危险和村民慌张吗？到底是要写什么呢？

3. 补充故事《“诺曼底”号遇难记》，小组合作完成比较阅读单。

文章	相同之处	不同之处
《桥》	1. 都描写了危险到来时的周围的环境与气氛； 2. 都表现当时人们的惊慌恐惧； 3. 结局也很相似，在船长和老汉的组织下，人们都顺利脱险了	1. 文章长短不同。一个比较长，一个比较短； 2. 一个是中国作家的作品，一个是外国作家的作品； 3. 船长和老汉他们采取的方式是不一样的
《“诺曼底”号遇难记》		

合作提示：

（1）每个人快速默读两篇文章，可在文章旁做简单的批注。

（2）小组成员依次交流、补充，由一人记录完成表单。

（3）组员轮流修改表单。

4. 小组交流。

5. 在《桥》这个故事中，老汉是怎么做到组织大家有序逃生的呢？再读课文，思考讨论。

小结：老汉平日受人拥戴，以身作则，置生死于度外，大公无私。正是这些原因，使得老汉能够顺利地组织村民逃生。

板块二：关注结尾，比较发现小小说的文体特点

1. 这是一篇小小说，通过阅读，你发现小小说和其他小说有什么不同之处呢？

（1）小小说比较简短。

（2）小小说更易设置悬念。

2. 关注结尾，出示修改后的文章。

老汉顺手从队伍里拖出他的儿子，骂道：“你还是个党员吗？你最后一个走！”老汉凶得像个豹子。

他儿子狠狠地瞪了老汉一眼，站到一边。

水，爬上了老汉的胸膛。终于，只剩下他和儿子。

他儿子竟来推他：“你先走。”

老汉吼道：“少废话，快走！”他用力地把儿子推上了木桥。

（1）你更喜欢哪一个？为什么？

（2）小结：原文设置悬念，结局出人意料，更能震撼人心，这也是小小说的一个重要特点。

3. 课外链接，预测小说结尾。

（1）今天，老师带来了一篇小小说《窗外》，但去掉了结尾，大家通过阅读前面的内容，猜一猜小说的结尾。

（2）快速浏览《窗外》，猜测结尾。

（宁波市奉化区西坞街道中心小学　王穷）

13 穷人

文本解读

《穷人》是俄国著名作家列夫·托尔斯泰的短篇小说，主要记叙了穷人渔夫和他的妻子桑娜收养邻居两个孤儿的故事。小说语言朴实无华、描写细致入微，反映了沙皇统治时期穷苦人民的苦难生活，展现了以桑娜夫妇为代表的社会底层穷苦百姓淳朴善良、克己待人的美好心灵。本文情节紧凑，语言朴实，描写细腻。文本具有如下特点：

第一，环境描写，烘托善良内心。开篇的室外环境描写，既交代了小说发生的自然环境，又揭示了渔夫困苦艰辛的生活；温暖舒适的屋内环境与屋外的寒风呼啸形成了鲜明对比，烘托出桑娜勤劳善良的品质。西蒙家阴暗潮湿、触目惊心的情景，则让人潸然泪下，体现了穷人的悲惨。

第二，心理描写，展示矛盾内心。心理活动的描写，展现了桑娜矛盾的内心世界，从一开始女主人公对丈夫的担忧，到抱回孩子后的忐忑，以及丈夫回到家时她的两次沉默，刻画了一个充满爱心、乐于助人的劳动妇女形象。

第三，语言描写，表现不同内心。渔夫与桑娜的对话，看似朴实无华、平淡无奇，实则恰如其分地表现了人物的真实内心。渔夫直爽、乐于助人，而桑娜则小心应对，紧张不安，反衬出她热爱丈夫、关爱他人的善良品质。

教学中，教师要引导学生阅读小说时关注情节、环境，学习通过环境和人物对话、心理的描写刻画人物形象、表现人物品质的方法。

策略提点

一、学生已有阅读经验分析

这是六年级上册第四单元第二篇精读课文。学生在平时课外阅读中已接触到小说，通过《桥》的学习，初步了解了小说通过情节推进故事发展、通过环境烘托气氛等特点，但对情节、环境、人物描写等在小说中的作用仍不清楚。

二、阅读策略教学建议

基于文本特点，结合课后习题，着重选用前后比较、读写结合的策略，可着力引导：（1）根据事情发展顺序给长文分段，概括各段内容，提炼主要情节；（2）借助课后习题，找出描写环境的句子，体会作用；（3）有感情地朗读描写人物对话和心理活动的句子，感受人物形象；（4）读写结合迁移拓展，试写桑娜的心理活动。

教学活动设计

一、教学目标

1. 正确读写课文的 14 个生字和“汹涌澎湃”“搁板”“勉强”“蜷缩”“魁梧黧黑”“湿淋淋”“倒霉”“忧虑”等词语；联系上下文、生活实际理解“搁板”“勉强”“魁梧黧黑”“糟糕”等词语的意思。

2. 根据事情发展顺序给课文合理分段，能概括课文主要内容，并把握小说主要情节。

3. 找、读环境描写的句子，体会它们在推进故事发展和刻画人物形象中的作用。

4. 品读描写人物对话和心理活动的句段，补充桑娜沉默时的心理活动，感受人物勤劳善良、无私助人的高贵品质。

二、课前准备

PPT 课件，课前预学单，课堂学习单。

三、教学过程

第一课时

本节课着重落实教学目标一、二、三。

板块一：概括主要内容，提炼故事情节

1. 了解作者及写作背景，读课题。

2. 检查预习，概括段意。

出示课前预学单，交流预习情况。

（1）交流难读的字词。

（2）说说课文主要讲了一件什么事。

（3）给长文分段，从主要事件出发，用小标题列出主要内容，了解故事主要情节。（焦急等待—抱回孤儿—丈夫归来。）

板块二：聚焦环境描写，感悟善良勤劳

（1）用“______”画出写桑娜的句子，体会其家庭的贫困窘迫和其内心的担忧害怕。

（2）这一段中的其他句子又在写什么呢？用“______”画出来，读一读。

交流、讨论：描写这些环境跟题目和主人公的品质有怎样的关系？

（3）小结：作者通过环境描写和心理活动描写刻画人物，使我们深切感受到了穷人生活的艰难和男女主人公勤劳善良、吃苦耐劳的美好品质。

（4）快速浏览全文，找出文中其他描写环境的句子，体会它们的作用。

第二课时

本节课着重落实教学目标三、四。

板块一：聚焦心理描写，体会忐忑内心

1. 回顾所学，聚焦心理，找出描写桑娜心理活动的句子并批注。

2. 交流批注内容，重点为第九自然段。

3. 小结：这些细腻的心理活动描写真实形象地刻画了桑娜这个人物形象。

板块二：补白“沉默”内心，丰厚人物形象

1. 分角色朗读对话，说说从对话中感受到了什么。

2. 写法迁移运用：

（1）找出两处写“沉默”的句子。

（2）沉默中，桑娜会想些什么呢？联系课文内容，写写桑娜第一次“沉默”时的心理活动。

（3）展示交流，师生点评。

板块三：聚焦言行神态，读懂淳朴内心

1. 找出描写渔夫的段落，读一读。

2. 你看到了一个怎样的渔夫？

3. 聚焦“熬”字：给“熬”换个词。（挺、忍）渔夫此时想到了哪些？补写渔夫的想法。

小练笔：他搔搔后脑勺，想……

4. 学生有感情地朗读。

板块四：品读“待续”结尾，总结课文写作特色

1. 品读结尾之奇妙。

（1）（出示结尾）读读结尾，说说它带给你什么感觉？

（2）展开想象，续说情节：如果你来补加结尾，续编故事，你会写些什么？

（3）结尾没有写全点透，能引起读者更深的思考，给读者以无限的意味。

2. 探究取题之深意。

联系全文说说：课文以《穷人》为题，其深意是什么？

3. 回顾、总结全文写作特色：通过情节、环境，以及人物的语言、动作、心理活动来塑造人形象。

四、作业布置

1. 续写故事，尝试用环境、语言、心理活动等描写突出人物形象。

2. 课外阅读小说，进一步了解小说刻画人物的多种手法。

3. 抄写第一自然段中描写环境的句子。

（宁波市奉化区岳林中心小学　王萍芳）

14 在柏林

文本解读

《在柏林》是一篇略读课文，也是一篇微型小说，堪称战争题材小说中的名篇。它以“二战”为背景，以一列从柏林驶出的火车上的小插曲为故事材料，反映出战争对人民造成的深重苦难以及作者对和平的渴望。

课文在构思和表达上有以下三个特点：第一，选材视角，独具匠心。作者避开了枪林弹雨、战火纷飞的血腥战场，独具匠心地用“微镜头”，从战争的后方截取了一个令人印象深刻的场景，侧面反映出战争给人带来的肉体痛苦和对心灵的沉重打击。第二，情节构思，拍案叫绝。作者写了车厢整体环境，营造氛围，也写了老妇人数“一、二、三”、小姑娘嗤笑、老兵解释，引发质疑与思考。最后通过老兵的话将故事推向高潮，使一切既在“意料之外”，又在“情理之中”，悬念设置恰如其分。第三，结尾戛然而止，意味深长。小说最后写车厢内陷入寂静，这种可怕的寂静比振奋人心的呐喊更触动人心，更发人深省。

策略提点

一、学生已有阅读经验分析

本单元的语文要素为“读小说，关注情节、环境，感受人物形象”。学生已学习了本单元第一篇微型小说《桥》，对通过小说的情节感受人物形象，以及人物的描写方法、环境描写的作用有了一定的了解。但缺乏对《在柏林》这篇小说战争背景的了解，对作者多元呈现战争主题的手法的感悟，以及对结尾处“静”的体会还需要引导。

二、阅读策略教学建议

基于文本特点，从学生已有经验出发，可着力引导：（1）关注人物、环境和情节三要素，读懂小说，感受战争给人民带来的深重苦难和难以弥合的创伤；（2）借助比较、联想等阅读策略，了解小说表现战争主题的方法，感受微型小说构思的巧妙。

教学活动设计

一、教学目标

1. 运用猜测、验证等方法，读懂小说，感受战争给人民带来的深重苦难和难以弥合的创伤。

2. 借助比较、联想等阅读策略，了解小说表现战争主题的方法，感受微型小说构思的巧妙。

二、课前准备

PPT 课件，《第二次世界大战回忆录》和关于二战的资料。

三、教学过程

板块一：出示课题，引出战争

1. 回顾《桥》的学法，学生谈如何读微型小说。

2.（出示课题）默读导读提示，说说小说主题。（战争灾难。）

3. 补充关于战争的资料：“战争”是一个令人胆战心惊的词汇。第二次世界大战将20亿人口卷入战争，约9000余万军民伤亡。它波及了61个国家，使数以万计的城市变成废墟。战争，成了人类心中不能忘却的记忆，成了某些人终生无法愈合的创伤。《第二次世界大战回忆录》《二战风云》等书籍都记录了这段历史。

板块二：运用猜测，读懂小说

1. 学生默读小说的第一自然段，破解字词难点。

预设：（1）咔嚓咔嚓；（2）嗤笑。拓展“嗤”字理：嗤是一个形声字。右上部分指向人的脚趾，下面的“虫”指的是蛇。蛇咬人的脚趾，本义是灾难，大祸临头了还在笑，那是无知。

2. 学贵有疑。读了这个自然段后，说说你的疑问。

3. 学生对提出的问题进行猜测。

4. 学生默读全文，从文中画出相关句子，对提出的问题进行验证。

板块三：小组合作，赏析经典

1. 学生自主选择合作任务。

合作任务一：梳理小说三要素，说清小说的主要内容。

《在柏林》		
环境	人物	情节

合作任务二：阅读三份关于战争的材料，讨论《在柏林》这篇小说的独特之处。

材料：《第二次世界大战回忆录》（节选）、《在柏林》、二战介绍（百度百科）

2. 学生交流、汇报。

（1）梳理小说三要素，说清主要内容。

《在柏林》		
环境	人物	情节
一节车厢	老妇人	“一、二、三”
	小姑娘	嗤笑
	老头	扫
	老兵	……

（2）对比阅读三份材料，感受小说构思的巧妙。

预设 1：用词方面。很多描写战争的文章都用一些控诉战争罪恶的词，但《在柏林》一文中没有那些词。

预设 2：以小见大。《在柏林》没有写枪林弹雨的画面，只是抓住车厢里的一件事来控诉。

预设 3：出人意料。“为什么看不到一个健壮的男子？”“老妇人为什么反复念‘一、二、三’？”这些悬念就像相声中的包袱，直到小说结尾才抖开，让人恍然大悟。

预设 4：意蕴深长。结尾处的“静”，留给读者很大的想象空间。

板块四：展开想象，体味留白

1. 出示课文结尾：车厢里一片寂静，静得可怕。

2. 学生展开想象写人物心理活动，感受结尾的耐人寻味。

3. 学生谈本节课学到的阅读微型小说的方法。教师总结。

（宁波市四眼碶小学　方芳）

六年级下册

古诗词诵读单元：比较策略

单元教学说明

一、人文主题与语文要素

本单元的语文要素为“多种方法比较”。

本单元共安排了十首古诗词，包括七首古诗和三首词，引导学生在掌握古诗词大意的基本方法的基础上，学习多种方法比较，独立学习，从而提高古诗词学习的效率。

二、阅读策略说明

本单元是在五年级上册“比较”阅读策略学习后，结合古诗词学习的特点，着重练习“多种方法比较”，学生对有共同特点的文本进行对照、辨析，发现其共性与个性特征，以加深理解，养成古诗词比较学习的习惯，获得比较的能力，从而进一步强化运用阅读策略的意识。

三、策略教学内容与教学建议

现行教材在编排上注重传统文化的渗透，提倡语文大单元学习，在大幅增加古诗文的背景下，学生能够在古诗词学习中将两首或多首诗词进行比较阅读，扩大比较的内涵和范围，从课内走向课外。

本单元在学习、运用“多种方法比较”策略方面做了有层次的安排。《采薇》（节选）《送元二使安西》重在诗内、诗间的对比式比较，建立比较着学诗词的意识；《春夜喜雨》《早春呈水部张十八员外》从诗人、体裁、内容、情感等多方面进行比较，重在诗与诗之间接近式的比较，学习比较着学诗的方法；唐诗和宋诗、宋词婉约派和豪放派之间各具特色，可以进行类比式比较，促进学生发挥自主性，运用文本之间比较阅读的方法实现高效学习。

六年级学生已经学习了一定数量的古诗词，掌握了一些了解古诗词大意的基本方法：读准读通、说清大意、了解背景、想象画面等。本单元中安排的古诗词，是为了体现教材的弹性和适应性而设计的，提供给那些学有余力的学生。因此，这十首古诗词，不要求教师像以前教学古诗词那样，占用过多教学时间来详细讲解。教师可以提示学生，在学习时可利用每首诗词右侧的注释了解大概意思，不懂的地方可以通过查阅资料，请教老师、家长或同学，重点要放在比较方法的运用和古诗词的诵读上。

本单元的十首古诗词都要求学生独立了解诗词大意，了解古诗词的背景资料，感受其中蕴含的情感。教学中，教师可帮助学生进行梳理，以一首带多首，通过语文大单元学习，为以后的古诗词学习奠定基础。

四、教学时间安排

内容	第一、二首	第三、四首	第五至第七首	第八至第十首
课时	1	1	1	1

（余姚市三七市中心小学　张红波）

古诗词诵读

文本解读

六年级下册的古诗词学习与小学阶段的其他各册不同，它并没有根据内容安排在相应的专题中，而是在最后一个单元，集中安排了10首古诗词，其中包括7首古诗和3首词。选编的目的一是使学生受到古典诗词美的熏陶；二是增加古诗词的积累。

编者的意图是将本单元定位为给学有余力的孩子利用课余时间独立学习古诗词提供阅读材料，结合学生学情，可以将之作为对整个小学阶段古诗词学习的回顾和拓展之用。其一，整体把握古诗词的特点，复习巩固古诗词学习的方法，掌握古诗词的一般规律；其二，遵循编者意图，引导学生用已有的方法理解诵读，丰富古诗词的积累；其三，以教材为基点，可以有目的地进行阅读策略的教学，引导学生把两篇或多篇古诗词对照着阅读，发现其共性与个性特点，加深学生的认识和理解。

本单元安排的古诗词内容丰富，包含诗经、唐诗、宋诗、宋词等，文质兼美。学生可以尝试从诗人、体裁、背景、情感等多方面多角度进行分组比较学习，并且在此基础上向课外拓展延伸。

策略提点

一、学生已有阅读经验分析

这是六年级下册最后一个单元，学生已经学习了一定数量的古诗词，掌握了一些了解古诗词大意的基本方法：读准读通、说清大意、了解背景、想象画面等。

二、阅读策略教学建议

大量的课堂实践证明，比较是古诗词教学卓有成效的阅读方法。基于所安排的十首古诗词的特点，着重选用比较策略，从学生原有学习经验出发，充分发挥学生学习的自主性，引导学生运用对比式、接近式、类比式等多种方法比较学习古诗词。

教学活动设计

一、教学目标

1. 借助汉语拼音、词典准确无误地认读 10 首古诗词中难读的字，正确流利地朗读古诗词。

2. 通过查阅工具书，借助文中注释，边读边想象画面等学习方法，在与同伴的交流中理解古诗词大意，并能用自己的语言加以描述。

3. 乐于讲述自己的理解，在交流中感受诗词意境，体会诗人的心情，有感情地朗读并背诵。

4. 养成正确搜集与处理信息及课外积累的好习惯，尝试抓住要点展示并交流自己搜集到的作者的生平资料。拓展文本资源，学会运用“多种方法比较”策略学习古诗词。

二、课前准备

教师准备 PPT 课件，布置学生预习作业；学生了解诗歌创作的背景、诗人简介等。

三、教学过程

第一课时

本节课重点学习《采薇》（节选）、《送元二使安西》；学习并运用对比式比较的阅读策略。

板块一：回顾学诗经验，讨论制订计划

1. 归纳学诗方法。

中华诗词，博大精深，今天让我们走进“古诗词诵读”单元。我们六年级学生学古诗，应有步骤、方法，一起来梳理梳理。

教师归纳：（1）读准读通；（2）说清大意；（3）了解背景；（4）想象画面；（5）体会情感；（6）感悟意境；（7）了解写法等。

2. 学生自主读十首古诗词。

（1）在进行正式学习之前，要做好一项十分重要的工作——制订学习计划。有了好的活动计划，就为活动的成功奠定了基础。

（2）小组讨论，学习活动中有哪些建议？有什么特别需要注意的地方？

学生汇报交流，教师总结：

按照一定的类别，可以对古诗词进行整理、归类；通过各种渠道，搜集古诗词的相关背景、故事等；欣赏自己喜欢的古诗词，大体把握诗意，体会诗人的感情；根据兴趣，可以有选择性地进行课外拓展，积累更多古诗词。

板块二：吟诵感知内容，对比梳理文本

1. 出示《采薇》（节选）。

（1）初读诗句，读准读通。

解决“雨”“载”的读音问题，相机理解“雨雪霏霏”“载渴载饥”。

（2）发现特点，感受四言诗节奏之美。

师生配合隔句读，读出韵味。

（3）反复读，再借助注释、插图等理解诗意。

结合书中插图，发挥你的想象，猜一猜：诗中写的可能会是一个什么样的人？他从哪儿来，又要去何处？

利用注释，把诗句的意思连起来说一说。

重点关注“昔——今”“来——往”，感受强烈的对比，明确古诗词学习可以前后对比着读。

2. 体会情感。

出示古代军人戍边图片，配以诗句“十五从军征，八十始得归”。再读全诗，体会主人公“莫知其哀”的其他含义。

尝试进行诗句对比式迁移：

例：昔我往矣，杨柳依依；今我来思，雨雪霏霏。

昔我往矣，身强力壮；今我来思，________。

昔我往矣，________；今我来思，妻离子散。

昔我往矣，________；今我来思，________。

小结：在诗歌学习中，在行与行、句与句之间进行推敲，对比着读，能把内容、情感把握得更透、更扎实。

3. 拓展延伸。

孔子说“不学诗，无以言”。这里的“诗”就是《诗经》，意思是不学《诗经》，在交往中就不会说话，可见《诗经》的地位之重要。

PPT 出示诗经的地位和艺术成就。

板块三：学习运用策略，赏析送别诗歌

1. 出示《送元二使安西》，读诗题，纠错：送元二 / 使 / 安西

从诗题就能知道诗的主要内容，结合“安西”等注释，你又知道了些什么？

2.《采薇》（节选）同样讲到远赴边疆，诗歌叙述的会是怎样的场景呢？

（1）自由读，借助注释说大意。

（2）诗与诗之间，比较着读，能读出不同。

预设：环境不同：雨雪霏霏、载渴载饥；朝雨、客舍、柳。

背景不同：归途；出使。

（3）聚焦“劝君更尽一杯酒，西出阳关无故人”这千古名句，不同人有不同感受，你们又读出些什么呢？

诗内对比：想象出阳关后的环境，回顾前两句诗所写，感悟难舍、留恋——“柳”与“留”谐音（杨柳依依）。

诗间对比：《采薇》写戍边战士的艰辛、悲伤；《送元二使安西》写唐代国势强盛，从军或出使阳关之外是令人向往的壮举，更有一层殷切祝愿和一份豪迈之情。

3. 回顾对比式比较策略，尝试学习其他送别诗。

第二课时

本节课重点学习《春夜喜雨》《早春呈水部张十八员外》；学习并运用接近式比较的阅读策略。

板块一：整体把握诗歌，初读比较异同

1. 上节课，我们通过学习《采薇》（节选），发现学习古诗词的过程中，哪种方法特别管用啊？［比较的策略（对比式比较）。］

2. 下面我们一起欣赏两首唐诗。（出示：《春夜喜雨》《早春呈水部张十八员外》）齐读课题。

自由读这两首古诗，要求读正确，读通顺。读后借助注释，试着理解两首古诗的大概意思。（同桌可以互相交流。）

指名朗读古诗，一人读一首。听听是否读得字正腔圆。

3. 默读两首古诗，边读边想：这两首古诗有哪些相似的地方？

（1）都是唐代诗人。（相机出示杜甫、韩愈人物生平，介绍其文学成就）

（2）都是写春天（早春）的诗歌，都写到了春雨。

（3）都是对春天美好景物的赞美，表达对春天的喜爱之情。

小结：虽是两首不同的诗，但我们发现作者、内容、情感等多方面都比较接近，因此我们可以尝试运用接近式比较来学习。

板块二：结合背景资料，比较意境写法

1. 走进《春夜喜雨》，诗人杜甫为什么喜欢这场春雨，从哪里可以看出？

2. 自由读，交流讨论。

（1）知时节：说明雨下得及时。

（2）表现春雨的轻轻，悄悄，杜甫只用了几个字？（十个）如果让你圈出两个字，你圈哪两个字？（潜、润。）

指导用换字的方法体会“潜”的精妙。

同样是写春雨，出示现代作家朱自清《春》的片段，示范读，让学生体会“润”字所带来的那种意境。

（3）找出描写花的句子。哪个字给你留下深刻印象？（“重、湿、红”等.）

听着这春雨，诗人杜甫可能会想到什么？

3. 结合学生想象的画面，PPT 出示创作背景。

4. “盼雨之喜——听雨之喜——看雨之喜——想雨之喜”，诗中无“喜”，却处处充满着这种味道。指导读出欣喜之情。

接近式比较——“润”

随风潜入夜， 润物细无声。	天街小雨润如酥， 草色遥看近却无。

接近式比较——“喜”

春城无处不飞花， 寒食东风御柳斜。	最是一年春好处， 绝胜烟柳满皇都。

5. 导学《早春呈水部张十八员外》。

（1）自由读，先借助注释说说每句诗的意思，再看看韩愈写了哪些早春的景色？圈一圈。如何看待诗人对早春的喜爱？

（2）练习当堂背诵。

板块三：学习同组诗篇，进行课堂延伸

1. 两首诗学完了，谈一谈你的收获。

反馈：可以通过多方面、多角度进行比较；可以运用接近式比较策略学习古诗词……

2. 韩愈是位才华横溢的诗人，他通过细致入微的观察，描写了长安初春小雨的优美景色。他的同名组诗其实有两首，如果想学另一首，我们可以选择怎样的方法？

反馈：选择接近式比较策略，因为这是同一诗人在同一时期所写，境遇相同、所写内容相近，表达情感也应该是差不多的。

3. 出示同组另一首《早春呈水部张十八员外》。

（1）自由读，小组交流。

（2）补充写诗背景：韩愈约张籍游春，张籍总借事忙推辞，韩愈作诗极言早春之美，希望触发张籍的游兴……

第三课时

本节课重点学习《江上渔者》《泊船瓜洲》《游园不值》；学习并运用类比式比较的策略。

板块一：结合所学方法，感受唐诗特点

1.“熟读唐诗三百首，不会作诗也会吟。”从这句话里你能读出什么意思来？

（1）唐诗百花齐放，数量多、地位高。

（2）反复朗读、背诵，能够在不知不觉中吸收古人的智慧。

2. 出示《送元二使安西》《春夜喜雨》《早春呈水部张十八员外》。

你们能发现唐诗在创作方面的一些共性吗？

多景物描写：渭城朝雨浥轻尘，客舍青青柳色新；

野径云俱黑，江船火独明；

天街小雨润如酥，草色遥看近却无。

重情感抒发：劝君更尽一杯酒，西出阳关无故人；

随风潜入夜，润物细无声。

最是一年春好处，绝胜烟柳满皇都。

3. 学生吟诵，感受唐诗的特点：比较含蓄，寄情于景。

板块二：根据已有经验，整合学习宋诗

唐诗宋词说的是诗和词的顶峰时期分别是唐和宋，其实在宋代也有不少有名的诗人，他们的诗也别具特色！

1. 出示《江上渔者》《泊船瓜洲》《游园不值》。

（1）认识诗人范仲淹、王安石、叶绍翁。

（2）自由读，指名读，相机正音。

（3）交流方法，理解诗意。

结合注释，说一说诗的意思。有说不通的地方做上记号。

思考方法：对于没有注释的字词，除了查字典，还有什么办法了解意思？（反复诵读；联系上下文；联系生活经验；联系已学知识……）

小组交流，尝试解决，派代表连起来说一说。

适时补充：知道了字词意思后，当我们说诗句意思时，有时还需要把字词位置换一换，这样才能使诗句的意思更加通顺。

3. 比较唐诗和宋诗，尝试运用韦恩图表示异同。

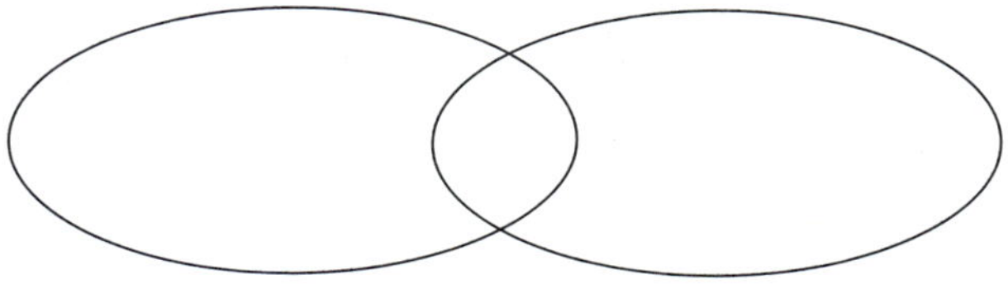

（1）共同点：都有景物描写，寄情于景……

（2）不同点：从内容上看，唐诗写景居多，宋诗内容更广，写人、写景、叙事……往往和日常生活联系比较多。

4. 深入比较，类比得出宋诗特点。

（1）提出疑问：《江上渔者》主要表达什么？

（2）得出宋诗的特点：言外之意，发人深省。

举例：春色满园关不住，一枝红杏出墙来。

你能试着读出诗句的言外之意和蕴含的人生哲理吗？新生事物一定会冲破重重困难，脱颖而出，蓬蓬勃勃地发展起来……

（3）小结：像宋诗中这样同一类的诗歌，有一些共同点，我们就可以这样进行类比式比较。

5. 在理解的基础上，背诵三首宋诗。

板块三：运用类比式比较，进行宋诗拓展

据统计，全宋诗的数量惊人，超过全唐诗，很多诗中蕴含深刻的道理，有些诗句还成为千古名句。让我们一起来感悟这类诗歌吧。

问渠哪得清如许，为有源头活水来。

不识庐山真面目，只缘身在此山中。

山重水复疑无路，柳暗花明又一村。

说说诗人及诗歌意思。课外再找找类似的诗句，获得更多感悟。

第四课时

本节课重点学习《卜算子·送鲍浩然之浙东》《浣溪沙》《清平乐》；了解宋词相关知识，运用类比式比较品读婉约派和豪放派宋词语言魅力。

板块一：品味语言之妙，感受婉约之美

1. 出示李白的《送孟浩然之广陵》。

齐读，品味这首送别诗。

2. 今天我们也学习一首送别词《卜算子·送鲍浩然之浙东》。思考：李白的诗和王观的词有哪些相同点和不同点？

3. 用自己最喜欢的方式朗读这首词。（抽学生读，相机正音。）

4. 这首词写得妙趣横生，在送别词中独树一帜。请大家默读，看看究竟“妙”在何处？

（1）写景之妙。

① 比喻之妙，将山水比作美人。

② 设问之妙，自问自答。

（2）抒情之妙。

① 默读下片，引读离别名句。

② 再读下片，升华作者情感。

5. 小结：语言清丽，情感表达婉转含蓄，具有一种柔婉之美，这就是宋词中的婉约派。

6. 根据婉约派的特点，在“阅读材料”中找出其他的婉约派词作。

板块二：通过比较体悟，感受不同风格

1. 读一读，品一品《浣溪沙》《清平乐·春归何处》，他们属于婉约派吗？说说理由。

2. 学生自由读词。同桌互读，正音，交流。

3. 词作鉴赏。

（1）明确《清平乐·春归何处》为婉约派。

①找到内容上的相同点。

②深入探究，感受词人情感线索（填空）。

春归无行路（寂寞伤春）——若有人知（看到希望）——春无踪迹（更加失望）——无人能解（彻底失望）

③再读，体会词人情感变化的跌宕起伏。

④补充黄庭坚的创作背景。引导学生感悟：此词的内容是“惜春”，实际却是影射时局，感叹自己的人生。

（2）体悟《浣溪沙》之豪放魅力。

①学生交流词人及写作背景。比较词人相似的境遇；再读《浣溪沙》说说读后有怎样的感受。

②想象上片所写之景——清淡幽静，体悟下片所表之情——旷达乐观。

教师随机将两首词的情感路线进行比较。

③在“阅读材料”中找出其他的豪放派作品，满怀豪情地诵读。

板块三：认识派别代表，吟唱加深印象

1. 结合课前搜集的资料，交流婉约派、豪放派代表人物。

2. 小结：这节课我们赏析的只是宋词的一小部分，只是沧海之一粟。以后要多多学习我国这一古代文学经典，深入感受它们的艺术魅力吧！

四、作业布置

1. 背诵、积累 10 首古诗词。

2. 课外读一读《唐诗宋词三百首》《唐诗宋词鉴赏》等相应作品。

（余姚市三七市镇中心小学　张红波）